키스의 과학

The Science Of Kissing
Copyright © 2011 by Sheril Kirshenbaum
This edition published by arrangement with Grand Central Publishing,
New York, New York, USA. All rights reserved.

Korean Translation Copyright © 2011 by Book21 Publishing Group
This translation is published by arrangement with Grand Central Publishing,
New York, New York, USA through Imprima Korea Agency.

이 책의 한국어판 저작권은 Imprima Korea Agency를 통해
Hachette Book Group USA, Inc.와의 독점 계약으로 (주)북이십일에 있습니다.
저작권법에 의해 한국 내에서 보호를 받는 저작물이므로 무단전재와 무단복제를 금합니다.

키스의 과학

입술을 가장 멋지게 사용하는 방법

셰릴 커센바움 지음 · **서지원** 옮김

21세기북스

차 례

저자의 말 6
글을 시작하며 12

PART 1
키스의 기원

CHAPTER 1 인류 최초의 키스　21
CHAPTER 2 동물들의 키스　39
CHAPTER 3 나의 과거와 키스하다　52
CHAPTER 4 천의 얼굴을 가진 키스　71

PART 2
키스를 부르는 과학, 과학이 부르는 키스

CHAPTER 5 키스의 해부학　89
CHAPTER 6 키스하고 싶은 여자, 섹스하고 싶은 남자　106

CHAPTER 7 냄새로 그를 유혹할 수 있을까? 121
CHAPTER 8 옥시토신 + 도파민 + α = 키스 141
CHAPTER 9 세상에서 가장 위험한 키스 156

PART 3
키스의 진화, 다시 기원을 찾아서

CHAPTER 10 키스하는 뇌를 분석하다 175
CHAPTER 11 이제 시작될 새로운 키스 연구들 198
CHAPTER 12 키스의 미래를 그려보다 210
CHAPTER 13 도대체 왜 인간은 키스를 하는가? 219

글을 마치며 237
참고문헌 238

| 저자의 말 |

키스는 두 사람이 주고받는 가장 중요한 형태의 교감 방법 중 하나로, 말로는 표현할 수 없는 마음속 가장 깊은 곳의 감정을 전달해주는 무언의 언어다. 사랑과 욕망의 상징에서부터 가족과 친구 사이에 이루어지는 형식적인 인사에 이르기까지 그 의미와 여운은 셀 수 없이 다양하다. 이 세상에 태어나는 순간이나 떠나는 순간에도 우리는 키스를 한다. 그중에는 우리의 마음과 기억 속에 영원히 간직되는 경우도 있고 순식간에 지워져버리는 경우도 있다. 이처럼 다양한 시대와 장소에 걸쳐 키스가 우리 삶에서 가장 중요한 행동의 하나라는 사실은 의심의 여지가 없다. 그러나 키스의 진정한 본질에 관해서는 학자나 일반인 모두 그 중요성을 간과했다.

내가 키스에 관한 책을 집필하고 있다는 말을 친구와 동료들에게 처음 꺼냈을 때 대다수는 왜 접촉(osculation, 키스를 이르는 과학적 용어)에 관한 책을 쓰고 싶었느냐고 물었다. 하지만 나는 이 질문을 다른 각도에서 생각해보았다.

키스에 대한 책을 쓰지 말란 법이 있는가? 수십 년 전부터 인류학자들은 키스라는 행위가 전 세계 문화의 90퍼센트 정도에서 행해질 것이라고 추정했다. 이 수치는 세계화와 인터넷, 그리고 그에 따른 의사소통의 편리성 덕택에 아마 더 높아졌을 것이다. 심지어 전통적으로 연인들이 키스를 나누지 않았던 사회에서도 서로의 얼굴이나 몸을 핥고 살짝 깨무는 것과 같은 키스와 비슷한 행동을 종종 관찰할 수 있다. 이는 분명 키스라는 행위가 진화의 과정에서 매우 의미 있는 행동이라는 증거이며, 이 연구는 인간의 과거와 현재를 통틀어 생리학 분야에 깊은 통찰을 제공할 것이다. 게다가 키스가 인간의 경험에 그토록 쉽게 지워지지 않는 흔적을 남긴다는 점을 고려했을 때, 최대한 다양한 각도에서 키스를 탐구해보지 않을 이유가 또 어디 있겠는가?

이 책을 쓰기 위한 나의 여정은 2008년으로 거슬러 올라간다. 그해 밸런타인데이 일주일 전에 나와 과학전문기자 크리스 무니는 〈디스커버〉지의 블로그 '인터섹션'에 '키스의 과학'이라는 제목으로 짧은 글을 올렸다. 그게 시작이었다. 웹 페이지가 인터넷 곳곳에 링크되면서 놀랍게도 이 글을 읽은 독자의 수도 빠른 속도로 늘어났다. 며칠 만에 수천 명의 방문객이 블로그를 다녀갔으며 궁금한 점을 질문하는 이메일이 폭주했다. '키스의 과학'이 불러일으킨 거센 열풍은 멈출 줄 몰랐다.

2009년 밸런타인데이가 다가올 무렵, 보통 고루한 분위기에서 진행되는 미국과학진흥협회 연례 회의에서 나는 '키스의 과학'이라는 주제로 공개 토론회를 공동 주최하게 되었다. 언론은 공개 토론에 대한 브리핑 일정을 잡느라 혈안이었다. 우리가 주최한

'키스' 공개 토론은 〈내셔널 지오그래픽〉에서부터 CNN에 이르기까지 주요 언론에서 다뤄지면서 전 세계 각국의 신문 1면을 장식했다. 모두 우리의 삶과 너무나 분명한 관련이 있는 키스라는 주제에 대해 학자들이 무슨 생각을 가지고 있는지 궁금해하는 것 같았다.

키스에 대한 질문이 계속되면서 나는 이에 관한 기존의 또 다른 연구가 있는지 알아보았다. 결과는 만족스럽지 못했다. 흔히 볼 수 있는 키스에 대한 방법론적인 매뉴얼은 점점 늘어만 가는 질문들의 뾰족한 답이 되지 못했다. 내가 원했던 것은 우리가 왜 키스를 하는지, 키스할 때 우리의 몸에서는 무슨 일이 일어나는지, 키스를 나누는 관계에 대해 이러한 정보들이 알려주는 것은 무엇인지에 대한 보다 명확한 설명이었다. 그래서 나는 전문가들과 인터뷰를 하고 과학 문헌을 읽고 관련 이론을 수집하기 시작했다. 키스를 하는 도중 일어나는 화학적 상호작용에 초점을 맞춘 연구에 따르면, 이러한 상호작용이 연인들로 하여금 서로 어울리는 한 쌍인지 아닌지를 판단하는 데 일조한다고 한다. 고대 선조들의 성적 탐험과 기호에 관한 연구를 통해 키스의 기원을 밝혀내고자 노력한 이들도 있었다. 결론은 키스와 관련된 흥미로운 연구가 많기는 하나 모두 단편적이었다는 것이다.

그럼에도 조사가 진행되는 사이 각기 다양한 분야의 과학적 연구들이 한곳으로 모이기 시작했다. 뇌 기능을 연구하는 신경과학자들은 키스와 관련된 호르몬 변화에 관한 내분비학자들의 연구에 관심을 가졌다. 내분비학자들은 침팬지나 보노보와 같은 영장류에게서 나타나는 키스와 유사한 행동에 대해 인류학자들이 내게 알려준 내용을 궁금해했다. 인류학자들은 인간의 신체가 키스에 대해 보이는 육체적 반응에 대해 생리학자들이 어떠한 점을 발견했는지 알고 싶어 했다. 이런 식으로 여러 분야 학자들의 물음은 서로 꼬리에 꼬리를 물고 한곳으로 모아졌다.

한편, 키스라는 주제는 그 자체로 과학적 문헌에 접근하기 매우 힘든 일이었다. 예를 들어 나이가 지긋한 도서관 사서와는 아래와 같은 다소 황당한 대화를 나누어야 했다.

"〈페티시 및 페티시와 관련된 행동〉이라는 제목의 논문을 찾을 수 있을까요?"

"실례지만, 지금 '페티시'라고 했수?"

"네, 좀 도와주세요."

"이게 참고문헌 목록이오. 왜 필요한지는 묻지 않겠지만 한번 자알 찾아보시오."

이뿐만이 아니다. 노트북으로 키스와 관련된 미술이나 역사 자료를 검토하면 호기심 어린 눈길을 끝없이 받아야 했고 때로는 나를 죄인인 양 바라보는 이들을 만나기도 했다. 그러는 와중에 나는 과학적 근거가 없는 키스에 관한 잘못된 정보들이 수년간 무수히도 많이 유포되었다는 사실을 발견하게 되었다. 굉장히 낯선 영역까지 파고들기도 했다. 일례로 섹스 로봇을 만드는 엔지니어를 인터뷰하고 연구소에서 나의 뇌 촬영 사진을 봤던 경우가 그렇다. 당연한 일이지만 처음 이 책을 집필하기 시작했을 때만 해도 나는 내가 이러한 상황에 처할 것이라고는 상상조차 하지 못했다!

다행히도 원고를 집필하면서 샌프란시스코를 방문하던 중에 뜻밖의 우연으로 책 사인회를 하고 있었던 메리 로치를 만날 수 있었다. 메리 로치는 《성교: 과학과 성의 특별한 조합》의 저자다. 나처럼 당황스러운 상황에 처해본 경험이 있었던 로치는 자신이 겪은 험난한 집필 과정을 들려주며 나를 적잖이 안심시켜주었다. 나는 로치의 이야기를 열심히 들었다. 그녀의 조언을 진심으로 받아들였고 그녀 덕분에 나는 집필을 계속할 수 있는 용기를 얻을 수 있었다. 나는 이미 알프레드 킨제이, 윌리엄 마스터스, 버지니아 존슨을 비롯한 수많은 섹스 연구에 관한 선구자들의 작품에 많은 영향을 받았다. 이들은 모두 용감하게 자신의 길을 걸어가며 성의 세계를 탐험했다. 나라고 못하리라는 법은 없다.

이 책이 누군가를 불편하게 만들더라도 감내할 자신이 있었다. 따라서 나는 열린 마음으로 여러 학자들을 든든한 아군으로 삼아, 나에게 영감을 불어넣은 생각들을 가지고 키스를 이해하기 위한 여행길에 올랐다. 그리고 가는 길마다 내가 생각했던 것보다 훨씬 더 많은 것을 배울 수 있었다.

이 책은 인류의 가장 친밀한 교류 행위에 대한 진실한 이야기를 들려줄 것이다.

2011년 1월 셰릴 커센바움

아름다운 여성과 키스를 하면서도
안전 운전을 할 수 있는 남자는
그 키스에 집중하지 않은 것이다.
  – 알베르트 아인슈타인

| 글을 시작하며 |

우리가 왜 키스를 하는지에 대해서는 학자들도 정확히 알지 못한다. 어쩌면 학자들이 키스에 대한 명확한 정의조차 내리지 않았기 때문일지도 모른다. 과학적 조사가 이루어지는 다른 대부분의 영역과 달리, 온갖 종류의 키스 및 키스와 밀접한 관련이 있는 행동에 대해서는 학문적인 혹은 일반적인 분류 체계가 정립되어 있지 않다. 당신은 혹시 키스와 관련된 숫자와 자료를 두고 머리를 싸매고 연구하는 학자를 본 적이 있는가? 보통 데이터에서 의미 있는 결론을 얻고자 하는 학자라면 분명 그럴 텐데 말이다. 그런데 왜 키스라는 접촉 행위에 관한 분석은 이다지도 부족한 것일까? 어쩌면 키스가 어디에서나 볼 수 있는 행위가 되었기에 그 누구도 키스의 보다 심오한 의미에 대해 고민할 필요를 느끼지 못하는 것인지

도 모른다. 혹은 키스란 과연 무엇인가에 대한 정의를 내리는 일이 녹록지 않기에 학자의 눈으로 키스를 면밀히 연구하는 일을 의도적으로 회피해온 것일지도 모르겠다.

그러나 우리가 키스라고 인식하는 행위는 보다 과학적인 설명을 필요로 한다. 생각해보자. 순수하게 임상학적으로 보면 미생물학자는 두 사람이 서로의 점액, 박테리아, 기타 우리가 알 수 없는 갖가지 물질을 서로 교환하는 것이 키스라고 정의할 것이다. 타액의 급류를 타고 넘나드는 갖가지 미생물을 머릿속으로 상상해보면 로맨틱한 키스에 대한 환상은 산산이 부서질 수도 있다. 그러나 더 나아가서 한 가지 질문을 마음속에 떠올려보자. 이처럼 병원균을 서로 주고받는 행위가 진화하게 된 이유는 무엇일까? 사랑하는 사람과 하는 키스는 왜 그리도 달콤한 것일까?

키스를 과학적으로 연구하고 싶은 직접적이고도 개인적인 이유는 또 있다. 키스에 대한 연구는 연인 사이에서 키스가 얼마나 중요한지, 키스의 기술이 나아지면 관계도 좋아질 수 있는지에 대한 이해를 도와줄 것이다. 만약 태어나면서부터 키스하는 방법을 알고 있거나 꾸준히 연습한다면 더 완벽한 키스를 할 수 있을까? 남자와 여자가 경험하는 키스는 같은 느낌일까? 왜 기분 나쁜 키스는 연인들의 사이를 얼어붙게 만들고 달콤한 키스는 상대를 설레게 할까?

키스는 두 사람이 서로 기호, 취향, 접촉 같은 감각 정보뿐만 아니라 심지어 소리도 없는 페로몬(공기를 통해 전달되는 무취의 신호)이라 불리는 화학물질까지도 주고받는 행위다. 그렇기 때문에 키스는 상대에 대한 모든 종류의 통찰을 잠재적으로 제공한다. 따라서 우리는 의식적으로 깨닫지 못하더라도 키스를 통해 상대방이 나에게 얼마나 헌신적인지, 자녀를 갖기에 적합한 유전적 특성을 갖고 있는지까지도 알아낼 수 있다.

키스에 대한 인간의 신체 반응은 과학이 내포하고 있는 수많은 흥미로운 모습 중 하나에 불과하다. 진화론의 입장에서, 학자들은 키스가 본능에 의한 것인지 아니면 애정을 표현하기 위해 후천적으로 습득한 행동인지 정확한 판단을 내리지 못하고 있다. 이러한 논란은 진화생물학의 아버지라 할 수 있는 찰스 다윈의 시대까지 거슬러 올라간다. 다윈은 1872년 자신의 저서 《인간과 동물의 감정 표현》에서 키스가 "세계 곳곳에서 서로 코를 문지르는 행위를 대체하고 있다."라는 흥미로운 언급을 한 바 있다. 뒤에서 다시 중요하게 다루겠지만, 여기서 분명한 차이점 하나를 짚고 넘어가자. 즉, 입을 맞추는 키스와, 키스와 보기에도 유사하고 목적도 유사하고 심지어 오늘날 로맨틱한 키스의 전신으로 대표되는 다양한 '키스와 유사한 행위'가 다르다는 것이다.

키스의 정의는 비교적 간단하다. 키스는 두 사람이 서로 입을 맞추는 것, 혹은 입이 아닌 상대방의 신체 (혹은 사물) 특정 부분에 입을 맞추는 것으로 정의할 수 있다. 그러나 '키스와 유사한 행위'의 범주는 훨씬 더 광범위하다. 그것은 입술과 얼굴을 비롯해 기타 신체 부위를 활용하는 인간 (혹은 동물) 사이에 이루어지는 다양한 교감 행위를 포함한다. 예를 들어 다윈은 많은 문화권에서 흔히 볼 수 있는, 상대를 식별하기 위해 혹은 친밀한 관계를 형성하기 위해 상대방 가까이에 다가가 체취를 맡는 관습에 대해 기술한 바 있다. 하지만 다윈은 이 같은 문화적 다양성에도 불구하고 전 세계적으로 나타나는 수없이 많은 다양한 종류의 키스와 관련된 행위는 모두 "사랑하는 사람과 가까이 있음으로써 느끼는 즐거움"을 추구하는 인간의 타고난 천성을 반영하는 것이라 말했다.

그렇다면 다윈은 가장 광범위한 의미에서 '키스'를 하는 근본적 원인이 우리 안에 잠재되어 있거나 혹은 유전에 따른 것이라 말하고 있는 것이다. 오늘날 우리가 사용하는 용어를 빌려 말하자면 우리의 유전자 안에 이미 입력되어 있다고 주장한 셈이다.

그러나 오늘날 일부 인류학자들은 이를 반박한다. 그들은 키스는 단순히 타인의 행동을 관찰함으로써 후천적으로 습득하는 순수하게 문화적인 현상이라고 주장한다. 반면 다수의 전문가들은 다윈이 피력한 의견, 특히 입술을 맞추는 키스뿐만 아니라 "상대방의 손이나 발로 자신의 얼굴을 치는 것", "팔, 가슴 혹은 배를 문지르거나 가볍게 두드리는 행동"도 포함하는 다양한 행위까지 한곳으로 묶는 광범위한 키스의 정의에 공감하고 있다. 이러한 관점에서 보면 키스와 유사한 행동은 거의 모든 인간에게서 찾아볼 수 있다. 그리고 다시 다루겠지만 이러한 행동과 유사한 사례를 다른 종의 동물에게서도 무수히 많이 찾아볼 수 있다는 점은 키스와 유사한 행동은 공통의 진화 과정에서 나타난 유전의 일부가 아닌가 싶기도 하다.

이 책은 과학적 관점에서 키스를 보다 면밀히 연구하기 위한 목적으로 탄생했다. 처음 이 책의 주제에 영감을 준 것은 작고한 네덜란드 출신 동물행동학자 니콜라스 틴베르헨이다. 틴베르헨은 특정 행동을 이해하기 위해서는 그에 대한 구체적인 질문들을 해야한다고 강조했다. 그리고 질문들에 대한 답은 서로 배타적이지 않으며 오히려 서로에게 정보를 제공한다고 말했다.

1부에서는 행위자의 진화 역사와 목적에 중심을 두고, 틴베르헨이 '궁극의 설명'이라 부른 방식으로 키스에 대해 탐구할 것이다. 여기서 나는 어떻게 그리고 왜 오래전부터 인류가 서로의 입술을 핥기 시작했는지 설명해줄 가장 그럴듯한 이론에 대해 말할 것이다. 지구상에서 처음으로 키스를 시작한 종은 인간일까? 다른 포유동물로부터 유래한 것은 아닐까? 인간의 키스와 동물에게서 볼 수 있는 키스와 유사한 행동들을 비교하면 우리가 왜 키스를 하는지, 어떻게 키스라는 행위를 하게 되었는지에 대한 보다 명확한 해답이 드러날 것이다.

그 다음으로 인간의 역사와 현대 다양한 문화권에 걸쳐 나타나는 키스에 대해 탐험할 것이다. 이 탐험이 끝날 무렵이면 당신은 키스와 유사한 행동이 수없이 다양한 형태로 존재하며 오늘날 키스와 관련된 사회적 규범도 세계 각지마다 굉장히 다르다는 사실을 알게 될 것이다. 동시에 얼굴, 입, 신체의 다른 부위를 사용해 상대방을 껴안으려는 기본적인 욕구는 다윈이 내린 결론처럼 보편적이라는 사실도 알게 될 것이다. 또한 유명한 '본성이냐 양육이냐'의 논란을 다루는 차원에서 우리가 키스하는 방식을 결정하는 것은 생물학적인 유전과 문화 둘 다라는 점을 입증할 것이다.(그로 인해 키스하는 스타일, 관습, 기술은 놀라울 정도의 다양성을 보여준다.)

그러나 어떤 면에서 1부는 이 책의 본문으로 들어가기 전 서막에 불과하다. 2부에서는 키스를 할 때 우리의 몸 안에서 실제 무슨 일이 일어나는지 살펴볼 텐데, 이러한 분석을 통해 키스라는 행동에 대해 틴베르헨이 주장하는 '근접한' 설명을 얻어낼 수 있다. 근접한 설명이란 키스를 개인들 사이에서 그 어떠한 매개도 없이 직접적으로 일어나는 맥락으로 이해하는 것을 의미한다. 또한 키스를 하고 싶은 욕망에는 신경학적이고 생물학적이며 심리적인 이유가 있다는 사실을 이해할 수 있도록 설명할 것이다. 여기서 나는 키스라는 행위가 개인에게 어떠한 직접적인 영향을 미치는지, 개인이 연인 사이를 계속 유지할 것인지 아닌지를 결정하는 데 어떠한 역할을 하는지 탐구하고자 한다. 또한 남자와 여자가 키스를 지각하는 방식에 어떤 주요한 차이점이 있는지 살펴보고 키스가 알려주는 숨겨진 정보에 대해서도 알아보고자 한다.

3부에서는 이전 장에서 얻은 정보를 바탕으로 키스의 과학에 대한 새로운 사실을 발견하기 위해 실제 연구로 뛰어들 것이다. 여기서 나는 뉴욕 대학교 출신의 용감한 신경과학자들의 도움을 받았다. 이들은 겉보기에는 꼭 변기처럼 생겼지만 그 안에는 최첨단 과학 기술이 응집된 새로운 뇌자도 실험을 고안했다. 이를 통해 우리는 상호 연결성, 디지털화, 심지어 로봇화가 점점 진행되고 있는 세상에서 키스의 미래가 어떠한 모습으로 진화할지를 예상할 수 있다. 그리고 책의 마지막에는 책 전체의 주제를 한곳에 모아 키스에 대해 이제까지 이루어진 최고의 연구 결과를 바탕으로 하는 실질적인 조언을 제공하고자 한다.

당신은 이 책에서 키스에 관한 실로 다양한 생각과 이론을 만날 것이다. 그러나 요즘 인기 있는 텔레비전 프로그램인 리얼리티 쇼처럼 한 명의 승자를 가려내기 위해 모든 후보들을 탈락시킬 필요는 없다. 그보다 한번에 다양한 렌즈를 통해 보듯 키스를 탐구해 나갈 것이다. 당신은 겉으로 볼 때 아무런 관련이 없어 보이는 과학 분야들이 매우 흥미로운 방식으로 서로 접점을 찾아가는 과정을 지켜보게 될 것이다. 이 여정이 끝날 무렵이면 당신은 키스 뒤에 감춰진 방대한 지식을 얻어갈 수 있다. 하지만 장담하건대 그렇다고 해서 키스의 황홀한 마법이 절대 사라지지는 않을 것이다!

PART 01
키스의 기원

―

키스를 처음 만들어낸 바보는 도대체 누구더란 말이냐

조너선 스위프트 Jonathan Swift

CHAPTER 01
인류 최초의 키스

최초의 키스가 어떻게 생겨났는지에 대해서는 아무도 알지 못한다. 인간에 의해 시작되었는지 아니면 인간 이전의 다른 종種에 의해 시작되었는지도 알 수 없다. 키스에는 기쁨, 열정, 욕망, 사랑, 애정, 헌신, 평화, 안락함, 사회성, 필요, 슬픔, 애원 등의 의미가 담겨 있다. 이처럼 다양한 의미를 담고 있는 키스를 단일한 행동이나 이유에서 비롯되었다고 추정하는 것은 바보 같은 짓일 것이다. 모든 가능성을 고려했을 때, 오늘날처럼 우리가 서로 키스를 하는 이유는 단지 하나가 아니라 복합적인 이유 때문이다. 사실 학자들의 추정에 따르면 키스는 지구의 역사를 통틀어 시대와 장소는 달랐지만 전 지구적으로 나타났다가 사라지기를 반복했다.

키스의 기원에 대해 일부 설득력 있는 이론이 존재하기는 한다.

그러나 그 어느 것도 절대적으로 옳다고 할 수 있는 것은 없다. 다만 이론의 설득력을 더해주는 '그럴듯함' 정도의 차이가 있을 뿐이다.

이번 장에서는 과학 문헌에 근거를 두고 있는 키스에 관한 네 가지 이론을 살펴보려고 한다. 학자들은 키스가 유아기 초기의 먹는 경험으로부터 분리되었다고 주장한다. 혹은 키스가 다른 개체를 인식하는 방식, 즉 다가가서 냄새를 맡는 행위에서 유래했다는 주장도 있다. 이러한 주장들을 살펴보기 전에 가장 우리의 흥미를 끄는 이론부터 살펴보자. 그것은 키스가 색을 구별하는 능력, 성에 대한 욕망, 인간 입술의 진화라는 세 가지가 복잡하게 연결되어 발생했다는 이론이다.

여성의 입술은 지울 수 없는 강렬한 인상을 남긴다. 여성은 보통 자신의 얼굴에 주목하도록 입술을 그리는데, 특히 짙은 색깔과 장밋빛 색깔은 그 여성의 가치를 광고하는 것과 같은 효과를 낳는다. 이러한 효과는 인간의 입술이 '뒤집혀' 있기 때문에, 즉 밖으로 오므려진 모양이기에 한층 더해진다. 이는 인간을 다른 동물과 구분하는 특징이기도 하다. 다른 영장류와 달리 인간은 입술이 부드럽고 도톰한 표면이 밖으로 드러나 있으며 그 형태와 구조가 더할 나위 없이 매혹적이다.

그렇다면 무엇이 우리로 하여금 다른 사람의 입술에 키스하고 싶게 만드는 것일까?

내 여자가 빨간 립스틱을 사랑하는 이유

어느 유명한 가설에 따르면 그 기원은 수백만 년 전 인류의 조상이 먹을 것을 찾아 숲과 덤불을 헤매야 했던 수렵 채집 시대까지 거슬러 올라간다. 먹을 것은 귀하고 밀림 깊숙이 들어가는 것은 위험했던 시절에 붉은색을 탐지하는 것은 중요한 능력이었다. 이는 가장 잘 익은 열매를 남보다 더 잘 발견할 수 있다는 뜻으로, 이러한 능력을 갖고 있는 이들은 더 오래 살아남아 색깔 인식을 관장하는 유전자를 후대에 물려줄 수 있었다. 수세대에 걸쳐 '붉은색=보상'이라는 등식은 우리 조상들의 뇌에 깊이 각인되었다. 사실 색은 오늘날까지도 우리의 주의를 환기시키는 요소로 작용하며 이 점을 잘 알고 가장 유용하게 활용하는 이들이 마케팅 전문가들이다.

현대 심리학자들의 보고에 따르면 붉은색을 응시하는 것은 심장 박동과 맥박을 빠르게 하고 우리를 흥분시키거나 심지어 '숨이 넘어가게' 할 수도 있다고 한다. 사실 붉은색은 인간에게 너무나 중요한 색으로 역사를 통틀어 초기 문화권에서 가장 먼저 명명된 색 중 하나이기도 하다. 1969년 인류학자 브렌트 벌린과 언어학자 폴 케이가 공저한 《기본 색채어, 그 보편성과 진화》에서 20개 언어를 조사한 결과 검은색과 흰색을 지칭하는 단어가 맨 먼저 만들어지고 (아마도 이 두 가지 색이 밤낮을 구분하는데 도움을 주기 때문이 아닌가 싶다) 그 다음으로 붉은색인 경우가 많았다는 결론을 내렸다.

그런데 이러한 사실이 과연 키스와 어떤 관련이 있을까? 샌디에이고 캘리포니아 대학교의 신경과학자인 빌라야누르 라마찬드란은 우리의 조상들이 음식이라는 보상을 얻기 위해 붉은색을 탐지하는 능력을 갖추게 되면서 여성의 신체 부위를 포함한 모든 곳에서 붉은색을 찾게 되었을 것이라 주장한다. 결국 붉은색은 먹는 것 외에 또 다른 중요하고 즐거운 행위, 즉 섹스를 촉진하기 위한 자극적 신호의 역할을 수행했다는 것이다.

비교진화 연구는 영장류에서 피부와 머리 색이 나타난 것은 색각이 발달된 이후라는 사실을 입증했다. 다시 말해 우리 조상들이 붉은색을 감지하는 능력을 갖추게 되면서부터 붉은색은 신체 부위, 특히 입술을 중심으로 나타났고 이는 여성의 생식능력이 최고조에 이르는 발정기가 언제인지를 암시하는 역할을 수행했다는 것이다. 성적으로 부풀어 오르는 현상이 가장 눈에 도드라지게 나타나는 암컷은 수컷을 유혹하기가 쉬웠고 풍만한 엉덩이 유전자를 앞으로 태어날 딸들에게 물려줄 수 있었다.

많은 동물들에게서 짝짓기를 할 준비가 된 암컷을 알아보기란 결코 어렵지 않다. 이 현상에 대해 듀크 대학교의 영장류 과학자인 바네사 우즈는 다음과 같이 표현했다.

"암컷 보노보의 모습을 보고 있으면 피곤할 때 앉아 쉴 수 있는 선홍색의 빈백(커다란 부대처럼 생긴 천에 작은 플라스틱 조각 같은 것을 채워 의자처럼 쓰는 것—옮긴이)을 엉덩이에 달고 다니는 것 같다."

그렇다면 붉은색의 매력을 뿜어내는 신체 기관이 어떻게 우리 몸 아래쪽의 엉덩이에서 얼굴의 입술로 이동하게 된 것일까? 가장 그럴 듯한 시나리오는 인간이 직립보행을 하게 되면서 이에 맞춰 신체적 변화가 일어났고 눈에 잘 보이는 성적 신호의 위치 역시 움직였을 것이라는 가정이다. 시간이 흐르면서 매력적인 붉은색은 이미 남성들을 사로잡는 색으로 자리 잡았고 진화의 산물로 신체의 아래에서 얼굴로 이동했다는 말이다. 그에 따라 남성의 시선 역시 이동했다.

그렇기 때문에 여성은 생식 주기를 엉덩이에 광고하고 다닐 필요가 없어졌다. 대신 '숨겨진 발정기'를 보여줄 수 있게 되었다. 이 이론에 따르면 영국의 동물학자 데스몬드 모리스가 표현했듯이 입술은 촉감, 두께, 색감에서 여성의 질을 닮은, 말 그대로 '제2의 성기'와도 같다. 실제로 여성과 남성이 성적으로 흥분하면 입술과 성기가 모두 충혈되어 부풀어 오르고 붉은색을 띠면서 접촉에 민감해진다.

데스몬드 모리스는 '제2의 성기' 가설을 검증하고자 다음과 같은 실험을 했다. 지원한 남성 피험자들에게 다양한 색의 립스틱을 바른 여성의 사진을 보여주고 각각 여성의 매력도를 점수로 매기도록 한 것이다. 남성들은 한결같이 가장 밝은 (그래서 가장 흥분되어 보이는) 붉은색 립스틱을 바른 여성을 가장 매력적으로 평가했다. 모리스의 말을 빌리자면 "립스틱 화장품 회사들은 더 아름다운 입술이 아닌, 한 쌍의 멋진 음순을 만들어냈다".

도톰한 장밋빛 입술을 가진 여성이 환하게 웃을 때 주목을 받는 것은 어쩌면 진화론적인 관점에서 당연한 일이다. 이에 주의를 기울이는 남성이 보상을 받을 가능성이 크기 때문이다. 여성이 선천적으로 타고난 크고 붉은 입술은 생식능력을 가늠하기 위한 암시가 될 수 있다. 입술은 여성이 사춘기를 맞이하면서 점점 도톰해졌다 나이가 들면서 다시 얇아진다. 여러 연구에 의하면 성인 여성의 도톰한 입술과 에스트로겐의 분비 사이에는 양의 상관관계가 있는 것으로 밝혀졌다. 이는 입술이 여성의 생식능력을 나타낸다는 주장이 신뢰도가 높다는 것을 의미한다. 그러니 다양한 문화권에서 도톰한 입술을 가진 여성에게 끌리는 남성이 많다는 것은 놀랄 일이 아니다.

또한 여성도 역시 수천 년에 걸쳐 입술을 강조하는 것이 효과가 있음을 알고 있다. 립스틱에 대한 최초의 기록은 5000여 년 전 수메르 지역으로 거슬러 올라가며 고대 이집트, 그리스, 로마 여성들도 염료나 독한 포도주를 이용해 입술을 붉게 물들였다. 오늘날의 남성들도 여전히 섹시한 입술에 반응하기는 매한가지다. 그리고 많은 여성들은 안젤리나 졸리와 같은 도톰한 입술을 갖기 위해 온갖 처절한 노력을 마다하지 않는다. 미국 여성의 75~85퍼센트가 립스틱을 바르며 더 나아가 볼륨감 있는 입술을 만들기 위한 극단적인 방법도 주저하지 않는다. 립 플럼퍼(입술에 발라 도톰한 볼륨감을 주는 화장품-옮긴이)를 발라 '벌에 쏘인 것 같은 효과'를 연출하는가 하면 계피에서 알파하이드록시산, 레티놀에 이르는 갖가지 성분을 이용해 일부러 입술 막을 자극하기도 한다. 양의 분비선에서 채취한 성분으로 입술에 보호막을 씌우고 정기적으로 필러나 지방을 주입하기도 한다. 심지어 입술에 고어텍스 보형물을 집어넣는 여성도 있는데 시술 과정이 매우 고통스럽고, 키스하는 도중 상대방이 보형물의 이물감을 느끼는 경우가 있음에도 그 인기는 나날이 높아지고 있다. 결국 여성들은 인류의 조상이 이끌렸던 탐스럽게 익은 붉은 과실의 색, 바로 그 자극을 표현하기 위해 수십 억 달러의 돈을 쏟아붓고 있는 것이다.

과학 연구에 의하면 온갖 값비싼 크림과 립글로스가 어느 정도 효과가 있다는 것은 사실이다. 루이스빌 대학교의 심리학자인 마이클 커닝햄의 말에 따르면 실제로 남성들은 크고 도톰한 입술을 선호한다고 한다. 하지만 동시에 남성들은 '인공적인' 입술이 오히려 역효과를 일으킨다고 말한다. 무조건 큰 입술이 아닌, 얼굴의 기타 부위와 대비해 비율의 조화를 이루는 입술의 크기가 가장 중요한 요소임을 시사하는 것이다. 따라서 원래 얼굴 부위의 비율이 인위적인 성형수술을 통해 망가지면 그 결과는 차라리 성형 전 얼굴보다 못할 수도 있다.

그렇다면 결론은 무엇일까? 인간의 입술이 오늘날처럼 진화한 이유는 강력한 성적 매력을 풍기기 위해서라는 것이다. 하지만 키스의 기원을 찾기 위한 여정에서 우리가 밝혀 나가야 할 사실은 이보다 훨씬 더 방대하다.

인간의 첫 키스 상대, 엄마의 가슴

그 다음 이론을 살펴보기 위해 우선 고려해야 할 것은 태아의 발달

단계다. 자궁에 머무르는 임신 제1기 동안 태아는 입술의 형체를 갖추게 되며, 심지어 출산 전에 이미 엄지손가락을 빨고 있는 태아가 관찰되는 경우도 있다. 갓 태어난 신생아는 곧바로 마치 젖을 빠는 듯한 입 모양을 보여주며, 이는 기계적인 의미에서 보았을 때 키스와 연관된 움직임이다.

이에 대해 데스몬드 모리스는 입술에 대한 또 다른 의견을 내놓았다. 그는 '제2의 성기' 외에도 인간의 입술 모양이 어머니의 가슴에서 나오는 모유를 빠는 데 매우 적합하게 생겼다는 점에 흥미를 가졌다.

인류의 조상이 직립보행을 시작하면서 성적 신호의 신체적 위치가 이동한 것은 붉은 입술에만 국한되지 않았다. 여성의 가슴 역시 엉덩이 모양을 모방해 더욱 눈에 띄도록 진화했다. 모든 포유류가 젖을 먹여 새끼를 키우는 것은 사실이지만 그중에서도 여성의 가슴은 독특한 둥그런 형태를 보여준다. 가슴이 털로 덮여 있는 종과 달리 매끈한 여성의 가슴은 더욱 두드러져 보이며 보는 이의 시선을 유두로 집중시킨다.

임신 기간에 여성의 가슴은 더 부풀어 오르고 부드러워진다. 출산 후에 어머니가 신생아를 가슴에 품고 수유를 하면 신생아는 입 안 가득 유두를 물어 넣는다. 아기의 성장에 필요한 필수적인 영양의 섭취를 목적으로 하는 이 같은 수유 과정은 아기의 빠는 행동을 더욱 촉진시킨다. 어머니의 젖을 빨면서 아기는 대단히 큰 즐거움을 느끼며 출산한 여성은 젖을 물리는 것이 떼를 쓰는 아기를 달래고 진정시키는 데 큰 효과가 있다는 사실을 깨닫게 된다.

유아에게 충분한 영양을 공급하는 것이 얼마나 중요한지 생각해 보면 진화의 과정에서 유두와 입이 서로 들어맞는 조합을 이루는 방향으로 진화했다는 사실은 그다지 놀라운 일이 아니다. 게다가 수유는 아기를 돌보는 엄마와 엄마에게 전적으로 의존해야 하는 아기 사이에 깊은 정서적 유대감을 불러일으킨다. 이는 뇌 안에서 일어나는 신경전달물질(이에 대해서는 5장에서 더 자세히 다루겠다)이라 불리는 화학적 매개체의 작용 때문이다. 아기는 수유라는 최초의 접촉을 통해 안전과 애정을 느낀다. 모리스는 인간이 전 생애를 통해 엄마의 젖을 물 때 입술에 느꼈던 종류의 감촉과 안전 및 애정이라는 감정을 끊임없이 연관시킨다는 가설을 세웠다. 나중에 어른이 된 후에도 우리는 수유와 비슷한 경험을 다른 인간관계를 통해 추구하며 키스는 사랑하는 연인 사이뿐만 아니라 가족 구성원 사이에서도 특별한 유대감을 촉진시킨다는 것이다. 키스는 우리가 유아기에 경험한 방법을 통해 사랑과 애정을 표현할 수 있도록 해주는 하나의 수단이다.

어머니와 자식 관계의 중요성, 그리고 이 관계가 전 생애에 걸쳐 다른 인간관계에 얼마나 결정적인 영향을 미치는지에 관해서는 방대한 양의 문헌 연구가 이루어져 왔다. 이쯤에서 당신도 아마 키스의 기원과 관련된 이론이 지그문트 프로이트에 의해 널리 알려진 심리학의 영역과 맞닿아 있다는 사실을 눈치챘을 것이다. 프로이트 역시 키스에 대한 욕구가 유아기 시절부터 시작된다고 주장했다. 성장하면서 어머니의 가슴을 독차지하는 수유의 특권을 박탈당한 아동은 엄지손가락을 빠는 등의 행동을 통해 수유와 유사한 즐거움을 주는 자극을 일생에 걸쳐 찾아다닌다. 프로이트에 의하면 "두 번째 영역(엄지손가락)이 가슴만큼 충족되지 못한다는 열등성은 나중에 성인이 되어 이에 상응하는 입술과 같은 타인의 신체 부위를 찾아 나서게 되는 이유 중 하나다."(여기서 프로이트는 "내가 나의 입술에 키스할 수 없다는 사실이 참으로 유감이다"라고 말하려는 것 같지 않은가?) 프로이트의 주장은 우리가 살아가면서 어머니의 가슴으로 회귀하고자 하는 노력을 끊임없이 시도한다는 것이다.

프로이트와 모리스의 견해 사이에서 큰 차이점은 전자의 경우, 키스가 가슴을 박탈당한 데서 온 심리적 증상이라고 보는 데 반해 후자의 경우에는 이를 유아기의 긍정적인 경험을 다시 살리기 위한 방법으로 본다는 것이다. 비록 우리가 유년기를 정확히 기억할 수는 없지만 어머니의 편안한 품에 안겨 젖을 먹기 위해 입을 오므리는 경험은 아마도 우리에게 지속적인 영향을 미칠 것이며, 서로 입술을 맞대는 행위는 애정과 신뢰라는 감정과 깊은 연관이 있을 것이다.

물론 자라나는 아이에게 수유를 한다는 것은 단순히 모유나 분유를 먹인다는 것 이상의 의미를 지닌다. 그리고 키스와 관련된 이론 역시 유아 이후의 발달단계에서 유래하는 것도 많다.

수천 년 동안 인류가 입으로 음식을 잘게 씹어 타인에게 먹이는 행위premastication는 아직 어리고 어른의 도움을 받아야 하는 유아에게 음식을 먹이기 위한 주요한 수단이었다. 예를 들어 어머니는 자신의 입을 아이의 입 위로 포갠 다음 자신과 아이의 입술을 벌린다. 그리고 혀를 이용해 잘게 부수어진 음식물을 아이의 입안으로 밀어 넣는다.

이를 역겹다고 말하는 사람도 있을지 모르나 인류 역사를 돌이켜봤을 때 오늘날처럼 어머니가 아이에게 영양을 공급할 수 있는 다양한 방법이 존재하기 시작한 것은 극히 최근이었다는 사실을 기억해야 한다. 다니엘 거버와 도로시 거버 부부가 이유식을 만드는 데 들어가는 엄마들의 수고를 덜기 위해 고형식 제품을 만들기 시작한 것은 1927년 이후의 일이며, 으깬 콩을 비롯해 병에 담긴 갖가지 종류의 이유식이 식품점 진열대에 등장한 것은 더 최근의 일이다. 음식을 입으로 으깨어 먹이는 행위는 아이의 치아가 모두 나기 전 수유를 끊기 위해 사용할 수 있는 가장 실용적인 방법이었다.

음식을 입으로 잘게 부숴 먹이는 행위를 기록한 문서는 고대이집트 시대로 거슬러 올라간다. 그러나 아마도 이러한 관습은 선사시대부터 존재했을 것이며, 그 기원은 인류가 인간 종으로 분화하기 전의 조상인 유인원과 기타 동물로부터 비롯하는 것 같다. 이러한 행위는 동물의 세계에서도 실제로 일어나고 있으며 이에 대해서는 다음 장에서 다루기로 하겠다.

사실 입으로 음식을 씹어 먹이는 행위는 오늘날에도 다양한 문화권에서 여전히 이루어지고 있다. 최근 조사에 따르면 조사 대상이 된 현대 119개 문화권 가운데 39개 문화권에서 음식 교환, 치유 의식, 질병 예방을 비롯한 다양한 이유로 음식물을 입으로 잘게 부수어 먹이는 행위가 관찰되었다. 그런데 여기서 주목할 점은 이와 같은 관습이 존재하는 모든 문화권에서 키스라는 행위가 반드시 존재하지는 않았다는 사실이다. 예를 들어 콩고의 이투리 피그미족은 오래전부터 음식을 입으로 잘게 부수어 먹이는 관습을 유지해왔으나 서로 입을 맞추는 키스에 관해서는 유럽인들이 나타나기 전까지 분명 알지 못했다.

그러나 수유와 마찬가지로 입으로 음식을 잘게 부숴 먹이는 행위 역시 성인기에 키스 행위를 위한 토대 역할을 할 수 있다. 유아기 입을 통한 자극이 애정과 강한 애착을 형성하는 데 얼마나 도움이 되는지에 대해서는 앞서 확인했다. 입으로 음식을 으깨 먹이는 행동 역시 본질적으로는 이와 같은 논리의 연장선상에 있다. 수유기를 지나서도 아이는 사랑하는 엄마로부터 애정 어린 보살핌을 받으며 이제 입을 통한 자극은 서로 입을 맞추는 형태로 나타난다. 엄마와 아이 사이의 강력한 유대 관계가 입술을 통한 접촉을 중심으로 이루어지며 이후 성인기에 키스 행위로 연결되는 행동 패턴과 감정적 반응이 자리를 잡게 되는 것이다.

이런 방식에서 보면 엄마와 아이가 서로 입을 통해 나누는 애정 표현으로부터 연인들의 열정적이고 로맨틱한 키스 행위가 파생되었다고도 볼 수 있다.

키스를 진화시킨 향기

수유 및 음식을 입으로 씹어 먹이는 행위와 관련된 가설은 아주 오랜 옛날 인류가 친밀함을 추구했던 방식이 로맨틱과는 아주 거리가 멀다는 것을 시사한다. 이 가설에 의하면 키스는 엄마의 젖을 빤다거나 입으로 음식을 씹어 침과 함께 서로 나눠 먹거나 혹은 이 둘을 함께 하는 행동으로부터 시작했다. 그러나 키스가 입과는 매우 다른 얼굴 부위, 즉 코에서 기인했다는 증거도 찾아볼 수 있다. 친구나 가족들 사이에서 통용되는 종류의 키스는 서로의 냄새를 맡는 것으로부터 시작했을 가능성이 높다.

우리의 피부 아래에는 매우 강력한 향 분비선이 자리하고 있어 각자 독특한 체취를 풍긴다. 과학자들은 인간이 유아기 때부터 코를 이용함으로써 중요한 인간관계에 대한 정보를 수집한다는 사실을 관찰한 바 있다. 예를 들어 모유 수유를 하는 신생아는 엄마의 살갗 냄새를 인식하는 데 반해 젖병 수유를 하는 아기는 이러한 능력을 발달시키지 못한다.

많은 인류학자들이 '최초의' 키스가 입술이 아닌 코를 통해 이루어지는 행동, 즉 사랑하는 이의 뺨에 코를 대고 그 냄새를 깊이 들이 맡는 것이었다고 생각한다. 다수의 초기 문화권에서 이와 같은 '바다의 키스oceanic kiss'를 발견할 수 있는데, 그 이름은 폴리네시아의 전통적인 인사 방식에서 유래했다. 이러한 키스는 코 주변을 앞뒤로 문지르며 냄새를 맡아 상대를 식별하는 데 이용되었으며 이 밖에도 친척과 친구를 인식하고 재회하기 위한, 심지어 상대방의 건강 상태에 대해 신뢰할 만한 단서를 얻기 위한 수단으로도 활용되었다.

시간이 지나면서 이러한 키스에 입술을 가볍게 맞대는 행위가 더해져 인사로써 키스가 진화했을 것이라 추측할 수 있다. 우리가 친구나 이웃을 만났을 때 만나서 반갑다 혹은 보고 싶었다는 메시지를 전달하는 사회적 키스의 전통이 바로 여기서 출발했다고 볼 수 있다.

여기서 주목해야 할 점은 낭만적인 의도를 갖고 했느냐 아니냐와 상관없이 누군가의 뺨이나 기타 신체 부위에 키스를 하거나 냄새를 맡기 위해서는 상대방의 '사적인 공간'으로 들어가야 한다는 사실이다. 그렇게 가까이 다가가기 위해서는 어느 정도의 신뢰와 기대감이 있어야 가능하다. 따라서 상대방에게 우정 어린 키스를 보내거나 냄새를 맡는 것 혹은 그 반대의 경우 모두 상대방을 받아들인다는 무언의 메시지를 보내는 것과 마찬가지다.

키스가 상대의 냄새를 맡는 것에서 유래했다는 이론이 특히 설득력을 얻은 것은 실제로 원주민 사이에서 이를 입증하는 사례를 많이 볼 수 있기 때문이다. 예를 들어 1883년 영국 남해를 탐험했던 알프레드 존스턴은 자신의 저서인 《식인종과의 캠핑》에서 피지의 어느 부족 원주민이 자신을 처음 맞이할 때와 작별할 때 "정중하고 예의바르게" 자신의 손 냄새를 맡았다고 기록했다. 또 다른 사례로 찰스 다윈이 소위 말레이 키스Malay kiss에 관해 기술한 것을 들 수 있는데, 내용은 아래와 같다.

여자들은 얼굴을 위로 향한 채 쭈그리고 앉았다. 나의 수행원들은 선 채로 여자들을 내려다보며 콧날이 마주하도록 각도를 맞추고는 서로의 코를 비비기 시작했다. 이는 우리와 나눈 다정한 악수보다 다소 오랜 시간 계속되었다. 이들은 서로의 코를 비비며 만족스런 한숨을 내뱉었다.

오늘날에도 사랑하는 이의 뺨 냄새를 맡음으로써 애정을 표현하는 관습을 많은 문화권에서 찾아볼 수 있다. 캐나다의 이누이트 원주민이 행하는 쿠니크kunik 혹은 에스키모 키스는 보통 생각하는 것처럼 단순히 서로의 코를 가볍게 비비는 것이 아니라 더 세게 코를 비벼대며 냄새를 맡는 것이다. 쿠니크를 제대로 하려면 자신의 콧구멍을 상대의 피부가 눌릴 정도로 가깝게 맞대고 냄새를 들이마셔 코와 윗입술 사이로 상대의 피부가 빨려 들어오도록 해야 한다. 뉴질랜드의 마오리 족도 이와 유사한 관습을 보여준다.

이처럼 서로의 냄새를 맡는 오랜 과거의 관습이 진화해 오늘날 우리가 하는 키스로, 특히 인사차 나누는 키스로 이어진 것은 아닐까? 타인의 냄새를 맡는 것이 태곳적부터 존재한 인간의 본성이라는 점을 고려했을 때 이 이론을 엉뚱한 것으로 치부해버릴 수만은 없다.(물론 오늘날의 에티켓으로는 전혀 예의 바른 태도가 아니다.) 나중에 언급하겠지만 인간을 대상으로 한 연구소의 실험 결과에 따르면 실험 대상자들이 파트너나 자녀의 체취를 낯선 타인의 냄새보다 더 선호하는 것으로 나타났다. 이는 체취가 인간관계에 있어 중요한 단서가 됨을 시사한다. 인간의 언어능력이 향상되면서 동족을 인식하기 위한 수단으로 체취를 맡는 행위의 중요성은 줄어들었으나 인간관계의 유대감을 공고히 하기 위한 중요한 수단으로는 계속 남아 있게 되었음을 알 수 있다.

물론 오늘날 누군가 나의 냄새를 노골적으로 맡는다면 이를 좋아할 사람은 아무도 없다. 모욕적이다, 황당하다 혹은 이보다 더 심한 반응을 보일 수 있다. 하지만 지난 인류의 역사 대부분의 기간 동안 코로 타인의 냄새를 맡는 것은 친구와 지인들 사이에서 스스럼없이 가능한, 하나도 이상할 것 없는 행동이었다. 사실 오늘날에도 많은 이들이 처음 보는 이와 인사를 나눌 때 혹은 낯선 집에 들어설 때 냄새를 먼저 맡지 않는가? 물론 스스로는 인정하지 않을 테지만 말이다.

앞서 살펴본 것처럼 키스의 기원은 수많은 진화론적 관점의 이론을 통해 설명할 수 있다. 내가 검토한 가설들은 각각 개별적으로 작용했을 수도 있고 서로를 보완해가며 키스의 진화를 이끌어냈을 수도 있으며 때로는 중복되었을 수도 있다. 그러나 언제 그리고 어디서 시작되었는지와는 상관없이 키스라는 행위가 일단 시작되고 난 후부터는 극적인 발전 과정을 거쳤다는 데는 의심의 여지가 없다.

럿거스 대학교의 인류학자인 헬렌 피셔의 연구에 의하면 키스가 퍼져 나간 원인은 궁극적으로 인간의 뇌 작용 때문이라고 한다. 피셔는 키스가 성적 욕구(성욕), 로맨틱한 사랑(매력), 안정감과 안전감의(애착), 이 세 가지 필수적 욕구를 촉진시키는 방향으로 진화했을 것이라 주장한다. 성적 욕구는 파트너를 갈구하며, 로맨틱한 사랑은 한 사람에게 헌신하도록 만들고, 애착은 이러한 관계를 오랫동안 유지시켜 자녀를 낳도록 하게 한다는 것이다. 한편 이 세 가지 욕구가 단계별로 일어나는 것은 아니며 이를 관장하는 우리 뇌의 부분들은 서로 함께 혹은 독자적으로 작용할 수 있다. 각각의 욕구는 자녀의 출산을 유도하는 데 관련되어 있으며, 키스는 친밀한 관계를 촉진시킴으로써 이 세 가지 욕구 모두를 강화한다.

피셔의 이론은 인간이 키스를 나누게 된 경로가 무엇이든 상관없이 키스가 오늘날까지 생명력을 유지하며 살아남게 된 것은 인간에게 중요한 사회적이고 생식적인 욕구를 증진시키는 데 기여했기 때문이라고 주장한다. 각각의 고유한 문화권을 살펴봤을 때 키스는 진화의 과거사에 뿌리를 둔 인간 본능의 일부로부터 탄생했다. 동시에 인간 사회의 독특한 사회적 규범의 영향을 받았고 이에 따라 지역마다 매우 다른 유형을 보이게 되었다.

또한 서로의 타액과 애정 어린 제스처를 교환하는 혹은 키스나 키스와 유사한 행동을 하는 존재가 인간만이 유일한 것은 아니다. 인류가 탄생하기 훨씬 오래전부터 많은 종들은 서로를 핥고 비비고 어루만지는 등의 행동을 보여왔다. 많은 면에서 이러한 행동은 인간의 행동에 대응하며 그 목적 역시 유사한 것처럼 보인다. 다음 장에서는 지구상에서 우리와 함께 동거하고 있는 동물(털이 달린, 점액질로 뒤덮인, 가시가 촘촘한 동물들과 수중에서 생활하는 온갖 종류의 생물들)의 왕국에서는 어떠한 '키스'를 관찰할 수 있는지 살펴보도록 하겠다. 이를 통해 키스의 기원과 상관없이 키스와 유사한 행동이 인간 문화에서뿐만 아니라 다양한 종에 걸쳐 나타난다는 증거를 보게 될 것이다. 이야말로 애정에서 우러나와 서로를 가볍게 깨물거나 비벼대는 행동이 그 형태가 매우 다양할지라도 인간과 지구상의 모든 생명체가 함께 공유하는 진화의 계보에 뿌리를 내리고 있다는 강력한 증거다.

··· 모든 단서가 감춰져 있지는 않다

2007년 뉴멕시코 대학교의 심리학자 팀이 발표한 논문에 따르면, 인간에게는 "여성의 생식능력이 최고조에 달하는" 발정기가 겉으로 뚜렷이 드러나지 않지만 남성들은 무의식적으로 이를 감지할 수 있는 것으로 나타났다. 이들 연구진이 생각해낸 실험 방법은 매우 독창적이었는데, 바로 남성 전용 클럽에서 일하는 스트립 댄서 18명이 버는 팁의 금액을 조사하는 것이었다.

댄서들은 생리 시작 시기와 근무 교대 시간 그리고 벌어들인 팁의 액수를 두 달 동안(이를 댄서가 관객의 무릎에 앉아 추는 선정적인 랩 댄스를 춘 횟수로 환산하면 5300여 차례 정도이다) 기록했는데 그 결과가 매우 흥미로웠다. 댄서들이 벌어들인 평균 팁을 각 시기별로 보면 배란기에는 시간당 70달러, 생리 기간에는 시간당 35달러, 그 사이에는 시간당 50달러였다. 특히 피임약을 복용했던 댄서들로부터는 배란기 동안 팁 액수가 올라가는 현상을 발견할 수 없었다.

뉴멕시코 대학교의 연구진은 이 결과를 어떻게 해석해야 할지 완전히 확신하지 못했고 실험의 표본 크기도 제한적이었다. 그러나 이 연구는 비록 현대 여성들이 분홍빛 엉덩이를 겉으로 드러내 발정기를 표시하지는 않지만 그렇다고 해서 그 신호가 완전히 무시되는 것은 아니라는 점을 시사한다.

CHAPTER 02
동물들의 키스

콩고의 롤라야 보노보 보호구역에는 반다카라는 이름의 혈기 왕성한 젊은 보노보 수컷이 있다. 어린 수컷들이 의례 그렇듯 반다카는 암컷들을 짓궂게 놀리길 좋아했는데 주로 로디자가 희생양이 되곤 했다. 반다카는 로디자의 머리를 잡아당기거나 장난감을 빼앗는 등 보호구역의 놀이 공간에서 못되고 힘센 골목대장처럼 행동했다. 이들이 속해 있던 보노보 무리의 암컷 우두머리는 반다카의 나쁜 행동에 대해 제재를 가하지 않았고 이런 상태는 한동안 지속되었다.

2006년 반다카와 로디자는 보호구역 내의 청년기 보노보 무리로 옮겨졌다. 이곳의 우두머리는 반다카가 버릇없이 굴 때마다 강제로 제자리에 가도록 했다. 한번은 매우 가혹한 처벌을 받은 반다카가 울부짖으며 덤불 속으로 사라져버렸고 남은 보노보들은 반다카에게서 멀리 떨어져 있었다. 그런데 바로 그때 그 누구도 예상하지 못했던 보노보 한 마리가 반다카를 위로하러 나섰다. 어린 로디자였다. 로디자는 아래 사진을 찍은 바네사 우즈가 지켜보는 가운데 자신을 그토록 짓궂게 괴롭혔던 반다카를 양팔로 끌어안고 부드러운 키스로 위로해주었다. 그날 반다카와 로디자는 종일 함께 시간을 보냈고 반다카는 로디자의 털을 다듬어주었다. 둘은 마침내 휴전을 선언하고 친구가 되었다.

우리의 마음을 훈훈하게 하는 반다카와 로디자의 이야기는 고전적인 키스 행동을 보여주는 사례로, 동물들이 인간과 마찬가지로 서로 애정을 표현할 때 어떠한 방식을 따르는지 잘 보여준다. 인간과 보노보의 DNA를 비교하면 98.7퍼센트의 일치를 보인다는 사

보노보의 키스ⓒ바네사 우즈

실을 생각했을 때 이는 그다지 놀라운 일도 아니다.

새끼 보노보는 인간 아기와 흡사하게 입술을 앞으로 불룩 내밀어 젖을 먹는다. 또한 부모가 된 보노보는 입으로 새끼에게 먹이를 먹이는 행동을 보이며 나중에 성인이 되면 혀를 접촉하는 형태의 키스를 하는 모습을 자주 볼 수 있다. 내가 인류학자인 프란스 드 발로부터 들은 실제 사례 가운데 가장 좋아하는 것은 멋모르고 보노보의 키스 인사를 받으려 다가섰다가 입안으로 들어온 보노보의 혀에 아연실색한 동물원 사육사의 이야기다.

인간과 마찬가지로 보노보가 키스를 하는 이유는 매우 다양하다. 암컷이 우두머리 역할을 하는 보노보는 유인원 중에서 성적 욕구가 가장 높은 것으로 알려져 있다. 이들은 무리 내에서 일어난 갈등을 해결하는 데 공격적인 방법보다는 성관계를 주로 이용한다. 보노보는 키스를 통해 서로를 안심시키고 무리 내 구성원들과의 관계를 굳게 다진다. 또한 놀라움이나 두려움의 감정을 느낀 후에도 키스를 하는 모습이 관찰되었으며 무리 내 소란이 발생할 때 흥분을 표현하기 위해서도 종종 키스를 하곤 한다. 키스와 관련해서 보노보는 자연계에서 가장 키스를 많이 하는 동물에 속한다. 바네사 우즈는 최고 12분 내내 서로 키스를 나누고 깨물어 애무하는 보노보 커플을 콩고에서 관찰했다고 보고하기도 했다.

종족 보존의 첫 번째 법칙

보노보 외에도 동물의 왕국에서 키스를 하는 동물들은 많다. 찰스 디킨스는 "인간만이 키스를 할 줄 아는 유일한 동물이다."라고 기술한 바 있는데 이는 완전히 틀린 말이다. 지구상에 존재하는 종의 수만큼이나 많은 방식의 키스를 동물들 사이에서도 관찰할 수 있다. 이는 종종 애정을 표현하고 항복 의사를 표현하고 갈등을 해결하기 위해서 또는 그밖의 다양한 이유로 키스를 한다.

그러나 여기서 주의할 점이 있다. 행동과학자들은 인간이 아닌 다른 동물들의 감정을 설명하는 것이 굉장히 힘들다고 말한다. 종에 따라 정보를 처리하고 환경을 해석하는 방식이 굉장히 다양하기 때문에 인간이 동물의 감정과 사고를 의미 있는 방식으로 '이해'하는 것은 사실 가능하지 않다는 것이다. 따라서 과학자들은 자신이 관찰한 동물들 사이의 관계를 설명할 때 '사랑'과 같은 단어를 가능한 사용하지 않으려 한다. 대신 '교미 상대 선호도' 혹은 '선택적 교태성(교미를 갈망하는 정도-옮긴이)'과 같은 용어를 사용해 인간이 아닌 다른 종의 유대 관계나 짝짓기를 설명한다. 마찬가지로 동물들 사이에서 나타나는 키스와 유사한 행위도 인간과 같은 이유로 이러한 행동을 보인다고 가정하기는 어렵다. 하지만 동물들이 인간의 키스와 매우 흡사한 애정 어린 혹은 때로는 공격적인 제스처를 수없이 많이 보인다는 사실에 대해서는 의심의 여지가 없다.

무스(북미산 큰사슴-옮긴이)와 얼룩 다람쥐는 서로 코를 비빈다. 바다소는 파트너를 잘근잘근 깨문다. 두더지는 서로 코를 비비며 거북이는 상대의 머리를 툭 친다. 호저는 유일하게 가시가 없는 부위라 할 수 있는 코를 서로 비벼댄다. 들쥐는 서로 얼굴을 맞대며 고양이는 상대의 머리를 혀로 핥는다. 기린은 서로의 기다란 목을 휘어 감고 코끼리는 코를 이용해 상대의 몸을 더듬는다. 심지어 많은 종류의 박쥐들이 구애하는 데 혀를 이용한다.

이러한 행동들이 인간의 키스와 완벽히 대응한다고 할 수는 없지만 두 개체가 구애를 하거나 짝짓기를 하거나 갈등을 해결하기 위해 서로 가까이 몸을 맞댄다는 점에서는 키스와 비슷한 목적을 달성한다고 볼 수 있다. 동물의 세계에서 위와 같은 행동은 다양한 형태로 나타나지만 맛, 냄새, 감촉이라는 감각을 서로 나눈다는 면에서는 공통점을 갖는다. 그리고 친구, 파트너, 적, 가족, 흔치 않은 경우이기는 하지만 다른 종의 개체와의 관계를 정의하는 데도 사용된다.

키스와 유사한 행동을 보이는 생물체가 굉장히 많다는 사실을 보면 그 이유가 아마도 적응 우위adaptive advantage 때문일 것이라 생각할 수 있다. 진화의 과정을 이끄는 것은 생식이라는 요소다. 생식을 유도하기 위해서는 서로 간에 친밀함이 전제되어야 한다. 따라서 동물들의 '키스'는 즐거움, 만족, 사랑, 열정, 아니면 대립을 표현하는 것 이외에도 보노보, 개, 호저와 같은 종에서 볼 수 있는 것처럼 관계를 형성하기 위한 사회적인 의미의 수단으로 사용되기도 한다. 이러한 키스는 유대 관계의 강화, 집단 내 서열 인정, 자기 보호의 행동으로 이어진다. 결론적으로 이 같은 모든 행동은 종을 영속시키기 위함이다.

키스와 유사한 행동들

이제 다른 종에서 볼 수 있는 키스와 유사한 행위 가운데 가장 놀랍고 기억에 남는 사례에 관해 보다 자세히 알아보자. 우선 우리 인간과 가장 가까운 종의 사례부터 살펴보자.

인간과 보노보도 그렇지만 키스가 긴장을 풀어준다는 사실은 많은 유인원 종에서 확인할 수 있다. 침팬지는 서로 입을 벌리고 키스하지만 혀를 사용하지는 않는다. 영장류 동물학자인 제인 구달은 침팬지들이 가끔 입술을 불룩 내밀고 상대의 입술을 만져 인사하는 모습을 보고한 바 있다. 보노보처럼 침팬지가 키스하는 이유도 매우 다양하다. 침팬지는 특히 음식을 보고 흥분했을 때 키스를 한다.

침팬지가 키스를 하면서 느끼는 감각은 인간의 그것과 같을 수 없다. 그 이유는 침팬지의 입술이 더 얇을 뿐더러 입술을 오므려 앞으로 뾰족하게 내밀 수도 없기 때문이다. 결과적으로 침팬지가 키스를 하는 맥락도 인간과 같을 수가 없다. 침팬지가 나누는 키스는 성적인 친밀함을 상징한다기보다 마치 우리가 서로 나누는 포옹처럼 공동체 구성원 간의 친밀한 관계를 나타내기 위해서인 것 같다. 침팬지가 하는 키스를 관찰하면 암컷들끼리 짧게 주고받는 것이 대부분이다. 프란스 드 발은 침팬지들의 키스가 보통 유대감이나 관계를 재정립하기 위해서라고 한다. 이 말은 친구나 가족과 다툰 뒤 '키스를 하고 화해하는' 종이 인간이 유일한 것은 아니라는 뜻이다.

한편 키스, 그리고 키스와 유사한 행동이 유인원에게만 국한되지도 않는다. 그 뚜렷한 증거로 인간의 가장 좋은 친구라 하는 개를 들 수 있다. 개는 주로 상대의 냄새를 맡는 것으로 사회적 관계를 영위하는데 이는 일부 인간 사회에서 볼 수 있는 냄새를 맡는 인사에 상응하는 것이다. 당신이 애완동물로 개를 키운다면 분명 개가 당신의 몸을 때로는 매우 이상한 부위를 핥는 것을 경험했을 것이다. 개는 다른 개를, 주인을, 그밖에도 많은 사람들과 장소와 물건을 핥는다. 아마 명사로 부를 수 있는 물건이라면 그 무엇이나 핥을 것이다. 이는 물론 고전적인 의미의 '키스'라 할 수 없고 애정을 표시하기 위한 로맨틱한 성격의 혹은 필요에 의한 키스라고 볼 수도 없다. 개가 서로를 핥는 것은 인사를 나누고 털을 손질하기 위해서다. 또한 개는 무리 내에 존재하는 계층 질서를 인정함을 나타내기도 하는데 여기서는 복종하는 개가 우세한 위치에 있는 개를 핥는다. 따라서 어떤 개가 당신을 핥는다면 이를 칭찬으로 받아들여도 좋다.

핥는 행동을 하는 것은 개뿐만이 아니다. 많은 동물 종에서 핥기는 몸을 단장하기 위한 수단의 하나다. 동물행동학자인 조너선 밸컴이 자신의 저서 《즐거움, 진화가 준 최고의 선물》에서 설명한 것처럼 학자들은 핥는 행동이 말, 소, 고양이, 원숭이를 비롯해 기타 많은 동물들에게 진정 효과가 있다고 주장했다. 동물의 털은 기생충이나 더러움으로부터 몸을 보호해주기 때문에 많은 동종 내 커플들이 파트너의 털을 손질하는 데 몇 시간씩 보내는 것은 그럴만한 가치가 있는 일인 셈이다.

포유류에서 다소 불편한 키스를 보여주는 동물의 사례로는 굉장히 긴 주먹코로 유명한, 거대한 몸집의 해상 동물 코끼리물범을 들 수 있다. 짝짓기를 하려는 코끼리물범 수컷은 지느러미발로 암컷 몸의 한쪽을 감싸고 이빨로 목을 깨물어 암컷을 움켜잡는다. 이를 로맨틱하다고 부를 수는 없다. 어쨌든 코끼리물범 사이에서는 효과적인 짝짓기 방법인 셈이다. 사자도 역시 성교 도중에 다소 공격적

사자의 키스ⓒ니콜라스 데보스

인 '키스 자국'이라 부를 수밖에 없는 것을 서로의 몸에 남긴다.

포유류 이외에도 키스를 하거나 인간과 흡사한 행동을 통해 유대 관계를 형성하는 동물은 또 있다. 조류 가운데 많은 새들이 애정을 담아 서로의 부리를 비비는 모습을 관찰할 수 있다.(돌고래도 이러한 행동을 보이는데 물론 말은 같은 부리이지만 종류가 다르다.) 이 같은 '부리 어루만지기' 행동은 커플이 서로를 애무해주는 것이라는 점에서 포유류나 인간의 키스와 비슷해 보인다.

앵무새나 큰까마귀처럼 많은 종류의 새들이 평생 동안 한 명의 파트너와 짝짓기를 한다. 이런 점을 고려했을 때 서로를 애지중지하는 새들이 있다는 사실은 그다지 놀라운 일이 아니다. 그들은 함께 나란히 가지에 앉아 서로의 부리를 날개로 손질해주고 서로에게 먹이를 먹여준다. 인간처럼 로맨틱한 시를 쓸 수는 없지만 새들은 이처럼 몸을 이용해 애정이라는 감정을 표현한다. 게다가 애완동물로 길러지는 앵무새는 보통 주인인 인간을 자신의 '짝'으로 생각하고 주인의 입술을 부드럽게 쪼아 자신의 나약함과 주인에 대한 숭배를 표현한다.

동물의 왕국에는 특별히 아름답다고 할 수는 없지만 중대한 목적을 수행하는 '키스'가 존재한다. 바로 게움질이다. 이 행동은 인간이 음식을 입으로 잘게 으깨어 자식에게 먹이는 행동과 비슷하다. 옥스퍼드 대학교의 생태학자 니코 틴버겐은 재갈매기의 행동에 관해 연구하면서 새끼들이 마치 키스를 통해 부모로부터 먹이를 얻어내려는 것처럼 어미 새의 샛노란 부리 위에 도드라진 빨간

부분을 쪼아댄다는 사실을 발견했다. 틴버겐은 판지로 색, 모양, 부리 위의 도드라진 부분의 위치를 달리하는 갈매기 머리 모형을 여러 개 만들어 이를 새끼들에게 보여주었다. 이 실험의 목적은 음식을 얻기 위해 새끼들의 키스를 유발하는 요소가 정확히 무엇인지 알아내는 것이었다. 그 결과 재갈매기 새끼들이 선천적으로 빨간색 부분이 있는 길고 노란 물체에 대한 선호도를 갖고 태어나며 이는 굳이 학습하지 않아도 태어날 때부터 먹이를 확보할 수 있는 생존권을 지키기 위한 수단이 된다는 점이 밝혀졌다. 게움질이 역겹게 보일 수도 있지만 재갈매기 새끼들에게 있어 어미 새가 먹이를 게우도록 쪼는 것은 말 그대로 생존을 위한 '키스'인 셈이다.

　게움질로 새끼에게 먹이를 주는 새는 따오기부터 시작해 앨버트로스에 이르기까지 다양하며 늑대와 같은 일부 포유류 동물에서도 키스와 유사한 행동을 통해 새끼를 먹이는 사례를 볼 수 있다. 배고픈 새끼들은 부모의 주둥이를 쿡쿡 찌르거나 핥아 부모의 게움질을 유도하고 먹이를 얻는다. 식욕을 돋운다고 볼 수는 없지만 효과가 있는 방법이다. 기타 유인원, 고양이, 개, 일부 해양 포유동물 역시 어미의 입에서 새끼의 입으로 음식을 전달하는 형태로 새끼에게 먹이를 준다.

　이외에도 키스를 하는 동물들은 더 있다. 태국과 인도네시아에서 서식하는 몸집 큰 열대 담수어종인 키싱구라미는 먹이 시간에, 구애를 할 때, 싸우는 동안 공격성을 표현하는 수단으로 종종 서로 입술을 맞춘다. 싸우는 동안 상대를 물거나 찌르는 물고기도 있다.

한편 자연계 전체를 통틀어 가장 감각적인 생물이라 할 수 있는 달팽이는 서로의 몸을 휘감아 몸 전체를 마사지해준다.

우리는 관찰을 통해 다른 종의 행동 이유나 그들이 환경을 이해하는 방식을 완벽하게 이해할 수는 없을 것이다. 그러나 키스, 그리고 이와 밀접하게 연관된 행동을 관찰해보면 이 같은 행동을 단순히 생존이나 자손 번식을 위한 전략이라고 축소해서 해석하는 것은 너무나 제한적인 접근법이라는 점을 깨달을 수는 있다. 게다가 각 동물 개체들은 자신이 속한 무리의 다른 구성원들에게서는 볼 수 없는 자신만의 독특한 행동을 보이기도 한다. 비슷한 감정을 표현하는 데 입술, 부리, 주둥이, 코를 누르는 동물이 있는가 하면 이와는 매우 다른 행동을 보이는 동물도 있다. 따라서 앞서 이야기한 동물의 '키스'에 대한 사례에서 나타난 행동이 특정 종 전체의 행동을 100퍼센트 완벽히 대변하는 것이라고 생각해서는 안 된다. 결국 우리가 알고 있는 동물의 키스는 지구상에 존재하는 다양한 생물체에 비해 매우 제한적일 수밖에 없기 때문이다.

게다가 지구상에 300만에서 3000만 사이의 종이 존재한다는 과학자들의 가설을 고려했을 때 위와 같이 동물의 세계에서 관찰되는 기이하고 재미있고 매혹적인 스타일의 키스는 아무리 많이 밝혀낸다 하더라도 실제로 존재하는 것의 극히 일부분일 뿐이다. 분명한 점은 이 같은 모든 행동의 이면에는 진화가 주요한 요소로 자리 잡고 있으며 비록 그 이유는 수없이 다양하고 많을지라도 키스를 한다는 관점에서 동물 개체들을 하나로 묶을 수 있다는 사실이다.

동물의 세계에서 나타난 증거와 앞서 살펴본 진화론적 이론들을 종합해봤을 때 키스와 유사한 행동은 생물학적 기반에 뿌리를 깊게 내리고 있다. 그러나 특정한 시대와 장소에서 키스가 정확히 어떠한 형태를 띠느냐를 결정하는 데는 문화가 핵심적인 역할을 한다. 따라서 이어지는 3장과 4장에서는 유럽 및 비유럽권 사람들 사이에서 나타나는 다채로운 키스의 모습을 과거로 눈을 돌려 가능한 한 인류의 태동기에 가까운 시절부터 살펴보도록 하겠다.

　그 과정에서 인간이 키스를 매우 잘하게 되었다는 사실을 알 수 있을 것이다. 적어도 분명한 점은 인간이 수천 년 동안 키스라는 행동을 발달, 개선, 전파시켜 오늘날 가장 널리 볼 수 있는 서로 입을 맞추는 형태의 키스가 되었다는 것이다.

··· 코코의 키스

1971년생 로랜드 고릴라 암컷인 코코의 일생은 인간이 아닌 다른 종에 대해 가장 오랜 기간 수행된 언어 실험의 대상이었다. 페니 패터슨 박사는 코코에게 1000여 개가 넘는 기호를 가르쳤으며 코코는 2000여 개의 영어 단어를 이해할 수 있었다. 코코가 사용했던 어휘 중에는 '키스'를 나타내는 기호와 발성 소리도 포함되었다.

코코에게 적당한 짝을 찾아줄 때가 오자 패터슨 박사는 코코에게 동물원에 있는 수컷들의 비디오 영상을 보여주어 코코가 직접 원하는 짝짓기 상대를 고를 수 있도록 해주었다. 고릴라는 보통 짝짓기 상대를 직접 결정하는데, 따라서 이를 코코의 '비디오 데이트'라고 부를 수 있겠다. 연구자들의 말에 따르면 코코는 비디오에 수컷이 등장할 때마다 마음에 드는지 아닌지를 표현했다. 그러다 시카고 교외의 브룩필드 동물원에서 사는 무게가 400파운드인 수컷 엔듐이 모니터에 나타나자 코코는 스크린 위로 나타난 엔듐의 모습에 입술을 맞추었다. 물론 과학자들은 코코가 누굴 선택할 것인지 확실히 알 수 있었다.

CHAPTER 03
나의 과거와 키스하다

밤하늘을 올려다보고 있노라면 과거를 들여다보는 것 같은 느낌이 들 때가 있다. 지구상에서 빛이 이동하는 속도는 너무나 빨라 도대체 얼마만큼의 시간이 걸리는지 가늠을 할 수 없을 정도다. 우주 공간에서의 거리라는 개념은 너무나 광대하기 때문에 이를 가로지르는 데 걸리는 시간을 기반으로 측정을 한다. 물리학자들의 계산에 따르면 빛은 1년에 9,460,730,472,580.8킬로미터를 여행한다. 이처럼 엄청나게 빠른 속도지만 그럼에도 밤하늘에 반짝반짝 빛나는 별들에서 나오는 빛이 우리에게 닿기까지는 매우 오랜 시간이 걸린다.

 2009년 7월, 허블우주망원경에서 흔히 나비성운이라 불리는 NGC 6302의 이미지가 잡혔는데 전갈자리에 위치한 이 성운은 무려 3800광년이나 떨어져 있다. 은하계 최초의 '키스'는 매우 오래

NGC 6302, 나비성운ⓒ우주망원경과학연구소

전에 생겨난 것으로 별들이 모여 만들어낸 것이었다.

지구로 다시 돌아와 이야기하면 고대 그리스 로마 연구자들과 인류학자들은 인간의 입맞춤의 기원을 위보다 훨씬 더 짧은 과거인 수천 년 전으로 거슬러 올라간다. 이 시기 동안 키스는 그 중요성, 대중성, 스타일의 다양성에서 극적인 변천사를 보여주었고 이와 함께 키스를 하는 사람들의 문화적 규범과 사회적 기대 역시 변했다. 고대 사람들이 키스했던 방식을 보면 많은 경우 오늘날의 관점에서 봤을 때 굉장히 이상하다고 느낄 것이다. 그럼에도 이러한 인류 역사의 초기 키스는 우리가 다른 종에서 볼 수 있는, 그리고 현대사회에서 볼 수 있는 키스와 많은 공통점을 갖고 있다.

역사에서 키스와 관련된 중요한 교훈 중 하나는 키스라는 행동을 억누르는 것이 거의 불가능에 가까웠다는 사실이다. 수천 년의 세월 동안 시인과 논객들은 키스를 역겹고, 부정하며, 더러운, 심지어 이보다 더한 것으로까지 치부했다. 역대 교황과 황제들은 도덕적인 혹은 위생상의 이유를 들며 키스를 하는 사람들을 처벌하려고 부단히 노력했지만 세계에서 가장 강력한 권력을 쥐었던 이들조차도 국민의 입을 단속하지는 못했다. 이번 장에서는 키스의 문화적 기원, 중요성, 특이한 발전 과정을 수 세기에 걸친 증거를 통해 살펴보자.

카마수트라 키스 강의법

역사 기록을 조사한 학자들에 따르면 오늘날 우리가 알고 있는 형태의 키스가 인간 사회의 문헌 기록에 등장한 것은 기원전 1500년경 이후의 일이다. 텍사스 A&M 대학교의 인류학자인 본 브라이언트는 고대의 키스에 관해 알 수 있는 가장 오래되고 가장 훌륭한 문헌을 힌두교의 토대인 인도의 베다 범어 문서에서 찾고 있다. 이

것이 기록의 형태로 취합되기 시작한 것은 약 3500여 년 전으로 그 이전에는 구두로 전승되었을 것이라 추정된다.

이 기록에는 '키스'를 나타내는 단어가 존재하지는 않지만 '냄새 맡기'와 '체취' 모두를 의미하는 데 같은 단어를 사용하고 있으며, 이 단어는 '촉각'이라는 의미도 함축하고 있다. 이를 테면 《아타르바베다(바라몬교 성전의 하나–옮긴이)》에 등장하는 입으로 체취를 맡는 특이한 행위는 코로 냄새를 맡는 키스를 보여주는 초기의 사례라 할 수 있을 것이다. 이와 비슷하게 《리그 베다(인도에서 가장 오래된 브라만교의 근본 경전–옮긴이)》에는 '냄새, 체취'라는 단어를 사용해 "세상의 배꼽을 만진다."라고 기술하는 구절이 나오는데, 이것 역시 고대의 키스를 의미하는 것이라 볼 수 있다. 《리그 베다》에 매우 흥미로운 구절이 또 하나 나오는데 이를 번역하면 "한 가정의 젊은 가장이 젊은 여자를 계속 핥는다."라는 뜻이다. 여기서 '핥는다'라는 단어는 일종의 키스나 애무를 의미한다.

베다 시대 말기 무렵 인도에는 고대의 키스에 대한 더욱 감질나는 단서가 등장한다. 바로 《사타파타 브라흐마나(힌두교의 초기 서적–옮긴이)》에서 연인 사이에 '입을 서로 맞대는' 행위를 묘사한 것이다. 또한 힌두법에 관한 초기 기록에는 한 남성이 여자 노예의 "입술의 물기를 마신" 죄로 질책을 받았다는 대목이 나온다. 이때부터 키스에 대한 보다 정확한 묘사가 등장한다. 그런 증거는 더 찾아볼 수 있다. 기원전 4세기 최종 완성된 방대한 양의 인도 서사시인 《마하바라타》는 서로 입술을 맞추는 애정 어린 키스에 대해 기술하고 있다. 예를 들어 "(그녀가) 입을 내 입에 맞추었고 신음 소리를 내었으며 이는 나를 즐겁게 했다."라는 대목이 등장한다.

이러한 고대 기록 중 가장 최근의 것으로 흔히 카마수트라로 더 널리 알려진 유명한 《바트샤야나 카마수트라》가 있다.(여기서 카마는 즐거움, 욕망, 섹스, 사랑 모두를 의미하며 수트라는 규칙이나 공식이라는 뜻이다.) 대단한 영향력을 지닌 섹스 안내서인 카마수트라가 작성된 것은 기원후 3세기경으로 그 목적은 힌두법에 따른 쾌락, 결혼, 사랑에 대한 규칙을 기술하기 위해서였다. 카마수트라는 키스를 포함해 온갖 종류의 성적 행위에 대해 자세히 적어놓았다. 여기에는 연인과의 키스를 주제로 한 장章 전체를 할애하고 있는데 "이마, 눈, 뺨, 목, 가슴 부위, 젖가슴, 입술, 입안"을 포함하는 신체 부위에 언제 그리고 어디서 키스를 해야 하는지 설명하고 있다. 또한 네 가지의 키스, 즉 절제하는 키스, 수축하는 키스, 짓누르는 키스, 부드러운 키스에 대해 설명하고 어린 소녀 혹은 처녀가 하는 세 가지 종류의 키스에 관해 아래와 같이 정의하고 있다.

명목적 키스: 연인과 함께 입술을 만지며 그 외 "소녀 자신은 아무것도 하지 않는다".

두근거리는 키스: 소녀는 "수줍음을 잠시 내려놓고" 윗입술이 아닌 아랫입술만을 이용해 반응한다.

만지는 키스: 소녀는 눈을 감은 채 "자신의 혀로 연인의 입술을 어루만지며" 손을 연인의 손 위에 포갠다.

분명 인도인들은 수천 년 전부터 키스를 했다. 하지만 키스를 한 것이 비단 인도인뿐이었을까? 바빌로니아의 창세 서사시인 《에누마 엘리쉬》는 기원전 7세기경 석판에 새겨진 기록으로 오늘날에도 그 내용을 살펴볼 수 있다. 사실 이 내용의 유래가 되는 전설은 이보다 훨씬 더 오래전의 것이다. 《에누마 엘리쉬》에는 인사의 키스와 탄원의 의미로 땅이나 발에 하는 키스를 포함해 몇 가지 종류의 키스에 관해 언급하고 있다.

이보다 훨씬 유명한 것으로는 《구약성서》가 있다. 예수가 탄생하기 약 12세기 이전 기간 동안의 여러 기록을 모아 집대성한 것으로 추정되는 《구약성서》는 키스에 대한 많은 사례가 나와 있다. 특히 창세기에 등장하는 이삭의 쌍둥이 아들 야곱과 에서의 이야기에서 수차례 키스가 나오는데 그중에는 남을 속이기 위한 키스도 있다.

에서는 이삭의 맏아들로 아버지의 총애를 받았다. 그러나 똑똑한 쪽은 형 에서가 아닌 동생 야곱이었다. 야곱은 형의 옷을 입고 형의 행세를 하며 이제 눈이 멀고 허약해진 아버지 이삭 앞에 선다. 이삭은 "이제 가까이 와서 내게 키스를 해다오, 아들아."라고 간청한다. 이때 이삭은 진정 맏아들 에서가 맞는지 확인하기 위해 야곱의 냄새를 맡는데 훔쳐 입은 형의 옷 덕분에 야곱에게서는 바깥에서 일하는 에서와 똑같은 냄새가 났고 속임수는 완벽했다. 이삭은 "보아라, 내 아들의 체취는 하느님이 축복한 들판의 냄새와도 같다."라고 외치며, 이로써 야곱은 형에게 돌아가야 했을 아버지의 축복과 함께 통치권 역시 가로챌 수 있었다.

이 외에도 《구약성서》에는 기억에 남을 만한 키스 장면이 여럿 등장한다. 매우 감각적인 내용을 담은 또 다른 사례는 〈아가〉의 1장 2절에서 찾아볼 수 있는데 그 내용은 '그의 입으로 그가 내게 키스하도록 하오. 그대의 사랑은 포도주보다 더 좋은 맛이니'다.

그리스 역시 길고 특이한 키스의 역사를 보여준다. 그러나 여기서 말하는 키스는 로맨틱한 혹은 성적인 키스와는 거리가 멀었으며 (적어도 고대에는 그랬다.) 주로 인사를 하거나 혹은 경의를 표하거나 심지어 탄원의 의미를 담고 있는 것이 대부분이었다. 호메로스의 고대 서사시 《오디세이》(약 3000년 전의 것으로 추정)는 기원전 8~7세기경에 비로소 기록의 형태로 존재하게 되었다. 그 내용을 들여다보면 고향으로 돌아온 주인공 오디세우스에게 노예가 존경의 의미로 키스하는 장면이 나오는데 이들 노예는 아랫사람이기 때문에 주인의 입술에는 키스하지 못한다. 또 다른 사례로 《일리아드》를 보자. 아킬레스가 헥토르를 죽이고 나자 헥토르의 아버지 프리아모스 왕은 자신의 원수인 아킬레스의 '끔찍한 살인자의 손'에 키스를 하며 죽은 아들의 시체를 돌려달라고 간청한다. 호메로스의 작품에서 성적인 혹은 로맨틱한 키스는 어디에서도 찾아볼 수 없다.

헤로도토스가 기원전 5세기경에 쓴 《역사》는 고대 그리스 로마 세계의 키스에 대한 문화적 정보를 제공한다. 헤로도토스에 의하면 페르시아인들은 사회적 위치에 따라 키스하는 부위가 달랐다. 동등한 위치의 사람일 경우 서로 입술에 키스함으로써 인사를 나누었고 사회적 신분의 격차가 미미할 경우 뺨에 키스를 했다. 신분 차이가 엄청날 경우에는 '하급' 계층의 사람이 몸을 엎드리는 것이 관례였다.(이처럼 사회적 신분에 따라 키스를 구분하는 것은 다른 고대 문화권에도 존재했다. 에티오피아에서는 왕의 발에 키스를 했고 누미디아의 왕은 너무나 신성한 존재여서 아예 키스조차 할 수 없었다.) 또한 헤로도토스는 《역사》에서 공통적으로 존재하는 키스에 대한 정서에 관해서도 언급했다. 즉 당시에는 입이 키스만이 아닌 다른 여러 가지 행위와 연관된다는 점을 고려해 특정 부류 사람들에게 키스하는 것을 꺼렸다. 한 예로 헤로도토스는 소를 숭배하는 이집트인들이 그리스인들과 입을 맞추는 키스를 하지 않았다고 말했다. 그 이유는 자신들이 신성시하는 소를 그리스인들은 음식으로 먹었기 때문이었다.

5세기에 접어들 무렵에는 희극 작품으로 널리 알려져 있던 아테네의 극작가 아리스토파네스가 키스를 웃음거리로 삼기도 했다. 아리스토파네스의 작품에는 "입술을 넓게 펴서 하는 키스Spread-outer", "베짜기 키스Weaver", "항아리 키스Potkiss", "문잠금장치 키스Doorbolt", "흐느적거리는 키스Limper", "여닫이문 키스Doorhinge"를 비롯해 여러 가지 이름의 키스가 등장한다.

기원전 4세기경 그리스의 정복자이자 세계주의자였던 알렉산더대왕으로 인해 당시 키스를 둘러싸고 벌어졌던 가장 소란스러운 논란 중의 하나가 시작되었다. 알렉산더대왕은 여러 정복지 중에서 특히 페르시아 문화의 일부를 고국의 궁정에 도입했는데 '프로스쿠네시스proskunesis'가 그 한 예였다. 프로스쿠네시스는 머리가 땅에 닿도록 절을 함으로써 상관 혹은 군주에게 경의를 표하는 것으로, 누군가에게 키스를 보내는 행위를 포함하기도 했다. 많은 그리스인들은 동방 독재주의의 타락을 보여주는 전형이라며 프로스쿠네시스를 경멸했다.

키스는 로마법으로도 막을 수 없었다

로마 시대로 들어와보자. 남아 있는 기록은 제한적이지만 역사학자들의 말에 따르면 이 시대에 키스하는 문화가 깊게 뿌리내리고 있었음을 알 수 있다. 물론 일부 저명한 작가와 황제 중에는 키스라는 행위를 비웃는 이들도 있었다. 아마 로마 시대에 키스를 가장 열렬히 지지했던 이는 시인 카툴루스일 것이다. 이를 입증해줄 증거로 자신의 애인에게 보내는 아래의 유명한 시구절을 살펴보자.

> 나의 사랑 레스비아(카툴루스의 애인-옮긴이). 우리 함께 살고, 사랑하자. 그리고 노쇠해 알아듣기 힘든 늙은이들이 하는 말을 모두 소중히 여기자. 태양은 떠오르고 지기를 반복할지니. 그 짧은 빛이 지고 나면, 우리는 깨지 않는 하룻밤의 잠을 자는구나. 내게 천 번의 키스를, 그리고 백 번의 키스를, 또 천 번의 키스를, 또 다시 백 번의 키스를, 그리고 또 다시 천 번의 키스를, 그 다음에는 백 번의 키스를 해다오. 그러면, 우리는 수천 번의 키스를 하고, 그 헤아림에 정신이 혼미해지고, 몇 번째의 키스인지 알 수도 없게 될 것이며, 우리가 그토록 많은 키스를 했다는 사실을 알게

된다면, 그 어떤 악인이라도 우리의 키스에 사악한 눈으로 어두운 그림자를 드리우지 못할 것이다.

로마의 시인 오비디우스 역시 키스에 관해 많은 말을 남겼으며 자신이 쓴 《사랑의 기교》에서 "여성의 입술에 입맞춤할 때는 불쾌한 키스가 되지 않게 입술을 너무 세게 누르지 않도록 조심하라."라고 말하고 있다.

새 천년을 맞은 로마에서 일반 대중 사이에서는 서로 입을 맞추는 키스가 굉장히 유행했던 것으로 보인다. 로마 제국은 군대를 통해 세계 다른 지역에 키스를 소개했으며 이는 유럽 문화와 함께 키스가 전파된 최초의 사례가 되었다.

오하이오 웨슬리안 대학교의 그리스 로마 연구가인 도널드 라타이너에 따르면 로마인이 '주로 입을 맞추는' 키스를 발달시킨 방식을 입증하는 역사적 기록이 존재한다. 한편 그 당시 키스에 대한 로마인들의 높은 기대치를 충족할 수 있을 만큼의 향기로운 키스를 보낼 수 있는 입이 그리 흔했던 것 같지는 않다. 예를 들어 기원후 1세기 로마의 시인 마르티알리스는 자신의 유명한 시집 《에피그램(경구를 의미한다-옮긴이)》에서 매우 역겹다고 느꼈던 키스에 관해 묘사했다. 15년 만에 고향 로마로 돌아온 한 불운한 남자가 겪었던 상황을 아래 마르티알리스의 이야기를 통해 살펴보자.

모든 이웃들이, 수염이 덥수룩한 농부들 모두, 냄새가 진동하는 키스를 그대에게 던진다. 여기서는 베 짜는 이가, 저기서는 천을 다듬는 직공이, 또 방금 전 가죽에 키스한 구두 수선공이 달려든다. 여기서 더러운 수염을 가진 이가, 애꾸눈인 남자가 그리고 저기서는 눈이 침침한 이가, 온갖 종류의 혐오스러운 것으로 입을 더럽힌 이들이 몰려든다. 과연 그 오랜 세월을 지나 고향 로마에 돌아올 가치가 있었더란 말이냐.

이처럼 키스를 혐오한 것은 마르티알리스뿐만이 아니었다. 티베리우스 황제는 질병을 옮긴다는 이유로 키스 금지령을 내렸다. 반면 로마의 정치가 카토는 집으로 귀가하는 남편들이 아내에게 키스할 것을 권고하기도 했는데 이는 애정을 표현하기 위해서가 아니라 술을 마셨는지 알아보기 위함이었다.

각종 비판과 야유에도 불구하고 로마에서 입을 맞추는 키스는 사라지지 않았다. 로마인들은 키스를 의미하는 세 가지 서로 다른 단어를 사용했는데 그 의미가 중복되는 것도 있고 완벽하게 정의가 내려진 것도 아니지만 대체로 아래와 같이 구분해볼 수 있다.

오스쿨룸 OSCULUM: 사회적인 혹은 우정의 키스, 혹은 존경의 키스
바시움 BASIUM: 가족 사이의 애정 어린 키스, 혹은 때때로 에로틱한 키스
사비움 SAVIUM: 성적인 혹은 에로틱한 키스

로마에는 키스에 대한 법도 존재했다. 예를 들어 오스쿨룸 인터베니엔스 법은 약혼한 남녀 중에서 결혼 전에 어느 한 명이 죽으면 서로 주고받은 선물을 유산으로 배분하는데 살아생전 남들 앞에서 키스하는 모습을 보였는지 아닌지를 기준으로 삼았다. 키스가 남녀 관계의 진지한 정도를 가늠하는 척도 역할을 한 것이다. 위의 경우 공공장소에서 키스를 나눈 적이 있다면 죽은 이가 받은 모든 선물의 반은 연인에게, 나머지 반은 죽은 이의 상속자에게 돌아갔다.

오늘날 우리가 알고 있는 키스의 전통 가운데 가장 인기 있는 것 중 하나는 겨우살이 줄기 아래서 키스하는 것이다. 그 기원이 기원전으로 거슬러 올라간다는 증거를 찾아볼 수 있지만, 사실 이 관습이 어디서 유래했는지는 확실히 알 수 없다. 다만 몇 가지 그럴듯한 이론이 존재한다.

북유럽 신화에는 자유자재로 모양을 바꾸는 능력을 지닌 사악한 신인 로키에 대한 이야기가 전해져 내려온다. 로키는 빛의 신 발두르를 죽이려는 음모를 계획한다. 모든 식물과 동물, 모든 금속, 심지어 불과 물까지 발두르의 어머니 프리가에게 아들 발두르를 해치지 않겠다고 약속했다. 그런데 이러한 맹세를 하지 않아도 되었던 단 하나의 식물이 바로 겨우살이였다. 로키는 여자로 둔갑해 프리가로부터 이 비밀을 알아냈다. 로키는 겨우살이를 모아 창을 만들어 이를 발두르의 남동생 호두르에게 주었고, 호두르는 이 겨우살이 창을 발두르에게 던져 친형제를 죽이고 만다. 정말이지 비극적인 이야기다. 한편 또 다른 신화에서는 발두르가 죽은 후에 다시 부활했고 프리가는 겨우살이를 용서하고 사랑의 상징으로 만들어 겨우살이 아래를 지나가는 두 사람은 그 누구든지 반드시 키스를 하도록 선언한다.

고대 드루이드교에서 전해 내려오는 신화도 있다. 유럽 켈트 족의 종교인 드루이드교의 승려들은 오크를 신성한 존재로 믿었다. 이 오크에서 자라는 겨우살이 역시 숭배의 대상이었다. 로마의 작가 플리니우스는 아래와 같이 기술한 바 있다.

> 켈트 족의 마법사를 일컫는 드루이드인들은 겨우살이와 겨우살이가 자라는 나무, 그중에서도 오직 오크, 이보다 더 신성한 것은 없다고 생각한다. 겨우살이는 흔히 마주치기 어려운 식물인데, 이 겨우살이를 발견하면 드루이드인들은 경건한 의식과 함께 겨우살이를 한곳에 모은다.

드루이드교도들은 겨우살이를 꺾어 모았는데 겨우살이가 땅에 닿는 것을 허용하지 않았다. 이들은 겨우살이가 기적과도 같은 힘을 지녔다고 믿었다. 만병통치약으로써, 여성과 동물 암컷의 가임을 촉진시키는 힘을 지닌 것으로써, 그밖에도 많은 효용을 지녔다고 생각했다.

세 번째로 고대 바빌로니아-아시리아 제국에서 전해져 내려오는 이야기가 있다. 그리스의 아프로디테나 로마의 베누스와 같이 바빌로니아-아시리아 제국에도 아름다움과 사랑을 상징하는 여신

밀리타가 있었다. 밀리타의 사원에서 젊은 여성들은 겨우살이 아래 서 있는 것으로 이 여신을 경배했다. 그리고 자신에게 처음으로 다가온 남자에게 자신의 몸을 바쳐야 했다. 다만 당시 바빌로니아-아시리아 제국에서 이와 같은 관습이 흔한 것은 아니었다는 점을 고려할 때, 여기에 키스도 포함되었다고 확신할 수는 없다.

중세, 키스로 사인하다

또한 키스는 기독교의 부흥과 함께 커다란 화젯거리로 떠올랐다. 간단히 말해 키스가 다른 육신의 죄악으로 이어질 것이라는 매우 근거 있는 두려움이 존재했던 것이다.

성경의 내용을 살펴보면 《구약성서》와 《신약성서》 모두 키스를 꽤 자유롭게 허용하고 지지하는 듯하다. 유다의 키스는 차치하고서라도 다른 사도들 모두 키스의 열렬한 팬이었다. 베드로는 '자비의 키스kiss of charity'에 대해 언급했으며, 바울은 〈로마서〉에서 "신성한 키스로 서로 인사를 나누라."고 말했다. 이것은 가톨릭교회의 성찬 의식에서 핵심적인 부분으로 자리 잡은 '평화의 키스'의 토대가 되었다.

키스를 장려하는 성서의 문구는 당연히 키스의 남용으로 이어질 가능성이 농후했다. 사제들은 이 '평화의 키스'가 서로 몸이 달아오른 연인들이 교회의 축복 속에서 당당히 키스를 나누는 빌미를 제공할 것이라고 우려했다. 따라서 교회 내에서 나누는 키스에는 남녀를 구분할 필요가 있었으며 심지어 397년 카르타고 회의는 남성과 여성 사이의 '종교적인' 키스를 금지하고자 했다.

중세 시대 모든 키스가 섹시한 키스였던 것은 아니다. 오래 전 헤로도토스가 기술한 것처럼 개개인의 사회적 지위에 따라 인사를 나누는 상대의 어떤 신체 부위에 키스할 수 있는지가 결정되었다. 입에서부터 시작해서 키스를 하는 사람의 사회적 신분이 낮아질수록 그 신체 부위 역시 점점 아래로 내려갔다. 백성들은 왕의 반지나 의복이나 왕의 손, 심지어 왕이 발을 디디고 서 있는 땅에 키스를 했다. 교회에서도 역시 일반 신도들은 성경, 사제의 의복, 제단보에 키스를 했다. 교황의 경우, 교황이 낀 반지나 신고 있는 슬리퍼에 키스하는 것이 관례였다. 가톨릭 사제들은 성인의 모습을 그린 그림에 신도들이 입을 맞추는 대가로 '키스 머니kiss money'라고 부르는 수수료를 받기도 했다. 후에 이와 같은 관습은 종교개혁에 불을 지피는 단초가 되었다.

또한 키스는 봉건영주와 신하 사이의 신뢰를 나타내는 징표 역할을 하기도 했다. 마상 창 시합에 참가하는 기사는 키스를 받곤 했는데 자신이 보호하는 대상, 보통 여왕이나 영주의 아내로부터 지난 일 년 동안의 봉사에 대한 답례로 키스를 받는 것이 보통이었다. 당시에 키스는 고상함을 상징하는 중요한 표식으로 여겨졌으며 기사의 훈련 과정에서 중요한 역할을 담당했다. 물론 2부에서 살펴보겠지만 키스가 애착 이상의 감정을 불러일으킬 수도 있는 법이다. 그러니 란슬롯과 귀네비어의 키스가 카멜롯 왕국의 몰락으로 이어진 것도 그리 놀랄 일은 아니다.

사무적인 키스가 계약과 사업 협상을 확실하게 봉인하기 위한 법적인 수단으로 쓰이기 시작한 것도 중세 시대의 일이다. 당시에는 많은 사람들이 글을 읽거나 쓸 줄을 몰랐다. 그래서 줄 위에 'X'자를 표기하고 여기에 키스함으로써 법적 효력을 부여했다. 이 행위는 오늘날까지도 전해 내려오며 '키스로 봉인하다'라는 표현으로 'X'자를 사용하게 되었다. 신부와 신랑 사이의 키스 역시 결혼에 따르는 모든 종류의 책임을 나타내는 일종의 법적인 비즈니스 계약을 맺는 것으로 간주되었다.

한편 교회는 여전히 특정 키스 행위와 이 행위들이 어떠한 결과를 초래할 지에 대해 노심초사했다. 13세기 영국의 한 사제가 오스쿨라토리움osculatorium 혹은 성상패라고도 알려진 혁신적인 아이디어를 내면서 사태는 더 심각해졌다. 오스쿨라토리움은 금속이나 나무로 만든 장식판에 종교적 회화를 덧입힌 것으로 교회 신도들이 서로 돌려 볼 수 있었다. 신도 중 일부는 '평화의 키스'처럼 서로 키스를 주고받는 행위를 대신해 이 성상패에 숭배의 키스를 하기도 했다. 허나 이 성상패에 키스하는 행위는 새로운 문제를 야기했다. 어느 젊은 여성이 오스쿨라토리움에 키스를 하고 나면 이 여성을 사모하는 남성이 여성이 입을 맞춘 바로 그 자리에 자신의 입을 맞추기 위해 수단과 방법을 가리지 않는 진풍경이 연출되었던 것이다. 당황한 사제들은 이러한 행위를 금지하려 했다. 그러나 교회 밖에서 이루어지는 순수하게 종교적인 이유로 나누는 키스는 여전히 수용되었다.

온갖 노력에도 불구하고 키스에 대한 금지령과 훈계는 그리 큰 구속력을 발휘하지 못했다. 1499년 네덜란드의 인본주의 학자 데시데리위스 에라스무스는 친구인 파우스투스에게 보낸 편지에서 자신의 영국 여행에 대해 아래와 같이 이야기했다.

> 아무리 칭찬해도 지나침이 없는 관습이 있다네. 어디를 가나 사람들이 내 양손에 키스를 퍼붓지. 돌아가 인사하면, 다시 화답이 온다네. 어딘가를 방문했을 때, 방문자를 환대하는 최초의 행위가 키스이고, 손님이 떠날 때도 똑같은 여흥이 반복되지. 회의가 열릴 때마다 키스의 잔치가 열린다네. 사실 그 어떤 곳을 가더라도 키스 없이 지나치는 법이 없네. 나의 친구 파우스투스여, 이 키스가 얼마나 달콤하고 향기로운지 자네도 한번 맛을 본다면, 자네도 10년간이 아니라, 마지 솔론(그리스의 현인으로 그의 개혁에 불만을 품은 세력 때문에 평생 이곳저곳을 외유하며 살았다-옮긴이)과 같이 평생 동안 영국을 여행하며 다니고 싶다고 진정 바라게 될 걸세.

그러나 1665년 런던에서는 대역병의 유행을 계기로 주목할 만한 변화가 일어났다. 키스의 유행은 사그라졌고 대신 사람들은 병의 전염을 막기 위해 손을 흔들거나, 여자들은 절을 하거나 허리를 굽히거나, 모자를 살짝 기울이는 것으로 인사를 대신했다. 그럼에도 17세기 프랑스에서는 사회적 키스가 여전히 지속되었다.

독일에서는 마르틴 폰 켐페라는 학자가 키스에 대한 모든 것을

《오푸스 폴리히스토리쿰 드 오스쿨리스Opus Polyhistoricum...de Osculis》라는 야심찬 제목의 백과사전으로 집대성했다. 이 백과사전은 분량이 1040페이지에 달했고 20개가 넘는 종류의 키스에 대한 기술을 포함해 키스라는 주제를 샅샅이 파헤쳤다고 자부했다. 같은 시기 독일에서는 합법적인 키스와 불법적인 키스에 대한 분류 체계가 생겨났다. 예를 들어 여성은 자신에게 기만적인, 욕정에 찬, 혹은 악의적인 키스를 한 남자를 사실상 고소할 수 있었고 반면 애정과 화해를 표현하는 공손한 제스처는 합당한 것으로 받아들여졌다.

하지만 산업혁명이 시작되면서 영국에서는 다시 손에 키스하는 관습이 널리 퍼졌고 이는 더 나아가 악수를 나누는 것으로 발전했다. 다음 장에서 살펴보겠지만 이 시기를 기점으로 키스는 세계 많은 지역으로 전파되기 시작했다. 세계화의 시작은 바다를 건너 자연적이고 인위적인 경계선을 넘어 사람들과 사회적 관습을 통합시켰다. 이전까지 키스를 하지 않았던 지역에서도 탐험, 교역, 현대 기술의 힘을 통해 유럽의 키스가 소개되었다.

··· 발에 입 맞추는 키스

발에 키스하는 관습은 다채롭고 오랜 역사를 보이는데, 그 기원은 적어도 바빌로니아 건국 서사시까지 거슬러 올라간다. 로마의 황제 칼리굴라는 백성들이 자신의 발에 키스하도록 했으며 이처럼 사회적 신분을 기준으로 한 키스는 중세 시대에 걸쳐 쉽게 찾아볼 수 있다.

키스의 열렬한 지지자이자 동시에 약자의 편이기도 했던 찰스 디킨스는 1861년 쓴 글을 통해 발에 입 맞추는 키스가 그야말로 혐오스러운 것이라 말하고 이를 "맹종적인 자기 비하"라고 지칭했다. 디킨스는 특히 가톨릭교회에서 행해지는 발 키스를 역겹다고 표현하며 아래와 같은 인상적인 글을 남겼다.

발렌타인1세는 발에 입 맞추는 관습을 고착화시켰다. 그리고 827년부터 지금까지 신도들은 등을 쭈그리고 성 베드로의 의자가 있는 계단으로 기어가 그 위에 놓인 위대한 경배의 대상인 발가락에 키스한다. 십자가가 수놓아진 교황의 가죽 슬리퍼는 키스하는 이의 자존심이 다치는 것을 교묘히 가리기 위한 수단으로, 신도들은 자신이 인간의 발가락이 아닌 신성한 상징에 키스하는 것이라 생각한다. 이로써 자기 비하에 자기기만까지 더해지고 스스로가 한없이 약한 존재로 전락되고 만다.

CHAPTER 04
천의 얼굴을 가진 키스

영국의 탐험가 윌리엄 윈우드 리드는 1864년 출간한 자신의 저서 《야만의 아프리카》에서 아프리카 부족장의 아름다운 딸과 사랑에 빠지게 된 이야기를 묘사한 적이 있다. 부족장 딸의 환심을 사기 위한 몇 개월간의 노력 끝에 결국 리드는 과감히 키스를 시도했다. 하지만 키스를 전혀 경험해보지 못한 부족장의 딸은 겁에 질려서 소리를 지르고 울며 리드의 집을 뛰쳐나갔다. 리드는 곧 부족장의 딸이 키스에 대해 공포심을 느꼈기 때문이라는 것을 알게 되었다. 그리고 그 이유는 리드가 자신을 잡아먹으려 한다고 생각했기 때문이었다.

나는 이제까지 키스와 유사한 행동이 진화 과정의 일부라고 주장했다. 하지만 인간과 동물 행동의 모든 면이 그러하듯이 키스와 유사한 행동이 특정 장소와 시대에서 어떠한 형태를 띠느냐는 문화적 요소의 영향을 크게 받는다. 유럽 스타일의 키스가 점점 인기를 더해 가고 있는 것은 사실이지만 사실 생식의 관점에서 봤을 때 이러한 친밀함의 행위가 꼭 필요한 것은 아니다.

그럼 키스의 고대 역사에 대해 살펴보았으니 이제 현대로 들어와 각기 다른 민족에게서 나타나는 키스와 관련된 행동에 대해 알아보자. 그리고 이것이 우리의 관점에서 보는 키스와 어떠한 관련이 있는지 생각해보자.

따귀를 부르는 딥 키스

세계화는 리드와 같은 유럽의 탐험가들과 함께 시작되었다. 탐험가들은 입을 맞추는 키스가 알려지지 않은 곳을 여행하고 많은 정보를 제공했다. 이 중 가장 인상적인 기록은 인류학자인 도널드 마샬이 오늘날 쿡제도로 알려진 곳에 위치한 태평양의 망가이아 섬 주민들을 연구한 것이다. 유럽인들이 발을 들여놓기 전까지 망가이아 주민들은 유럽식의 키스를 본 적이 없었다. 하지만 보고에 따르면 십 대 후반에서 이십 대에 이르는 망가이아 남성들은 주당 평균 21차례 오르가슴을 경험했다. 우리가 알고 있는 문화권 중에서 성적으로 가장 활발한 곳이라 말할 수 있다. 이를 다시 말하면 우리가 생각하는 열정적인 키스를 단 한 차례도 하지 않고 1년에 1000번 이상의 오르가슴을 느꼈다는 것이다.

이 같은 사례는 무수히 많다. 리드는 1872년 또 다른 저서 《남자의 순교》에서 사냥을 마치고 집으로 돌아온 이들을 맞는 아프리카의 어느 부족민들의 행동을 관찰한 바 있다. 이들은 서로 깊은 애정을 표현했지만 키스는 하지 않았다. 리드의 기록에 따르면 마을에 남아 있던 이들은 사냥을 하고 온 이들에게 키스 대신 "옹알이를 하듯 속삭이고, 사냥꾼들을 애칭으로 부르고, 오른손으로 악수를 하고, 얼굴을 쓰다듬고, 가슴을 가볍게 두드렸다. 아프리카인들은 키스를 하지 않았기에 입술을 제외한 모든 신체 부위를 이용해 서로를 품에 안음으로써" 집에 돌아온 것에 대한 환영을 표현했다. 비슷한 시기에 여행 작가이자 시인이었던 베이어드 테일러는 아프리카와 매우 다른 지역에서 비슷한 현상을 목격했다. 저서 《북반구 여행》에서 테일러는 키스에 별다른 관심이 없는 핀란드의 한 부족에 관해 기술했다. 이들은 남녀가 알몸으로 혼탕을 즐기는 것은 당연시하면서도 입맞춤에 관해서는 정숙하지 못한 행동이라 생각했다. 심지어 테일러가 만난 어느 기혼 여성은 키스에 관해 질문을 던지자 "만약 내 남편이 그런 행동을 하려고 한다면 일주일 내내 귀가 뜨끈뜨끈하도록 뜨거운 맛을 보여주겠어요."라고 대답했다.

유럽에서 멀리 떨어진 곳의 민족들이 보여주는 다소 상이한 관습에 대한 유럽인의 기록이 축적되면서 키스에 대한 논쟁과 키스를 제대로 이해하지 못한 주장이 인류학이라는 학문에 정기적으로 등장하게 되었다. 애석하게도 기록의 상당수는 오늘날 우리를 깜짝 놀라게 할 만한 가설들을 내세우고 있다. 즉 유럽식의 서로 입을 맞추는 키스는 '문명화된' 키스인데 반해, 예를 들어 냄새를 맡는 키스와 같이 더 '원시적인' 혹은 '야만적인' 방식으로 행해지는 키스는 '미개하다'고 생각한 것이다. 인류학자 에드워드 타일러는 1878년 "가장 천한 종류의 인사"에 대해 언급했는데 이 같은 인사는 "미천한 동물들이 서로 나누는 예의적 행동에 해당한다."라고 말했다. 1898년 덴마크 출신 학자 크리스토퍼 니롭은 위와 유사한 방식으로 유럽식의 입맞춤 키스를 "코로 인사를 나누는 미개한 부족 사이에서 유행하는 키스보다 훨씬 더 우월한 방식의 인사"라고 기술했다.

인종차별주의적인 요소만 빼고 본다면 이 문헌들에서는 입을 맞추는 키스가 존재하지 않았던 문화권에 대한 흥미로운 증거를 발견할 수 있다. 니롭은 유럽식의 키스가 폴리네시아, 마다가스카르, 아프리카의 일부 부족들 사이에는 알려져 있지 않았다고 주장했다. 또한 인류학자인 알프레드 크롤리 역시 1929년 입을 맞추는 키스가 유럽이나 고대 그리스와 같은 '더 고상한 문명사회'를 제외한 세계 대다수 지역에서 발견되지 않는다고 기술했다. 더 최근에 헬렌 피셔는 서구 사회와의 접촉이 있기 전까지 "소말리 족, 인도 시킴의 렙차 족, 남아메리카의 시리오노 족에는 키스가 알려지지 않았으며 남아프리카공화국의 통가 족과 기타 일부 부족들은 전통적으로 키스가 역겨운 것이라 믿어왔다."라고 말했다. 서구 문화의 등장으로 이들 부족들도 키스라는 행위에 대해 인식하기 시작했으며 그때부터 태도의 변화도 일어났다. 서구 문화권을 통해 퍼진 담배와 패스트푸드를 생각하면 키스는 서구 문화가 전 세계로 퍼뜨린 관습 중에서 가장 건강에 유익한 것이 아닐까?

할리우드 영화, 키스 전도사가 되다

어떤 문화권에서는 입을 맞추는 키스가 나타났다 사라지기도 했는데 이는 여성의 성생활을 억제해야 한다는 것과 같은 사회적 이유에서 비롯되었다. 하지만 피셔의 말에 따르면 키스를 하지 않는 문화권에서도 '성교를 하기 전에 가볍게 두드리고, 핥고, 문지르고, 빨고, 가볍게 꼬집고, 입김으로 얼굴을 애무하는' 행위는 여전히 존재했다. 이와 같은 종류의 행위 중에서 내가 가장 특이하다고 생각한 사례는 인류학자인 브로니슬로 말리노프스키가 기술한 것이다. 그는 뉴기니아 근처 트로브리안드 군도의 어느 연인에 관해 글을 쓴 적이 있다. 1929년 말리노프스키는 이곳 주민들이 보여주는 색다르고 가끔은 폭력적이기까지 한 수많은 성적 행위 중에서 섹스를 나누고 오르가슴을 느끼는 동안 서로의 속눈썹을 물어뜯는 행위를 소개했다. 말리노프스키는 이에 대해 "이 같은 종류의 애무가 과연 어떤 작용 기제를 갖고 있는지 혹은 감각적인 쾌락을 주는지에 대해 전혀 이해할 도리가 없다."라고 썼다.

하지만 키스를 하지 않는 비유럽권 사람들의 시각에서 본다면 서로 입을 맞추는 키스 역시 매우 이상한 혹은 그보다 더한 행위로 비춰졌을 것이다. 무엇보다 칫솔과 구강 청결제를 사용하지 않았던 문화권의 사람들에게 유럽식의 키스에서 느껴지는 맛과 냄새는 상당히 불쾌한 것으로 다가왔을 것이다.

그럼에도 키스는 널리 퍼져 나갔다. 시간이 지나면서 더 빠르고, 더 쉽고, 더 값싸게 여행을 할 수 있게 되었고 통신 기술의 발달은 전 세계를 말 그대로 지구촌으로 만들었다. 특히 전보부터 인터넷에 이르는 혁신적인 기술의 발달이 이러한 과정을 더욱 가속화시켰다. 그 결과 아시아에서 미국과 유럽에 이르기까지 60억이 넘는 인구가 사회적이고 로맨틱한 관습에 따라 서로 입을 맞추는 키스를 하고 있다.

그렇다면 입을 맞추는 키스는 어떻게 퍼져 나갔을까? 여기에는 유럽인의 신세계 탐험 외에도 많은 요소가 작용했다. 사실 유럽인의 방문만큼이나 강력한 힘을 발휘한 요소는 유럽의 문화적 상품이었다. 셰익스피어의 연극과 디킨스의 소설에는 키스를 사회적으로 용인된 관습으로 그리고 있으며 모든 이들이 키스를 으레 하는 것처럼 묘사하고 있다. 키스는 그 행위를 예찬하는 예술과 문학을 통해 유산으로 전해 내려왔고 이는 시간이 지나면서 더욱 풍부해졌다.

문학작품의 남녀 주인공들은 상대방과 특별한 키스를 할 때까지 기다린다. 이러한 기대가 줄거리를 이끌어가며 키스는 종종 주연의 역할을 톡톡히 해낸다. 백설공주에서 개구리왕자에 이르기까지 아이들이 이야기에서 기대하는 해피엔딩은 주인공들의 키스다. 사실 키스를 뺀다면 우리가 읽은 유명한 동화들은 과연 어떤 내용이 되겠는가?

필름의 등장으로 시각적인 스토리텔링이 가능해지면서 키스는 새로운 생명력을 얻게 되었다. 키스가 영화 스크린을 통해 최초로 상영된 것은 에디슨 회사가 제작한 1896년도 영화 〈메이 어윈과

존 라이스의 키스〉에서였다. 영화의 전체 상영 시간은 30초도 채 되지 않았는데, 한 남성과 여성이 키스를 하면서 대화를 주고받다 완전히 입맞춤하는 것으로 끝났다. 남녀 주인공 모두 정장을 차려 입었고 남자 주인공인 라이스는 꽤 큼지막한 콧수염을 기르고 있었다. 게다가 오늘날 할리우드 영화에서 볼 수 있는 열정적인 키스신에 비해 이 둘이 나누는 키스는 다소 형식적인 것이었다. 하지만 당시 이 영화는 관객들을 충격에 빠뜨렸다. 출판업자 허버트 스톤은 이 영화를 보고 "남녀 주인공이 오랜 시간 서로의 입술을 탐하는 모습은 견디기 힘든 것이었다. 이런 것에는 경찰의 개입이 필요하다."라는 감상평을 남겼다. 하지만 키스를 억압할 수는 없었다. 특히나 할리우드에서는 더욱 그러했다.

곧 키스는 모든 영화에 등장하게 되었고 키스의 주인공 역시 비단 남자와 여자 사이에만 국한되지 않았다. 1926년 영화 〈돈 주앙〉에서는 남자 주인공 존 배리모어가 매리 애스터와 에스텔 테일러 사이에서 총 191회에 이르는 최다 키스 장면을 연출하는 기록을 세웠다. 그 다음 해 영화 〈윙스〉는 한 병사가 죽어가는 전우에게 키스를 하는, 영화 최초의 남성 간의 키스를 선보였다. 1941년 영화 〈당신은 지금 군대에 있어요〉에서는 제인 와이먼과 레지스 투미는 3분 5초에 이르는 키스를 연출해 영화에 등장하는 최장시간 키스의 기록을 세웠다. 1961년 영화 〈초원의 빛〉에서 나탈리 우드와 워렌 비티는 할리우드 최초의 프렌치 키스를 나누었다. 그 후 1963년 앤디 워홀은 여러 커플들이 나누는 키스 장면으로 구성된

54분 분량의 16mm 영화 〈키스〉를 개봉했다. 영화에 등장하는 각각의 연인들이 나누는 키스는 앞서 제인 와이먼과 레지스 투미가 나누었던 키스보다 더 긴 3분 30초가량 지속되었으며, 이성 간인지 동성 간인지 연인의 성별을 명확히 구분할 수 없는 커플도 일부 있었다. 워홀이 세운 기록이 마침내 깨진 것은 2010년의 일로 티나 페이와 스티브 카렐이 영화 〈브로큰 데이트〉의 엔딩 크레딧 장면에서 5분 동안 키스하는 모습을 연출했다.

여기서 가장 특기할 만한 점은 이러한 키스 신의 대부분이 1930년에서 1968년 사이에 등장했다는 사실이다. 당시는 영화제작 강령 혹은 더 친숙한 이름인 헤이스 규약(미국 영화제작배급협회 초대 회장인 윌 H. 헤이스가 만든 규약으로 그의 이름을 따 제정되었다-옮긴이)이라 불린 도덕주의적 원칙이 활개를 치던 시절이었다. 이 강령은 "과도하고 욕정에 찬 키스, 외설적인 포옹, 도발적인 자세나 제스처가 등장해서는 안 된다."라고 규정했는데, 그 밑바탕에는 성적인 욕망을 표현한 영화 장면이 "저속한 하층민 부류에게 자극이 될 것"이라는 두려움이 깔려 있었다. 그 결과로 영화 속에서 연인의 키스 장면은 대단원의 막을 내리는 시점에나 등장했고 그 뒤로는 타오르는 불꽃이나 웨딩마치를 알리는 종소리와 같이 그 다음에 전개될 내용을 암시하는 신이 등장하곤 했다.

그러나 영화의 키스 신은 헤이스 규약 따위는 아랑곳없이 계속 등장했고 오늘날에는 할리우드 엔터테인먼트 산업에서 빠질 수 없는 필수 요소로 자리 잡았다. 물론 저항이 전혀 없었던 것은 아니었다. 1985년 에이즈에 대한 우려가 한창 증폭되던 시절 미국배우협회는 영화 대행사와 제작사에 7000여 장에 이르는 서한을 보내 영화 촬영 과정에서 입을 벌려야 하는 키스 신이 포함되는지 아닌지에 대해 배우들에게 미리 서면으로 통보할 것을 주장했다. 이러한 장면을 촬영하는 것에 대해 그들은 "에이즈가 어떠한 경로로 전염되는지에 대한 명확하고 일관성 있는 의학적 견해가 확립되지 않았다는 점을 고려했을 때, 배우의 건강에 해가 될 가능성이 있다."라고 주장했다.

원주민의 키스 vs. 프렌치 키스

여하튼 전 세계로 퍼져 나가고 있는 서구의 문화적 상품을 통해 기타 지역에서도 서구식의 키스가 전파되고 있다는 사실에는 의심의 여지가 없다.

그러나 모두가 할리우드 방식만을 따르는 것은 아니다. 세계 각 지역마다 키스에 관해 어느 선까지 수용할 수 있고 무엇이 적절한지 다양한 기준이 존재한다. 이 모두를 밝혀내기란 불가능하지만 점점 세계화되어 가는 세상에서 찾아볼 수 있는 공통적인 키스 관습에 대해 약간이나마 조사한 내용을 소개한다.

먼저 프랑스부터 살펴보자. 프랑스는 '프렌치 키스'의 본고장으로 이 단어는 1923년 영어 어휘의 하나로 인정받았다. 왜 프렌치 키스라 부르는지 그 정확한 이유는 알려져 있지 않다. 하지만 프랑스를 방문한 미국인들이 다른 지역 여성에 비해 입을 벌리고 나누는 키스를 더욱 편안하게 받아들이는 프랑스 여성들의 열정적인 면에 자극을 받아서 이를 프렌치 키스라 부르게 되었을 것이라 추측해볼 수 있다. 인류학자인 본 브라이언트의 말에 따르면 이러한 미국 여행객들의 경험이 "프랑스를 방문하면, 키스할 수 있는 여자를 구하라."라는 유명한 말을 남기게 되었고 이 말이 후에 "프렌치 키스를 구하라."라는 말로 바뀌었다고 한다. 프랑스에서는 프렌치 키스를 이르는 말로 "혀 키스" 혹은 "영혼의 키스"라는 말을 사용하는데 그 이유는 제대로 된 프렌치 키스를 하면 두 영혼이 서로 합쳐지는 듯한 느낌을 받기 때문이다.

프랑스에서 볼에 하는 키스는 남녀 간에 인사를 나눌 때 이용되며 이러한 키스는 프랑스 이외의 지역에서도 온정과 존경을 표현하는 데 쓰인다. 대표적으로 에스파냐, 네덜란드, 포르투갈, 아르헨티나, 아이티, 멕시코, 스위스, 벨기에, 이집트, 레바논 등이 있다. 이러한 인사 방식은 보통 한 번에서 세 번 정도까지 에어 키스(입 밑에 손을 올려 키스하는 흉내를 내는 제스처-옮긴이)를 포함하기도 하며, 볼에 입술을 맞추기보다 가볍게 대었다 떼는 것이 보통이다. 그 횟수와 방향은 국가별로 다를 뿐만 아니라 한 국가 내에서도 공동체의 성격에 따라, 심지어 개인의 취향에 따라 모두 다르다. 많은 곳에서 남성이 서로 키스하는 경우는 친척이거나 친한 친구일 경우에 한하지만 물론 예외도 있다. 어떤 지역에서는 동성 간의 볼 키스는 괜찮지만 친척이 아닌 경우에 이성이 나누는 볼 키스는 부적절하다고 여기기도 한다. 이는 터키와 중동 일부 국가에서 그러하다.

어떤 지역에서는 공개적으로 애정을 표현하는 것에 대해 곱지 않은 눈길을 보내기도 한다. 핀란드에서 키스에 대한 태도는 베이어드 테일러가 방문했을 당시와 크게 다르지 않다. 이곳에서는 키스를 매우 사적인 행동으로 간주한다. 영국도 서로의 얼굴에 키스를 하기보다 고개를 끄덕이거나 악수를 나누는 경우가 더 많다. 마찬가지로 이탈리아와 독일에서도 키스는 가장 친밀한 사이에만 나누는 것으로 간주한다. 그럼에도 불구하고 독일어에는 키스를 나타내는 단어가 서른 가지나 된다. 그중 하나가 나흐쿠젠nachkusen이다. 이 말은 그동안 하지 못한 키스를 대신해 하는 키스라는 뜻을 지니고 있다. 오스트레일리아에서도 친구와 인사를 나눌 때 사회적 키스보다 힘차게 악수를 하는 것으로 대신하는 경향이 있다. 때때로 친구들끼리 가벼운 입맞춤을 나누는 경우도 있지만 이성애자인 남성은 보통 동성에게 키스를 하지 않는다.

카마수트라를 탄생시킨 곳은 인도지만 정작 인도에서는 전통적으로 키스를 지극히 사적인 것으로 여긴다. 대부분의 인도인은 키스를 이야깃거리로 삼지도 않을뿐더러 자신의 애정사에 대해 이야기하는 것도 꺼린다. 2007년, 리차드 기어가 발리우드의 여배우 실파 세티에게 공개석상에서 키스를 했을 때 종교 단체는 이에 항의하는 시위를 벌였고 한 판사는 외설 관련법을 어겼다는 이유로 리차드 기어와 실파 세티 모두에게 구속영장을 발부하기도 했다. 바레인과 방글라데시에서는 부모와 자식 사이의 키스는 허용되지만 연인들이 서로의 애정을 공공연히 표현하는 것은 용납되지 않는다. 마찬가지로 태국에서도 공공장소에서 연인들이 애정을 표현하는 일은 드물다.

남아프리카공화국에서는 2008년에 16세 이하의 청소년들 사이에서 구강 접촉을 금지하는 법안이 생겼다. 이는 높은 에이즈 감염률에 대처하기 위한 수단이었다. 하지만 분노한 십 대들은 키스 데모를 벌였고 이 법을 계속 무시했다. 앞에서도 언급했지만 키스를 억제하려는 규제는 성공한 역사가 없다.

일본에서는 전통적으로 키스를 섹스와 연관시켰다. 따라서 아주 오랫동안 공개적으로 키스하는 것을 극히 부적절하며 저속한 것으로 여겼다. 일본인들은 키스를 집이라는 사적인 공간 내에서만 하는 것으로 생각했다. 그렇기 때문에 로댕의 작품 〈입맞춤〉이 1920년에 도쿄에서 전시되었을 때, 대중의 심기를 거스르지 않도록 하기 위해 작품 앞에 대나무 커튼을 쳐 놓아야 했다. 후에도 일본에서 상영되는 할리우드 영화 작품은 키스하는 장면을 삭제해야 했다. 하지만 키스에 대한 태도는 점점 관대해졌으며 오늘날에는 영화 속에서뿐만 아니라 길거리에서 키스하는 젊은 연인들도 자주 볼 수 있다.

중국 역시 키스와 관련해 특이한 이력을 보여준다. 20여 년 전에 중국의 어느 신문 기사에서는 키스가 건강에 해로우며 따라서 키스를 제한해야 한다고까지 권고했다. 유럽과 비교하면 중국인들은 키스에 대해 훨씬 보수적이다. 그러나 이 태도도 점점 변하고 있으며 특히 상하이나 광저우 같은 해안가 도시들은 더욱 그렇다. 일본처럼 중국의 젊은이들 사이에서 키스는 점점 더 보편적인 관습이 되어가고 있다.

　미국으로 눈을 돌려보자. 미국에서는 사회적 키스가 유럽 대다수 지역만큼 보편화되어 있지는 않다. 또한 미국에서 열정적인 프렌치 키스가 선보이기 시작한 것은 제1차 세계대전 이후부터였으며 여기에는 사회적 요소가 영향을 미쳤다. 예를 들어 알프레드 킨제이의 1948년도 보고서 〈인간 남성의 성욕〉은 개인의 키스 스타일과 교육 수준 사이에 상관관계가 있음을 밝혔다. 고등 교육을 받은 남성의 70퍼센트가 프렌치 키스를 받아들였으나 고등학교 중퇴자의 경우는 40퍼센트만이 이를 수용했다. 킨제이는 이로부터 5년 후 여성을 대상으로 한 조사를 통해 혼전 성 경험이 있는 여성이 그렇지 않은 여성에 비해 프렌치 키스를 하는 비율이 더 높음을 발견했다. 또한 킨제이의 1953년도 보고서에는 남성에 비해 여성이 키스를 더 중요하게 생각하는 것으로 나타났다.(이러한 특성에 관해서는 6장에서 다시 다루도록 한다.)

　공통적인 키스의 관습에 관해 살펴봤지만 이는 키스와 관련된 전 세계의 관습과 행태를 수박 겉핥기식으로 훑은 것에 불과하다. 사실 키스의 사회적 규범은 굉장히 다양하다. 게다가 우리는 일반화를 통해 키스를 들여다보고 있다는 점을 명심해야 한다. 머리를 매만지는 방식부터 시작해 저녁을 준비하는 방식에 이르기까지 이 지구촌에 살고 있는 우리들은 모든 면에서 매우 다르다. 키스도 예외는 아니다. 따라서 내가 선호하는 키스의 방식이 다른 이에게는 몸서리치도록 끔찍할 수도 있는 것이다. 이는 심지어 동일한 문화권에서도 마찬가지다.

그럼에도 불구하고 현대사회에서 키스의 인기는 가히 폭발적이다. 아마 인간의 역사를 통틀어 그 어느 때보다도 키스를 많이 하고 있을 것이다. 우리는 제2차 세계대전 대일 전승기념일에 타임 스퀘어에서 키스를 나누는 해군과 간호사의 모습을 찍은 알프레드 아이젠슈테드의 사진처럼 상징적인 키스에 찬사를 보낸다. 구스타프 클림트가 그린 〈키스〉와 같은 예술적인 키스에는 감탄을 한다. 2000년 미국 민주당 전당대회에서 앨 고어 후보와 부인 티퍼 고어가 나눈 예상치 못한 뜻밖의 키스는 우리의 뇌리에 잊지 못할 인상을 남긴다. 이뿐만이 아니다. MTV 비디오 뮤직 시상식은 리사 마리 프레슬리에게 키스하는 마이클 잭슨, 브리트니 스피어스와 크리스티나 아길레라와 키스하는 마돈나와 같이 잊을 수 없는 장면을 연출했다. 사챠 바론 코헨의 영화에 등장하는, 만나는 모든 이들에게 키스를 하는 캐릭터인 보라는 키스를 받는 이들과 영화를 보는 관객들 모두에게 깊은 인상을 남겼다.

이러한 키스는 전 세계 언론에 대서특필되었으며 그 이미지는 아마 앞으로도 수십 년 동안 화제가 될 것이다. 어쩌면 그 이유가 유명 연예인, 아이돌, 지도자들 역시 우리와 다를 바 없다는 사실을 상기시켜주기 때문이 아닐까 싶다. 피부색, 언어, 관습은 모두 다르지만 키스는 우리가 함께 공유하는 가장 보편적이고 우리를 인간답게 만드는 단일의 행위가 되었다.

이제까지 키스의 역사, 생물학적 특징, 문화에 대해 알아보았으니 지금부터는 다시 본성이냐 육성이냐의 문제로 돌아가 이런 질문을 던져보자. 키스란 무엇인가? 유전인가 아니면 문화의 산물인가? 분명 이는 양자택일의 문제가 아니라 이 둘의 조합이라 보는 것이 타당할 것이다.

키스처럼 깊은 생물학적 뿌리를 지닌 특정한 행동이 우리의 환경이나 문화로부터 얼마만큼 영향을 받는가, 어느 요소가 더 큰 영향력을 발휘하는가에 대한 논쟁은 끝없이 되풀이될 수밖에 없다. 그러나 결국 이 둘은 서로 상호작용을 하는 것이며 그 결과는 밖으로 표출되고 행동으로 나타난다. 유전자만으로는 결코 인간이나 동물의 행동을 적절하게 설명할 수 없다. 이밖에도 영향을 미치는 요소가 너무나 많기 때문이다.

특히 키스에 있어서는 우리가 어떤 키스를 허용하는지, 어떠한 키스를 가장 좋아하는지에 대한 태도와 선호도를 형성하는 데 수많은 사회적 변수가 작용한다. 동시에 키스 혹은 키스와 유사한 행동은 이미 너무나 보편적으로 퍼져 있기 때문에 우리는 그 생물학적 근본 토대를 망각하곤 한다. 물론 키스는 예를 들어 눈을 깜빡이거나 무언가를 목으로 삼키는 행동보다는 훨씬 덜 본능적이다. 그러나 키스는 인간 진화의 일부분을 구성하고 있다. 우리가 성장하면서 축적하는 경험은 키스의 표현 형태에 영향을 미치며 이에 따라 지구상의 수많은 생물 종에서도 그러하듯, 우리 인간의 키스에는 굉장히 폭넓은 가변성과 다양성이 존재한다.

··· 키스의 최고 기록

가장 장시간의 키스로 기록에 남은 것은 2005년 런던 플라자 쇼핑 센터에서 제임스 벨쇼와 소피아 세버린이 나눈 키스였다. 이 둘은 31시간 30분 30초 동안 키스를 나누었다. 앉거나 자지도 않았으며 음식을 먹고 음료수를 마시는 것도 빨대를 이용해야만 했다. 음식을 액체 상태로 빨아먹는 것으로는 부족했는지 기록으로 인정받기 위해 화장실에 볼일을 보러 가는 시간 동안에도 키스를 계속했다.

이 기록이 놀라운가? 그렇다면 또 다른 키스의 신기록을 살펴보자. 2003년 조니 림은 경매에서 5만 달러를 지불함으로써 가장 비싼 키스를 낙찰받았다. 바로 에이즈 자선 모임에서 여배우 샤론 스톤과 키스할 수 있는 권리를 산 것이다.

2009년 밸런타인데이에 멕시코시티에서는 연인, 친구, 가족들이 모여 10초 동안 온갖 종류의 키스를 나누었다. 총 3만 9897명의 사람들이 동시에 키스를 함으로써 가장 최근의 키스 세계 기록을 세웠다.

PART 02

키스를 부르는 과학,
과학이 부르는 키스

―

과연 어떻게 우리의 입술을 서로 맞대고 키스를 하게 된 것일까?
새가 노래하고, 눈이 녹아내리고, 장미가 만발하고,
흐릿하게 보이는 저 언덕의 꼭대기 위 나무 뒤로
선명한 대비를 이루며 새벽이 하얗게 밝아오는 것은
과연 왜 그런 것일까?
키스다. 이 하나의 키스로 모든 것에 대한 해답을 얻는다.

빅토르 위고

CHAPTER 05
키스의 해부학

 최근 몇 십 년 동안 과학을 통해 우리는 진화의 관점에서 본 키스의 기원에 대해 관심을 갖게 되었다. 뿐만 아니라 과학의 힘 덕분에 키스를 할 때 우리의 몸에서 일어나는 생물학적인 반응에 대해서도 방대한 지식을 쌓게 되었다. 진화생물학부터 시작해서 인류학, 생리학으로 넘어가면서 우리는 우리 자신의 로맨틱한 경험과 직접적인 관련이 있는 질문에 대한 답을 구할 수 있게 되었다. 즉, 키스를 하는 동안 우리의 몸속에서는 어떤 일이 일어나는가? 해답을 알면 키스를 더 잘할 수도 있는가?

 우선, 두 파트너 간에 키스가 시작되는 순간부터 시작해 신체 내부의 반응에 이르기까지 과정을 추적해보자. 특히 우리가 계속 키스를 할지 중단할지를 결정하는 데 영향을 미치는 신체적 반응과 자극에 주의를 기울여보자. 하지만 이 단계에서는 (분명 둘 사이에는 커다란 차이가 존재하겠지만) 남녀를 구분하지는 않겠다. 이 부분은 다음 장에서 다룰 것이다. 키스의 생리학 그 자체만으로도 이야기할 것이 너무나 많기 때문이다.

키스의 시작을 알리는 몸속 스파크
황홀한 키스를 위한 첫 번째 요소는 주위 환경이다. 예를 들어 꿈에 그렸던 이상형을 만나 에로틱한 키스를 한다고 해도 교회, 유대교 교회당, 이슬람 모스크에서 경건한 종교적 의식 와중에 하는 키스라면 그 흥분은 훨씬 줄어들 수밖에 없다.(물론 이런 환경에서 오히려 스릴감을 느끼는 이들이라면 이야기는 달라진다.)

 한번 상상해보자. 당신은 어둡고 촛불이 은은하게 흐르는 로맨틱한 분위기 속에서 당신이 흠모해 마지않던 사람과 함께 있다. 상대는 당신의 눈을 바라보고 있고 당신의 몸을 자기 쪽으로 가까이 끌어당긴다. 그러면 당신의 몸속에서는 열정과 흥분이 솟아오른다. 이 순간 당신은 마법에 빠진 것 같은 기분이 들 것이고 아마 당신과 상대의 마음속에 처음으로 떠오르는 유일한 생각은 '키스하고 싶다'일 것이다.

 서로 입술을 맞대기도 전에 우리의 몸 안에는 이미 수많은 반응이 일어나고 있다. 특히 눈이 하는 역할은 매우 놀랍다. 뉴욕 주립대학교 스토니브룩 캠퍼스의 심리학자 아서 아론은 상대의 눈을 지그시 응시하는 행동이 사랑에 빠질 때 느끼는 감정에 엄청난 영향을 미친다고 밝혔다. 아론은 연구에서 처음 만나는 남녀끼리 짝을 지어 1시간 30분 동안 함께 있도록 했는데, 처음에는 각자에 대한 사적인 소소한 이야기를 나누다가 시간이 끝나갈 무렵 대화를 멈추고 4분 동안 서로의 눈을 응시하도록 지시했다. 실험이 끝난 후 연구에 참여했던 사람들 중 다수가 상대방에게 강렬한 매력을 느꼈다고 보고했다. 실제 6개월 동안 이 실험에 참여한 커플 중 2쌍이 결혼에 골인했다.

눈빛과 주변 환경이 모두 상대를 유혹하기에 적절한 조건으로 갖추어졌다. 그렇다면 이제 서로가 키스를 하기 위해 실제로 자세를 취하려는 단계로 생각해보자. 여기서 매우 중요한, 그러나 우리는 주의를 기울이지 않는 동작이 하나 개입한다. 바로 우리가 고개를 왼쪽 혹은 오른쪽으로 비스듬히 기울인다는 사실이다.(각도가 어긋나면 얼굴이 부딪히고 말 것이다.)

독일 보훔 공립종합대학교의 심리학자 오누르 군투르쿤에 따르면 우리들 중 2/3가량이 키스를 할 때 오른쪽으로 고개를 기울인다고 한다. 2003년 군투르쿤은 같은 내용의 연구 결과를 〈네이처〉에 게재했다. 이 연구에서 군투르쿤은 다소 관음증적인 실험을 실시했다. 독일, 터키, 미국 각지의 기차역, 공항, 공원, 해변과 같은 공공장소에서 13세에서 70세 사이의 사랑에 빠진 연인들이 키스하는 장면을 지켜본 것이다. 여기서 말하는 키스의 요건을 충족시키기 위해서는 서로 입술을 맞추어야 하고 고개를 기울이는 방향이 명확해야 하며 기울이는 방향에 영향을 줄 수 있는 가방이나 짐 혹은 기타 장애물이 없어야 했다.

 흥미롭게도 우리가 키스를 할 때 주로 오른쪽으로 고개를 기울인다는 점과 오른손잡이인지 여부 사이에는 별다른 상관관계가 없었다. 왜냐하면 오른손잡이의 비율은 왼손잡이에 비해 8배가량 더 많기 때문이다. 대신 군투르쿤은 우리가 어머니의 자궁 내에 있을 때 고개를 움직이고 기울였던 방향에 따라 키스를 할 때 고개를 기울이는 방향이 결정되는 것 같다고 주장했다. 반면 출생 후 수유 경험에 따라 이러한 선호도가 결정된다고 주장하는 이들도 있다. 연구에 따르면 자신이 오른손잡이이건 왼손잡이이건 관계없이 아이를 품에 안을 때 머리가 왼쪽으로 향하도록 안는 어머니의 비율이 최고 80퍼센트에 달한다는 것이다. 이 말은 아기가 젖을 먹기 위해서는 고개를 오른쪽으로 돌려야 한다는 뜻이며 따라서 우리는 생애 초기부터 고개를 오른쪽으로 기울이는 행동과 애정의 감정을 자연스럽게 연관시킨다고 추측할 수 있다.

 이밖에도 특정한 키스의 방향을 결정하는 데 미묘한 상호작용의 효과가 개입하는 듯하다. 우리는 제스처를 통해 상대의 말을 해석하고 언어를 이해한다. 따라서 키스가 시작되는 신호가 상대에게 어떻게 행동해야 할지에 대한 비언어적인 힌트를 미묘한 방식으로 제공한다고 볼 수 있다. 고개를 오른쪽이나 왼쪽으로 살짝 기울이는 행동은 그 즉시 상황에 대한 시각적이고 촉각적이며 기타 감각적인 신호를 보내게 된다. 그런데 만약 이 기울이는 방향을 두 사람 중 한 명이 주도적으로 결정하고 나머지 한 명이 이에 맞추는 방식이라면, 관찰자의 입장에서는 위와 같은 각자의 역할을 구분하기란 거의 불가능할 것이다.(한편 군투르쿤의 연구 이후 또 다른 연구에서 사회적 단서가 미치는 영향을 배제하기 위해 인형을 이용한 실험을 한 바 있다. 그 결과는 오른쪽 방향이 단연 우세하다는 것으로 나타났고 이는 키스하는 파트너의 영향력과 독립적으로 발생하는 현상이라 볼 수 있다. 따라서 사회적 단서가 분명 개입되기는 하지만 우리가 어느 방향으로 고개를 기울이느냐를 결정하는 데는 다른 요소들 역시 작용하는 것이다.)

고개를 기울여 준비를 갖춘 후에는 입의 움직임을 위한 준비가

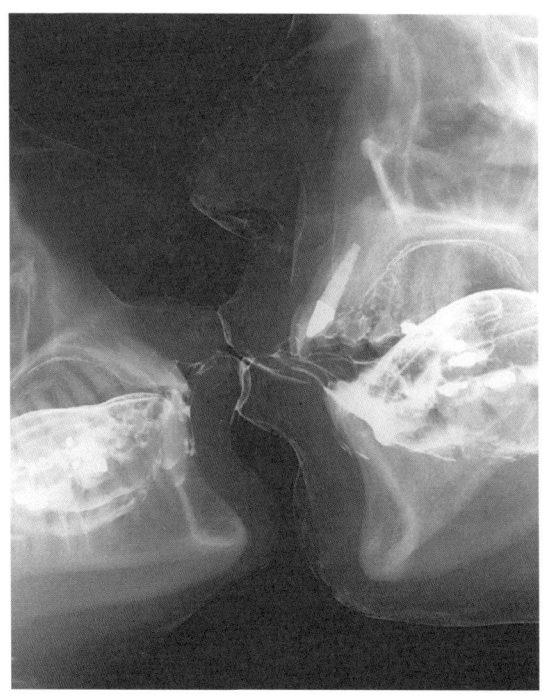

키스 4ⓒ스튜디오 빔 델보이

필요하다. 즉 키스를 하기 위해 얼굴 근육을 움직일 준비를 해야 하는 것이다. 입둘레근은 우리의 입 주변을 감싸고 있는 근육으로 특히 우리가 입을 오므릴 때처럼 입술의 모양을 쉽게 바꿀 수 있도록 해준다. 한편 큰광대근, 소광대근, 윗입술 올림근은 함께 협동해 입술 꼬리를 올라가게 하고 입술을 위로 당기는 역할을 한다. 입꼬리 당김근과 아랫입술 내림근은 입술 꼬리를 처지게 하고 입술을 아래로 당기는 역할을 한다. 이뿐만이 아니다. 입을 벌리고 혀를 움직이기 위해서는 얼굴 근육과 자세 근육이 훨씬 더 복잡하게 상호작용한다. 그러니 이 모든 수고로움이 가치가 있을 정도로 키스가 황홀하기만을 바랄 뿐이다. 이처럼 복잡한 근육 간의 조율이 필요할 뿐만 아니라 반복되는 움직임을 통해 얼굴에 주름이 생길 가능성도 배제할 수 없기 때문이다.

서로 이마나 코를 부딪치는 불상사가 일어나지 않았다면 이제 우여곡절 끝에 입술을 맞대는 단계까지 왔다. 바로 이때부터 본격적으로 감정이 고조된다. 우리 몸 안에 있는 12개의 뇌신경 중 5개가 고속 질주를 시작한다. 이 5개의 신경은 뇌간에서 직접 나와 얼굴의 각 부분과 미세하게 연결되어 있다. 이들 신경은 우리가 듣고, 보고, 냄새를 맡고, 맛을 보고, 촉감을 느끼고, 얼굴 표정을 지을 수 있도록 도와주며 온갖 종류의 복잡한 행동을 관장한다.

열정적인 키스를 하는 동안에는 혈관이 확장되고 뇌로 공급되는 산소의 양도 평상시보다 더 많아진다. 호흡은 불규칙하고 가빠진다. 볼은 붉게 달아오르고 맥박이 빨라지며 동공도 확장된다.(아마

동공의 확장 때문에 대부분의 사람들이 키스를 할 때 눈을 감는 것 같다.) 비록 운동이라 부를 수는 없지만 키스를 할 때도 칼로리는 소모되며 물론 그 양은 키스가 얼마나 강렬한지 그리고 얼마나 오래 지속되는지에 따라 달라질 것이다.

입을 벌리고 오랜 동안 키스를 나누면 상대방에게서 '맛'이 느껴진다. 우리의 혀는 이러한 정보를 수집하는 데 꼭 알맞도록 생겼다. 혀를 뒤덮고 있는 작고 오톨도톨한 것을 돌기라 부르는데 여기에는 9000개에서 1만 개의 미뢰가 있다.(이때 상대방이 키스 전에 먹은 음식의 맛이 아닌, 순수한 타액의 맛만이 느껴지기를 바란다.)

입술, 공공연한 인간의 성감대

여기까지 소개한 내용은 우리 몸 안에서 일어나는 온갖 종류의 반응 중 빙산의 일각에 지나지 않는다. 우리가 편안한 키스를 하든 긴장된 키스를 하든 우리의 몸은 지금 상황의 소소한 세부 정보에 대한 엄청난 양의 정보를 처리하느라 극도로 바쁜 상태다. 그래야만 우리가 앞으로 어떤 반응을 보여야 할지 알 수 있기 때문이다.

아마 여기서 가장 중요한 사실은 우리가 키스하는 동안 우리의 감각기관 다섯 군데 모두 뇌에 열심히 메시지를 보내고 있다는 점이다. 수십 억 개의 작은 신경 고리들이 우리 몸 안에서 신호를 보내고 분배하며 바삐 일한다. 이 신호들은 결국 뇌에서 촉감, 온도, 고통을 비롯한 여러 감각을 처리하는 영역인 체지각에 도착한다. 여기서 신호들을 해석하고 이를 바탕으로 '이 사람 방금 양파를 먹었나봐?' 혹은 '이 남자가 지금 손으로 어딜 더듬고 있는 거지?' 같은 '생각'이 나온다.

 키스를 하는 동안 뇌에 가장 많은 정보를 보내는 신체 기관은 당연히 입술이다. 신경 말단이 밀집되어 있는 입술은 압력, 온기, 냉기를 비롯해 실로 모든 종류의 자극에 극도로 민감하게 반응한다. 사실 키스에서 뇌가 하는 여러 역할과 관련해 가장 놀라운 사실 중의 하나는 기타 신체 부위와 비교했을 때 입술과 관련된 신경조직이 굉장히 큰 공간을 차지하고 있다는 점이다. 즉, 입술을 가볍게 스치기만 해도 이는 뇌의 굉장히 광대한 부분에 자극을 준다. 굳이 비교를 하자면 그 영역의 크기는 성기를 성적으로 자극함으로써 활성화되는 영역보다도 훨씬 더 크다. 다시 말해 인간의 입술은 가장 공공연하게 노출된 성감대인 것이다!

 이에 대한 당신의 이해를 돕기 위해 오른쪽의 조각상을 살펴보자. 이 조각상은 신체의 각 부위와 여기서 나오는 감각 정보를 처리하는 데 필요한 뇌 조직을 비율로 표시해 보여주고 있다.

 이는 '뇌의 관점'에서 신체 표면을 '지도화'한 것이다. 여기서 입술과 혀가 기타 모든 부위와 비교했을 때 터무니없이 크게 나타난 것을 볼 수 있다. 그 이유는 입술과 혀에 그만큼 민감한 신경 말단이 많이 몰려 있기 때문이다. 성기를 포함한 다른 신체 부위를 보면 관련된 뇌 조직의 크기가 신체 부위의 크기에 비해 훨씬 더 작은 것을 알 수 있다.(이러한 조각상을 여성의 몸을 대상으로 제작한 것은 없지만 음핵이나 가슴과 같이 신경 분포가 밀집된 기관을 제외하고는 대부분의 신체

신체감각뇌도Sensory homunculusⓒ런던 자연사 박물관

부위에 있어 대체적으로 비슷한 결과가 나올 것이라 생각할 수 있다. 남녀 모두에게서 입술은 실제보다 훨씬 더 크게 표현된다.)

키스라는 행위에서 뇌가 수행하는 매우 미묘한 역할을 과학적으로 연구하기 시작한 것은 불과 얼마되지 않았다. 단연코 우리 몸에서 가장 복잡하고 신비스러운 기관이라 할 수 있는 뇌는 약 1000억 개의 신경세포로 이루어져 있으며 시냅스라 불리는 지점을 통해 연결되어 신체 각 부위의 세포에 신호를 전달한다. 이 신경세포, 즉 뉴런은 머리가 핑 돌 만큼 엄청난 속도로 갖가지 종류의 메시지를 전달하는데 이처럼 대단한 일을 해낼 수 있는 데에는 신경전달물질이라 불리는 매우 작은 분자가 톡톡한 역할을 한다. 뇌와 신경계의 화학적 메신저인 신경전달물질은 신경세포 사이의 시냅스를 건너다니며 특정 정보를 전달하는 역할을 한다.

··· 따라쟁이 원숭이

현대 신경과학계에서 떠오르고 있는 이론 중 이른바 거울 뉴런이라는 개념이 있다. 거울 뉴런은 타인의 경험을 보고 이것이 마치 우리 자신에게 일어나는 일인 것처럼 반응을 보여 메시지를 전달하는 반응성 세포를 의미한다. 예를 들어 누군가 날카로운 것에 손가락이 찔리는 장면을 보면 마치 우리 자신의 손가락도 찔린 것처럼 똑같은 뇌의 영역이 자극을 받는 것이다. 이러한 반응성 세포는 우리가 타인의 의도를 해석하는 방식과 연관되어 있으며, 따라서 우리는 거울 뉴런을 통해 우리가 받은 키스에 대해 어떤 반응을 보여야 할지에 관한 정보를 얻게 된다고 주장한다.

2003년 이탈리아의 신경과학자들은 중간 크기의 몸집을 가진 원숭이 마카크를 이용해 거울 뉴런 현상을 연구했다. 연구진들은 키스 자체를 대상으로 실험하지는 않았다. 대신 '입술로 쪽쪽 소리내기', '입술 내밀기', '혀 내밀기'라 명명한 세 가지 행동을 정의하고 이 행동들을 관장하는 운동뉴런을 연구했다. 실험 결과 인간 실험자가 키스와 유사한 세 가지의 행동 중 어느 하나의 행동을 보일 때마다 이 모습을 본 마카크 원숭이 중 1/3에서 위 세포의 활동이 감지되었다.

만약 거울 뉴런이 실제로 존재한다면 누군가 키스하기 위해 우리에게 다가서는 모습을 지켜보는 것은 우리의 뇌에서 '키스 반응'을 불러일으킬 것이다. 우리는 상대를 따라 키스를 하고자 할 것이고 상대가 키스하면 우리도 화답을 할 가능성이 높아진다. 같은 방식으로 키스하는 동안 상대방이 느끼는 흥분은 차례로 우리를 흥분시킬 수 있고 서로에 대한 기대감을 동시에 향상시키는 선순환의 고리를 만들 수 있다.

키스, 호르몬의 대향연

키스는 매우 강력한 감각적 경험으로 그 감각은 우리 뇌에서 사랑, 열정, 욕정과 관련된 대뇌변연계로 직접 전달된다. 키스하는 동안 신경 자극은 우리의 뇌, 혀, 얼굴 근육, 입술, 피부 세포 사이를 열심히 이동하며 우리 몸이 수많은 신경전달물질을 비롯해 도파민, 옥시토신, 세로토닌, 아드레날린과 같은 호르몬을 분비하도록 촉진한다. 또한 황홀한 키스는 자연적인 '환각' 상태를 느낄 수 있도록 해주는데 이는 엔도르핀 분비가 폭발적으로 증가하기 때문이다. 엔도르핀은 뇌하수체와 시상하부에서 분비되는 물질로 들뜬 기분을 느끼도록 만든다.

이들 화학물질과 그 작용 기전에 대해 할 말이 무척이나 많지만 일단은 전반적으로 종합해서 이야기해보자. 앞서 말한 바와 같이, 이 화학물질들은 신경세포 간에 다양한 종류의 신호를 전달하는 역할을 맡고 있다. 이 물질들이 우리의 감정과 행동에 어떤 영향을 미치는지에 관해서는 우리가 약간의 지식을 축적한 것은 맞지만 명심해야 할 것은 이 물질들 중 24시간 내내 우리의 뇌와 몸을 순환하고 있는 것도 있다는 사실이다. 60개가 넘는 각각 상이한 신경전달물질이 우리 몸의 신경 네트워크를 타고 흐르며 명령을 내리고 있는 셈이다. 내분비학자 장 디디에 뱅상은 여기에 '유동적 뇌'라는 적절한 명칭을 붙여주었다. 따라서 여기서 기억해야 할 가장 중요한 사실은 이들 화학물질 중 그 어느 것도 독립적으로 작용하거나 단독으로 행동과 경험을 통제하는 것은 없다는 점이다. 그보다는 물리학자이자 과학 작가인 슈테판 클라인이 말한 것처럼 각각의 신경전달물질은 "합창대를 구성하는 하나의 목소리"처럼 작용한다. 게다가 우리의 사고를 처리하는 것과 관련된 대뇌피질은 우리로 하여금 합리적인 판단을 내리도록 하는데 이는 우리 몸에서 일어나는 변화와 상충되기도 한다. 따라서 우리가 화학 신호에 의해 완전히 '지배받는다'라고 생각하는 것은 잘못된 결론이다.

　키스와 관련해 가장 중요한 신경전달물질 중 하나가 도파민이다. 도파민은 천연의 마약과도 같다. 도파민은 우리로 하여금 희열을 느끼도록 하는 보상에 대한 기대와 연관되어 있다. 열정적인 키스를 할 때 급격히 분비가 늘어나는 도파민으로 인해 우리는 파도가 밀려오듯 기쁨과 열망의 감정이 솟구치는 것을 느끼고 강박적인 생각을 하기도 한다. 아마 당신도 새로운 사랑을 시작할 때마다 이런 경험을 해보았을 것이다. 중독과도 같아서 상대방에 대한 생각을 떨칠 수가 없다. 놀랄 것도 없이 도파민이라는 신경전달물질이 자극하는 뇌 부위는 코카인과 같은 마약이 자극하는 뇌 부외와 동일하다. 도파민은 우리가 더 강력한 자극을 찾아 나서게 만들고 활력을 느끼도록 해준다. 하지만 도파민 분비가 너무 왕성하면 식욕을 잃거나 불면에 시달리는 사람들도 있다. 그리고 이와 동일한 증상은 우리가 '사랑에 빠졌을 때'에도 공통으로 발견된다.

다행히 도파민은 단순히 이런 변덕스런 행동을 일으키는 것 외에도 많은 작용을 한다. 우리가 흥미로운 상황을 인식하고 즐거운 경험을 기억하고 새로운 것을 찾아 나서는 것 역시 도파민 때문이다. 연애 초기에 새로움이라는 요소는 그 어떤 것보다도 도파민의 급격한 분비와 키스에 대한 갈망을 증가시킨다. 특별한 사람과 나누는 최초의 입맞춤은 말 그대로 우리가 마약을 하는 것 같은 희열을 느끼도록 한다. 사람들이 "너무 기뻐 들떠 있다." 혹은 "구름 위를 걷는 것 같다."라고 말할 때는 도파민의 분비가 그 이유다. 기혼자들의 불륜이 중독과 같은 성격을 지니는 것도 도파민의 작용 탓인 경우가 많다. 마약과 마찬가지로 바람을 피우는 것에 대해 배우자에게 죄책감을 느끼면서도 도파민이 주는 희열감에서 헤어 나오지 못하는 것이다.

하지만 불륜이든 아니든 상관없이 모든 남녀 관계에서 처음의 새로움은 비교적 빨리 사라진다. 그리고 우리의 생물학적 특성은 도파민이 주는 '희열감'이 얼마나 오래 지속될 것인지 그 한계를 규정한다. 연구에 따르면 이 중독성을 지닌 신경전달물질은 우리가 상대에게 익숙해질수록 분비가 감소하며 이는 시간이 흐르면서 동일한 파트너에 대한 성적 욕구가 점점 감소하는 경향을 설명한다.

그렇다고 모두가 똑같은 반응을 보이는 것은 아니다. 우리의 신경세포 말단에 점점이 흩어져 있는 도파민 수용체의 개수는 사람마다 다르며 연구에 따르면 도파민 수용체가 많은 사람일수록 성적으로 난잡하거나 중독성 있는 행동을 보일 성향이 높다고 한다. 예를 들어 미국국립보건원의 유전학자 딘 헤이머는 도파민 수용체를 관장하는 유전자와 남성의 성적 욕구 사이에는 상관관계가 존재한다는 가설을 세웠다. 그의 연구에 따르면, 남성의 30퍼센트에서 이 '난교 유전자'가 발견되며 이들 남성은 일반 남성에 비해 평균 20퍼센트 더 많은 섹스 파트너가 있는 것으로 보고되었다.

도파민 분비 증가에 따른 성적 새로움에 대한 욕망은 여성에게서도 찾아볼 수 있을 것이다. 하지만 아직은 여성을 대상으로 자세한 연구가 진행된 바 없다.(비교적 최근까지도 과학계가 여성의 성생활에 관해서 훨씬 덜 관심을 기울였다는 점을 입증하는 또 하나의 사례다.) 하지만 단일의 유전물질이 남성으로 하여금 선천적으로 성적 파트너를 '탐색하는 눈'을 갖도록 할 수 있다면 여성에게서도 마찬가지 현상이 보일 가능성은 충분하다.

당연히 도파민은 단독으로 작용하지 않는다. 클라인이 말한 "화학 합창단"의 일부일 뿐이며, 기타 여러 신경전달물질과 함께 그 역할을 공유해야만 한다. 이러한 물질의 하나로 옥시토신 역시 유명하다. 옥시토신은 애착과 애정의 감정을 불러일으키며 키스와도 연관되어 있다.(옥시토신에 대해서는 8장에서 다루겠다.) 동시에 황홀한 키스는 몸 안의 세로토닌 수치를 증가시킨다. 세로토닌 역시 중요한 화학물질로 우리의 감정을 조절하고 뇌 안에서 정보를 전달하는 데 관여한다. 도파민처럼 세로토닌은 다른 사람에 대한 강박증적인 감정과 생각을 불러일으킨다. 사실 막 "사랑에 빠졌다."라고 말하는 사람의 세로토닌 수치는 강박장애를 앓고 있는 환자의 그것과 거의 대등하다. 한편 노르에피네프린이라 불리는 스트레스 호르몬은 나약함의 감정에 관여하는 것으로 알려져 있다.

마지막으로 우리의 뇌는 흔히 아드레날린이라 알려진 에피네프린을 분비하는 부신에 신호를 보낸다. 이는 심장박동을 빠르게 하고 땀을 흘리게 하고 스트레스를 감소시키고 몸이 더 많은 신체적 접촉에 대응하도록 준비시킨다. 이는 또한 키스 자체에 대한 인식을 왜곡시킬 수도 있다. 우리가 느끼는 갑작스러운 감정의 물결은 키스를 더 감미롭게 만들거나 혹은 나와 어울리지 않는 상대임에도 불구하고 사랑에 빠지도록 만든다. 하지만 분위기, 감정, 화학적 신호 모두 제대로 맞아 떨어진다면 키스는 매우 뜨거운 저녁을 예고하는 시작점이 될 수도 있다.

이제 우리는 뇌와 키스에 대해 모든 것을 알아본 것일까? 아니다. 뇌라는 놀라운 신체 기관은 단순히 감각 데이터를 처리하고 대응하는 역할에만 국한되지 않는다. 뇌는 기억을 만드는 역할도 맡고 있다. 여기서 키스는 이러한 목적에 이상적인 수단이다. 버틀러 대학교의 심리학자 존 보헤넌은 대부분의 사람들이 로맨틱한 첫 키스의 자세한 상황을 최고 90퍼센트까지 기억해낸다고 말했다. 500명을 대상으로 한 보헤넌의 연구에서 대부분의 피험자들은 첫 섹스보다도 첫 키스를 더욱 선명하게 기억하는 것으로 응답했다.

원래 보헤넌의 연구 팀은 실험 대상자들이 순결을 잃었던 첫 섹스의 경험이 더 선명할 것으로 예상했다. 그러나 얼마의 세월이 흘렀는지와 상관없이 첫 키스는 더 선명한 흔적을 남겼다. 보헤넌은 첫 키스의 기억은 시간이 흘러도 잊히지 않을 만큼 중요한 의미를 지닌다고 결론 내렸다. 6개월 전이든 25년 전이든 상관없이 응답자들이 기억해낸 자신의 첫 키스에 대한 상세한 내용은 거의 동일한 수준이었다. 또한 보헤넌은 두 파트너 모두 첫 키스를 나누는 동안 성적으로 매우 흥분했을 경우, 기억하는 경험에 대한 세부 상황이 동일한 가능성이 더 높다고 보고했다.

물론 키스의 힘은 기억에 남기는 흔적에만 국한되지 않는다. 입술이 주는 자극의 성적인 영향 역시 대단한 것이다. 알프레드 킨제이는 성기의 접촉 없이도 프렌치 키스를 오랫동안 나눔으로써 오르가슴을 느끼는 여성들이 있다고 보고했다.

이제까지 키스가 우리의 몸에 어떠한 영향을 미치는지 대략적으로 살펴보았다. 이제 키스의 생리학에서 특히 중요한 측면을 보다 자세히 보도록 하자. 이후 4개의 장에서는 남녀가 경험하는 키스가 어떻게 다른지, 냄새의 힘이 얼마나 대단한 것이기에 단 한 번의 키스가 상대에 대한 흥분을 고조시키거나 사그라뜨릴 수 있는지, 키스에서 시작해 사랑에 빠지기까지 신체 호르몬은 어떤 역할을 하는지, 사랑에 수반되는 심리적 고통의 문제를 넘어서 육체적 건강의 위험을 유발할 수 있는 키스를 통해 전달되는 병원균에 대해서도 알아보자.

⋯ 취중 키스

당신이 마시는 술이나 섭취하는 약물은 운전 능력에만 영향을 미치는 것이 아니다. 이러한 화학물질을 접하면 뇌는 우리 자신의 인지 및 감성적 상태에 변화를 일으킬 수 있으며 이는 성적인 경험에도 역시 지대한 영향을 미친다.

지금까지 살펴본 것처럼 키스와 관련된 신경전달물질 중 일부는 약물이나 술에 의해 자극되는 것들이 있는데, 특히 열망과 보상의 감정을 관장하는 도파민이 그렇다. 황홀한 키스처럼 약물과 술 역시 뇌에서 쾌락을 관장하는 부위를 자극하며 우리를 기분 좋게 만든다. 따라서 약물이나 술을 섭취한 채 첫 키스를 하는 것은 키스에 대한 당신의 인식을 극적으로 바꿔놓을 수 있다. 특히 새로운 파트너와의 첫 키스라면 더욱 그렇다. 약물이나 술이 불러일으킨 강렬한 감정을 상대방 때문인 것으로 착각할 수도 있는 것이다. 이러한 상태에서 입맞춤을 하는 순간 당신은 폭풍과도 같은 감정의 물결을 경험하거나 심지어 사랑에 빠졌다고 생각할 수도 있다. 당신이 황홀한 키스라고 착각함으로써 실제 키스에 대한 판단이 부풀려지고 빨리 더 진한 육체적 관계로 진전할 수도 있다. 이러한 상황에서 실제로 당신의 행동에 자극제가 된 것이 상대방 자체가 아니라 당신이 섭취한 약물과 술 때문이었다면 맨 정신이 든 후에 정말 불쾌한 기분이 들지도 모른다.

CHAPTER 06

키스하고 싶은 여자,
섹스하고 싶은 남자

이쯤에서 남녀의 차이에 대한 이야기를 해야 할 것 같다. 해마다 치르는 의대 시험이나 자전거의 좌석을 봐도 그렇지만 키스에 있어서도 남녀의 욕구는 매우 다르다. 인터넷을 잠깐 검색해보는 것만으로도 키스와 관련한 상대의 욕구에 대해 우리가 얼마나 자주 혼란을 겪는지 쉽게 알 수 있다. 예를 들어 남성 전문 잡지 〈멘즈헬스〉의 웹사이트 멘즈헬스닷컴에 최근에 실린 키스에 대한 조언을 살펴보자.

여성 성기의 음핵을 애무하는 것처럼 여성의 혀를 물고 빠는 애무를 하라. 상대도 애무란 무엇인지 금세 이해할 것이다. 그 다음에는 상대 여성이 당신의 손가락을 빨도록 해서 당신의 애무에 화답하게 할 수도 있다.

위의 조언을 굳이 뒷받침하자면 여러 문화권에서 입을 벌리고 하는 키스와 쿤닐링구스(입술이나 혀로 여성의 성기를 애무하는 행위-옮긴이)는 서로 상관관계가 있는 행위로 간주되었다. 입술을 뜻하는 라틴어 단어인 라비아labia도 음순이라는 뜻을 지니고 있지 않은가.

하지만 멘즈헬스닷컴에서 제시하는 위와 같은 테크닉은 성적 매력이 풍부한 남성이 시도한다면 효과적이겠지만, 이런 분야에 숙맥인 남성이 아무런 낌새도 채지 못한 상태의 여성에게 깊은 인상을 남기려는 목적으로 시도한다면 그 결과는 결코 보장할 수 없다. 당신이 이제 막 1루를 밟으려는 섹스에 별다른 경험이 없는 보통의 남성이라면 나는 위와 같은 조언을 말 그대로, 받아만 들이되 실천은 하지 말 것을 강력히 권한다.

성과 관련된 조언에서 여성이라고 더 나은 조언을 기대할 수 있는 건 아니다. 사실 여성은 남성보다 훨씬 많은 혼란을 겪고 있다. 여성 독자를 대상으로 하는 웹 사이트들은 앞의 사례만큼 오해를 불러일으킬 수준은 아니지만 마찬가지로 상당히 재미있는 조언을 제공한다. 예를 들어 내가 이 책을 쓰는 동안 아이빌리지닷컴(여성 전용 웹 사이트-옮긴이)은 '더 나은 섹스를 위한 키스'라는 제목의 글을 통해 "상대 남성의 키스 테크닉을 향상시키기 위한" 방법을 설명했다. 아래의 사례를 살펴보자.

상대남의 (키스) 스타일을 바꾸고 싶다면 한 단어로 된 지시어를 사용하는 것이 중요하다. 예를 들어 "약하게", "왼쪽으로", "오른쪽으로" 등의 단어를 사용하라.

물론 이 방법은 서로의 속내를 자유로이 털어놓는 커플들에게는 유용할 것이다. 그러나 많은 남성들의 경우, 상대 여성에게서 이런 말을 듣는다면 위축까지는 아니더라도 당황스러운 반응을 보일 것이다. 특히 키스를 하는데 편안한 환경이 매우 중요한 요소라는 점을 생각해보면 더욱 그렇다.

화성 남자와 금성 여자의 키스 공식
나는 대중문화의 전문가들이 말하는 키스에 대한 조언이 모두 쓸데없다고 주장하려는 것이 아니다. 다만 위의 사례들은 키스라는 행위에 대해 남성과 여성이 주목하는 측면이 매우 다르다는 점을 잘 보여주고 있다. 과학을 통해 그 이유를 알아볼 수 있다. 키스가 다양한 목적을 갖고 있기는 하지만 무엇보다 인간의 성적인 행동의 일부라는 점을 상기하자. 그리고 이 성적인 행동에서 남성과 여성은 각기 상이한 동기를 갖고 있다. 존 그레이가 자신의 저서에서 밝혔듯이 남자는 화성에서, 여자는 금성에서 왔기 때문이다.

최근 〈진화심리학〉에 게재된 알바니 뉴욕 주립대학교 연구진의 설문 조사 결과를 살펴보자. 이 연구는 1041명의 이성애자 대학생들에게 어떤 키스를 선호하는지 물었다. 응답자들이 자신의 직접 경험에 근거한 답을 내놓도록 유도하기 위해 타인과 로맨틱한 키스를 해본 적이 없다고 응답한 학생들은 제외시켰다.

연구진은 파트너를 선택하고 유대 관계를 맺는데 키스가 어떤 방식으로 우리에게 도움을 주는지, 그리고 키스가 성적 흥분과 수용성에 어떤 영향을 미치는지를 알아보고자 했다. 그 결과는 키스에 대한 우리의 이해 지평을 확장해주었다. 남녀 사이에 극명한 차이가 드러난 것이다. 예를 들어 키스를 아직 경험하지 않았던 사람과 섹스를 나누는 것을 고려하겠다고 응답한 여학생은 7명 중 1명꼴에 불과했다. 반대로 남학생의 대다수는 키스 여부에 개의치 않고 섹스를 고려하겠다고 대답했다.

차이는 이뿐만이 아니었다. 여학생들은 장래의 남자 친구에 대한 평가를 내리거나 지속적인 연애를 시작하고 유지하고 측정하는 데 키스가 유용한 방법이라고 생각했다. 또한 현재 혹은 이후에 계속 키스를 할지 말지를 결정하는 데 상대 남성의 키스에서 풍기는 냄새와 맛이 매우 중요한 역할을 한다고 대답했다. 여학생들은 남학생들보다 건강해 보이는 치아에 더 많은 관심을 보였으며 남학생들에 비해 섹스를 하기 전, 하는 동안, 한 후에 나누는 키스의 경험에 훨씬 더 큰 가치를 부여하는 것으로 보고되었다.

반면 남학생들은 여학생들보다 키스에 대해 훨씬 덜 까다로웠으며 그보다는 상대 여성의 미모나 신체적 매력에 더 큰 관심을 보였다. 남학생들의 입장에서 여성이 '키스를 잘 하느냐'의 여부는 연애 관계를 시작하는 데 충분한 이유가 될 수는 있지만, 상대 여성이 '섹스만을 원하는 사람'이라는 사실을 알고도 키스를 할 수 있다고 응답한 비율이 여학생보다 더 높았다. 대체로 남성은 연애 관계에서 키스에 대해 큰 가치를 두지 않았으며, 이는 연애 기간과는 관계가 없었다. 마지막으로 남학생들은 키스를 못한다고 생각하는 여성과 섹스를 할 가능성이 여학생에 비해 훨씬 더 높았다.

분명 이 연구에서 여성은 키스 자체에 대해 남성보다 훨씬 더 많은 가치를 부여하고 키스를 연애 관계를 평가하는 일종의 리트머스 시험지로 이용하는 것 같다. 한편 남성은 키스라는 행위의 중대성에 대해 그리 큰 관심을 두지 않았으며 이를 성적 흥분을 일으키기 위한 혹은 상대 여성의 성적 수용성에 대한 단서를 얻기 위한 수단 정도로 생각하는 경향을 보인다.(심지어 데이트 강간범에 대한 연구에서는 대체적으로 남성들이 키스를 나눈 다음에 여성에게 섹스를 강요할 권리가 있다고 느끼는 경향이 높다는 결과를 보여주는 것도 있다.)

게다가 이 연구에서 심리학자들이 발견한 남녀의 차이는 미국에서만 나타나는 것이 아니다. 세계 여러 지역에서 행동과학자들이 유사한 결과를 보고한 바 있다. 호주 맥쿼리 대학교의 심리학자 마리타 맥케이브와 존 콜린스는 연애 관계의 초기 단계에서 남성과 여성이 어떠한 욕구를 갖고 있는지 조사했다. 그 결과 남성은 상대 여성의 가슴과 성기를 만지고 싶다는 욕구를 훨씬 더 자주 표현한 데 반해, 여성은 감각적인 키스와 신체적 접촉을 더 많이 원하는 것으로 드러났다.

이러한 연구들이 텔레비전 리얼리티 쇼나 황금 시간대 시트콤에서 줄기차게 주장하는, 즉 대부분의 남성들은 평생 '섹스를 즐기기' 위해 온갖 수단과 방법을 가리지 않는다는 주장을 확인해주는 것일까? 그렇지만은 않다. 하지만 남성들이 키스를 여성보다 덜 중요하게 여긴다는 것, 특히 일시적인 파트너일 경우에는 더욱 그렇다는 사실은 분명하다. 남성들은 키스를 목적을 달성하기 위한 수단으로 생각한다. 침을 주고받는 키스를 하면서 이 키스가 다른 종류의 타액을 주고받는 섹스로 이어지기를 바라는 것이다. 내가 정독한 웹 사이트의 기사들은 독자들에게 키스에 대한 유용한 조언을 제공하는 데는 실패했을지 몰라도 겨냥하고 있는 독자층이 가진 관심과 추측에 어필하는 데 성공한 것 같다.

키스는 섹스의 지름길이다?

남녀 차이에 따른 키스에 대한 반응을 연구하면서 나는 적잖이 실망스러웠다. 왜냐하면 나는 남녀의 차이에 대해 흔히 회자되는 상투적인 이야기들에 그다지 동감하지 않았기 때문이다. 이런 말들은 대부분 무의미한 일반화에 불과하다고 여겼다.

나는 이 연구 결과를 회의적인 시각으로 바라보았고 연구에서 이야기하는 것과 달리 남성이건 여성이건 인간은 예측 불가능한 존재라는 사실을 증명하고 싶었다. 이 같은 연구가 지닌 몇 가지 잠재적 결함에 대해 생각해보자. 〈진화심리학〉에 실린 연구는 대학생만을 대상으로 했다. 이 연령대는 어떤 때인가? 전 생애를 걸쳐 남성호르몬인 테스토스테론이 가장 왕성하게 분비되고 방랑벽 기질이 다분히 표출되는 시기가 아니던가? 또한 조사에 참가한 여학생들 역시 이런 혈기 왕성한 남학생들과 함께 어울리는 일에 싫증이 나고 쉴 새 없이 다가오는 남학생들이 지겨워진 것은 아닐까? 또한 기숙사 내에서의 생활 방식은 일반 대중의 삶을 대변한다고 보기 어렵다. 게다가 이 연구는 이성애자만을 조사 대상으로 삼았다. 나는 내 주위의 동료나 지인들을 대상으로 조사했다면 전혀 다른 결과가 나왔을 것이라 생각했다. 왜냐하면 그들의 인생이나 관점은 대학생들보다 훨씬 더 다양하고 예측 불가능하기 때문이었다.

그래서 나는 자체적으로 비공식적인 설문 조사를 수행했다. 80명에 이르는 교사, 작가, 전업주부, 과학자, 건설 노동자, 외판원, 교수, 변호사, 학생, 은퇴한 사업가들을 대상으로 앞서 조사한 설문을 그대로 인용해 키스에 대해 이들이 갖고 있는 태도를 알아본 것이다. 80명의 응답자 중 여성은 42명, 남성은 38명이었다. 모두 나와 개인적으로 친분이 있는 사람들이었기 때문에 이 '조사'는 무작위성을 갖추지 못했고 진정 과학적인 연구라 부를 수도 없다. 하지만 18세에서 80세에 이르는 폭넓은 연령대를 아울렀고 성적 취향 역시 이성애자, 동성애자, 양성애자 모두를 포함했다. 자라난 환경 역시 세계 여러 곳을 아울렀고 남녀 관계의 상태도 미혼, 기혼, 이혼, 재혼, 사별, 그 외 '복잡한 관계'에 이르기까지 매우 다양했다.

나는 남자는 으레 이렇고 여자는 으레 저렇다는 결론을 단박에 무너뜨릴 수 있기를 바랐다.

그런데 정말로 놀랄 일이 벌어졌다. 오히려 나의 기대가 산산이 부서져버린 것이다! 〈진화심리학〉에 게재된 연구 결과와 마찬가지로 내가 자체적으로 실시한 비공식 조사에서도 그와 같은 결과가 나왔다. 내가 조사 대상으로 삼은 사람들은 대학생들과는 매우 다른 사람들이었는데도 말이다. 내 조사에서 대부분의 남성들은 키스를 하건 말건 상관없이 성적 행위에 대한 욕구가 크다는 사실을 인정했다. 반면 여성 중에는 애초에 왜 자신이 키스도 하지 않고 성관계를 생각해야 하는 상황에 처해야 하는지 전화로 혹은 이메일로 질문을 던져온 이들이 몇몇 있었다. 3명의 여성, 즉 전체 여성의 7퍼센트만이 키스 없는 섹스를 고려해보겠다고 응답했고 2명은 이 질문이 매춘을 할 의향이 있는 것인지 교묘히 묻는 것이냐고 물어보았다.

내 지인들도 대학생들이나 다를 바 없었다. 결과가 이랬음에도 나는 남녀 차이에 대한 고정관념을 깨부수겠다는 희망을 버릴 수 없었다. 그래서 나는 "키스에 관한 태도" 연구를 수행한 장본인을 만나보기로 했다. 나는 알바니 뉴욕 주립대학교의 진화심리학자 고든 갤럽에게 전화를 걸었다.

갤럽은 자신의 연구를 피상적으로 읽으면 키스에 대한 태도를 그저 단순하게 결론지을 수 있을지 모르지만 사실은 더 복잡한 양상을 띠고 있다고 참을성 있게 설명해주었다. 진화심리학자들의 연구는 한결같이 여성이 키스 자체에 더 많은 가치를 두는 경향이 있다고 보고하고 있다. 그러나 고든은 남성에게도 키스는 중요한 문제이며 단지 그 방식이 다를 뿐이라고 강조했다. 나는 적잖이 안심했다.

생물학적으로 남성이 키스에 대해 덜 까다로운 이유는 여성과 달리 수백만 개의 정자를 퍼뜨릴 수 있는 능력이 있기 때문이다. 남성은 매일매일 천문학적인 숫자의 정자를 생산한다. 각각의 정자는 DNA가 장전된 미사일과도 같다. 23개의 염색체로 무장한 채 발사되자마자 공격 대상을 찾아 쳐들어가도록 설정되어 있는 것이다. 이 미세한 에너지 덩어리들은 오직 하나의 임무를 수행하는 데만 몰두한다. 즉, 수천만에 달하는 경쟁자들을 물리치고 여성의 난자와 결합해 46개의 염색체를 가진 새로운 인간을 탄생시키는 것이다.

병에 걸렸거나 다른 의학적 문제가 있는 게 아니라면 한 남성이 평생 생산하는 정자의 개수에는 사실 제한이 없다. 의지와 체력만 충분하다면 한 명의 남성은 이론적으로 수천 명까지는 아니더라도 수백 명의 여성을 임신시킬 수 있다. 생물학적으로 남성은 10개월 동안 자라나는 태아를 배 속에 품고 다닐 필요가 없고 젖을 물리거나 돌볼 필요도 없다. 심지어 양육에 필요한 여러 자원을 제공하지 않아도 된다.(물론 현대사회의 법은 일반적으로 남성에게도 양육의 의무를 지우고 있다.) 엄격히 성관계에만 제한된 시각에서 본다면, 남성은 섹스를 나눈 후에 몇 분이 지나면 또 다른 정복 대상을 찾으러 나설 수 있는 것이다.

13세기 강간과 약탈로 유명했던 칭기즈칸에 대해 생각해보자. 칭기즈칸은 6명의 몽골인 아내와 자신이 정복한 나라의 수많은 공주들과 섹스를 했다. 뿐만 아니라 중국을 비롯한 이웃 국가를 유린하면서 수없이 많은 여성들을 강간했다. 정복지에서 가장 아름다운 여성들은 칭기즈칸에게 바쳐져 강제로 성관계를 맺어야 했다. 이 잔인한 행동의 결과로 수많은 칭기즈칸의 아이들이 태어났다.

칭기즈칸의 생식능력이 얼마나 뛰어났던지 현재 유전학자들의 연구에 따르면 칭기즈칸의 DNA는 오늘날 만주에서 우즈베키스탄을 지나 아프가니스탄까지 아시아 각지에서 살고 있는 대략 1600만 남성의 몸 안에 흐르고 있다고 한다. 즉 거의 1000년 전에 살았던 한 남성이 오늘날 지구상에 살고 있는 남성 200명 중 한 명꼴로 그 직계 조상일지도 모른다는 말이다.

정자와 난자의 수가 키스 선호도를 결정한다

남성이 완벽한 파트너를 알아내기 위한 수단으로써 키스에 커다란 의미를 두지 않고 성관계에 덜 진지한 태도로 접근할 수 있는 것은 무한한 정자를 생산하기 때문일 것이다. 하지만 이런 이유 말고도 남성이 여성과 비교해 갖는 또 다른 커다란 우위가 있다. 바로 시간이다. 남자는 수십 년에 걸쳐 가임기 여성을 계속해서 임신시킬 수 있다. 예를 들어 2007년, 나누 람 요기라는 이름의 한 인도 농부는 90세의 나이에 네 번째 아내로부터 21번째의 아이를 얻었다. 그는 인터뷰에서 아기를 더 낳기를 바란다고 말했다.

최근 몇 십 년 동안 여권이 많이 신장되었다고 하지만 여전히 여자가 남자와 경쟁할 수 없는 분야가 있다. 여자는 생물학적으로 남자와 다르며 아무리 부성애가 넘치는 아버지라 할지라도 어머니와 동등한 수준으로 아이들을 양육하는 것은 물리적으로 불가능하다. 현대 의학이 아무리 발달해도 배우자를 만나고 아이를 낳는 일에서 여성은 신체적으로 훨씬 더 많은 책임을 지고, 결과적으로 누릴 수 있는 기회는 훨씬 더 줄어든다.

여성은 처음부터 2개의 난소에 모든 난자가 이미 들어 있는 채로 태어난다. 이제 갓 세상에 태어난 여자 아기들의 몸속에는 '여포'라 불리는 100만 개에서 200만 개의 덜 성숙한 난자가 들어 있다. 하지만 이 중 대다수는 일찍 죽어버린다. 사춘기에 접어들면 여성의 몸 안에 남아 있는 여포의 수는 평균 40만 개 정도가 된다. 월경을 시작하면서 여성은 매번 배란할 때마다 1000개의 여포와 함께 1개의 성숙한 난자를 배출한다. 결국 원래의 여포 중에서 400개 정도만이 성숙할 때까지 살아남는다. 이는 폐경 전까지 여성의 평균 가임기가 33년 정도라는 이야기다. 그리고 배란을 하더라도 각각의 난자가 수정할 수 있는 기간은 5일 내지 6일 정도밖에 되지 않으며 그 후에는 생리를 통해 몸 밖으로 배출되어 버린다.

따라서 유전자를 후대에 물려줄 수 있는 가능성을 고려해보면 남자와 여자는 결코 공평하지 않다. 400개의 성숙한 난자와 무제한의 정자 사이에서는 공정한 경쟁이 존재할 수 없다. 그러나 여성은 이 짝짓기 게임에서 게임의 판도를 바꾸어놓을 만큼 굉장히 중요한 이점을 하나 갖고 있다. 대리모를 이용하는 경우가 아니라면, 여성은 배 속의 아기가 자신의 유전 정보를 갖고 있다는 사실을 언제나 확신할 수 있는 것이다. 반면 DNA 분석 기술이 혁신적인 발전을 이룩하기 전까지 남자는 절대 확신할 도리가 없었다. 이는 꽤 최근의 일이다. 생각해보자. 미국에서 친자확인검사를 의뢰하는 남성 중 30퍼센트 가량이 자신의 아이가 친자가 아님을 알게 된다고 한다.(여기서 주의해야 할 점은 친자확인검사를 하려는 사람은 애초에 자신이 친부인지에 대해 의심을 할 만한 이유가 있기 때문이라는 사실이다. 따라서 위의 수치는 아마도 실제보다 더 부풀려졌을 가능성이 있으며 인구 전체를 대변하는 것이라 보기 힘들다.)

분명 여성은 주변에 머물며 양육을 도와줄 아버지를 선택하는 데 기득권을 갖고 있다. 이러한 목적을 위해 여성은 키스처럼 상대가 '좋은 유전자'를 갖고 있는지, 육체적으로 건강한지를 평가하기 위한 수단이 필요하다. 그래야만 자기가 낳은 아이가 인생의 출발점부터 가장 유리한 고지에 설 수 있도록 도울 수 있기 때문이다. 따라서 파트너와 입술을 맞대는 순간부터 여성은 할 일이 많은 셈이다. 여성은 상대 남성에 대한 온갖 종류의 중요한 정보를 열심히 해석해야 한다. 만약 상대 남성이 유전적으로 행동적으로 혹은 여타 다른 이유로 잘 맞지 않는다면 점점 늙어가는 제한된 개수의 난자를 가진 여성으로서는 마땅히 제짝인지 아닌지 여부를 즉각 판단할 수 있어야 한다. 적합한 상대가 아니라고 판단되면 여성은 관계에 종지부를 찍음으로써 자신의 권리를 지켜야 한다. 다른 누군가와 짝을 지어 번식을 할 수 있는 최적의 기회가 아직 존재하기 때문이다.

전 세계의 이혼 통계치는 이러한 현실을 반영한다. 또 다른 연구에서 갤럽과 동료 연구자들은 전 세계에서 일어난 170만 건의 이혼 사례를 조사했는데 그 결과 주목할 만한 경향이 드러난다는 사실을 발견했다. 20세 이하의 이혼 부부들 가운데 99퍼센트는 아내가 이혼을 신청한 경우였다. 이들은 나이가 매우 어린 경우지만 여성이 먼저 이혼을 제안하는 비율은 나이가 많아도 여전히 높았다. 그러나 그 비율은 나이가 들수록 감소했다. 생식능력이 가장 활발한 시기에 결혼 관계에 이상이 생기면 여성은 결혼 생활을 조기에 청산하는 것이 자신에게 더 유리하다는 사실을 부지불식간에 어느 정도 '알고' 있는 것 같다.

나와의 인터뷰에서 갤럽은 특히 여성의 경우 키스가 상대와 결혼을 생각할 것인지 아닌지를 결정하는 매우 초기 단계의 지표로써 작용하는 것 같다고 설명했다. 즉 키스는 상대 남자가 배우자로서 적합할 것인지를 알아보는 간단한 테스트와도 같다는 말이다. 관계를 시작해서 이혼 소장을 접수하는 시점까지 끌고 가기보다는, 어차피 되지 않을 인연이라면 시작하기 전에 키스를 통해 그 여부를 알아보고 관계를 끝내버릴 수 있는 것이다. 그렇기 때문에 첫 키스는 여자에게 중요한 의미를 지닌다. 키스가 마음에 들지 않으면 여자는 상대방이 자신에게 적합한 파트너가 아니라는 사실을 '깨닫게' 되는 것 같다. 자신의 신체적 반응을 통해 이 남자에게 시간과 에너지를 투자할 가치가 없음을 '알게' 되는 것이다. 반대로 자신이 느끼고 맛본 키스가 황홀했다면 이는 긍정적인 감정을 불러일으키고 더 깊은 관계로 발전하도록 동기를 부여한다.

여자는 지금 키스하고 있는 이 남자가 나에게 적합한 사람인지 아닌지를 어떻게 '알게' 되는 것일까? 우리는 다음 장에서 그 답을 확인할 수 있다. 우리가 키스를 하면서 몸의 화학적 반응, 냄새,

촉감을 통해 주고받는 정보의 양은 실로 엄청나다. 따라서 상대와 계속 관계를 지속시키는 것이 자신의 최선의 이익에 부합하는지 아닌지를 결정하는 데 키스를 활용하는 방식으로 진화했을 것이다. 키스를 나누는 두 연인은 무의식적으로 상대의 건강, 생식능력, 심지어 서로의 유전자가 적절한 조화를 이룰 것인지에 대해서까지 단서를 수집하고 있는 것이다.

자, 지금으로서는 어쩔 도리가 없는 것 같다. 남자와 여자는 키스에 대해 매우 다른 기대와 태도와 선호도를 갖고 있다. 그러나 실망하지 마라. 키스는 여전히 대부분의 사람들에게 즐거움을 준다. 2003년 브리검영 대학교를 다니는 295명의 학생들에게 설문조사를 실시한 결과 응답자들은 안마, 포옹, 애무, 껴안기, 손잡기, 얼굴에 키스하기보다 입술을 맞추는 키스에 훨씬 높은 점수를 주었다. 이 조사가 이성 간의 성적 접촉을 엄격히 제한하는 모르몬교 학교에서 시행되었다는 점을 고려해야 하겠지만, 이 같은 결론은 아마도 보편적으로 나타날 것이다. 연구자들은 대체적으로 연인과 더 많은 키스를 나눌수록 관계에 대한 만족도도 더 높은 것으로 드러났다고 보고했다.

따라서 진화론적 관점에서 봤을 때, 분명 남자는 여자보다 파트너에 대해 덜 까다로울 수 있다. 그러나 화성에서 온 남자와 금성에서 온 여자 모두 키스를 중요하게 생각한다. 게다가 그 목적이 무엇이건 남자와 여자 모두 키스의 테크닉을 더 향상시키고자 하는 강력한 동기도 갖고 있다. 남녀 간에 키스에 대한 시각은 다를지라도 결국 우리가 잊지 말아야 할 사실은 키스가 남자와 여자를 한곳으로 묶어준다는 점이다.

··· 쿨리지 효과

5장에서 살펴본 것처럼, 새로운 경험은 도파민 수치를 급격히 상승시킨다. 도파민은 "쿨리지 효과Coolidge Effect"라 알려진 현상과도 관련이 있는 것 같다. 여기서 쿨리지 효과란 시간이 지나면서 상대에 대한 성적 매력이 감소하는 것을 가리키는 과학적 용어다. 쿨리지라는 이름의 유래는 미국의 캘빈 쿨리지 대통령의 재임 기간(1923~1929) 중 일어난 것으로 추정되는 어느 인상적인 일화에서 기인한다. 이 이야기에 따르면, 영부인이었던 그레이스 쿨리지가 정부가 운영하는 농장의 닭장에 들어서는데 그때 한 수탉이 암탉 위로 올라타고 있었다. 영부인은 수탉이 하루에 수십 차례 교미를 한다는 이야기를 듣고는 "대통령께 가서 이 이야기를 전하세요."라고 했다고 한다. 닭의 왕성한 성생활에 대한 이야기를 전해 들은 쿨리지 대통령은 모든 수탉이 한 마리의 암탉과만 관계를 하는지 물었다. 한 마리의 수탉이 여러 암탉을 거느린다는 사실을 알게 된 쿨리지 대통령은 "이 이야기를 영부인에게 가서 전하시오."라고 대답했다고 한다.

CHAPTER 07
냄새로 그를 유혹할 수 있을까?

1985년 영화 〈백 투 더 퓨쳐〉에서 주인공 마티 맥플라이는 30년 전으로 돌아가 십 대인 자신의 부모를 만난다. 실수로 엄마와 아빠가 처음 만났어야 할 순간을 망쳐버린 마티는 자신의 엄마인 로레인이 아빠가 아닌 자신과 사랑에 빠졌다는 사실을 알고 경악을 금치 못한다. 마티는 엄마와 아빠를 다시 결합시킬 복잡한 계획을 짜내고 로레인을 고등학교 무도회에 데려간다. 그러나 주차해놓은 차에서 내리기 전, 로레인은 아들인 마티를 붙잡고 키스를 한다. 다행히도 바로 그 순간 마티에게 품었던 로레인의 로맨틱한 감정은 바로 변한다. "이건 아니야." 하고 로레인은 말한다. "뭔지 잘 모르겠지만, 너한테 키스를 하는데 마치 내 친동생한테 키스하는 것 같은 기분이 들어."

이런 일은 영화 속에서뿐만 아니라 우리 실제 생활 속에서도 일어날 수 있다. 겉으로는 완벽해 보이는 상대와 키스를 하는데 입을 맞추는 순간 상대와의 로맨스에 대한 흥미가 확 떨어지는 것이다. 그 전까지는 모든 것이 완벽하고 근사해 보였지만 키스를 나눈 바로 다음 순간 본능적으로 무언가 잘못되었다는 사실이 느껴진 것이다. 첫 키스는 이제 막 시작하는 연인들에게 있어 처음으로 넘어야 할 고비와도 같다. 최근의 한 심리학 연구에 따르면, 남성의 59퍼센트와 여성의 66퍼센트가 키스 때문에 상대와 헤어졌다고 밝혔다.

첫 키스의 결과를 좌우하는 냄새들

얼핏 매우 단순해 보이는 키스와 같은 행위가 어떻게 이처럼 극적인 반전을 일으키는 것일까? 여기에는 후각에 일부 책임이 있고 아주 중요한 유전자도 개입되어 있다. 그리고 가장 큰 논란을 일으키고 있는 페로몬이라 불리는 화학적 메신저 역시 관련이 있는 것으로 추정된다. 결국 연애 초기에 관계를 계속 지속할 것인지 결정을 내리는 데 코가 중요한 역할을 한다는 말이다.

냄새, 과학자들은 이를 "화학적 감응"이라 부른다. 냄새는 특정 상황에 대해 더 많은 정보를 얻어내기 위해 우리가 주변 환경을 인식하는 자연적인 방법이다. 오랫동안 과학은 인간의 후각이 동물과 비교했을 때 상대적으로 덜 발달되었다는 가정 하에 후각을 경시했다. 인간 진화의 역사 역시 이러한 가정을 뒷받침하고 있다. 직립보행을 시작하면서 인류의 코는 진한 아로마를 풍기는 흙으로부터 멀어지게 되었고 그에 따라 인간은 다른 영장류에 비해 '코'를 더 작게 발달시켰다. 유전학자들 역시 인간 종이 아닌 인류의 조상과 비교했을 때 현생인류가 냄새를 탐지하는 유전자의 수가 훨씬 적다고 결론 내렸다.

그렇다고 해서 우리가 후각을 무시해도 된다는 말은 아니다. 2004년 예일 대학교의 신경과학자인 고든 쉐퍼드는 인간의 후각에 대한 연구를 수행한 결과 후각이 우리가 생각하는 것보다 더 중요한 역할을 하는 것 같다고 결론을 내렸다. 쉐퍼드의 연구에 따르면 비강, 뇌, 언어능력은 우리로 하여금 냄새를 다른 동물들보다 더 포괄적인 방식으로 분석할 수 있도록 했다.

우리가 타인과 매우 좁은 공간을 공유할 때 냄새는 중요한 역할을 한다. 예를 들어 고대 로마의 시인들은 갓 피어난 꽃과 향료의 냄새를 풍기는 키스에 대해 묘사하곤 했다. 물론 이러한 표현은 예술적인 표현의 자유에서 기인한 것이라 볼 수 있다. 그러나 우리의 몸에서 풍기는 냄새가 매력으로 작용하든 기피제로 작용하든 우리가 만나는 사람들에게 강력한 영향을 미친다는 점에는 의심의 여지가 없다.

키스에 있어 위생이 불결하다거나 입 냄새가 난다거나 하는 요소는 분명 로맨틱한 순간을 망쳐버릴 수 있다. 하지만 무엇보다 가장 강력한 인상을 남기는 것은 우리의 몸에서 자연적으로 맡을 수 있는 냄새, 체취다. 전 세계적으로 사람들은 연인, 배우자, 자녀, 친구들의 냄새를 좋은 냄새라 말하며, 반면 낯선 타인의 냄새는 종종 그 반대라 대답한다. 왜 그럴까? 그 이유를 알아보기 위해 우리 몸에서 체취를 발생시키는 주요 근원지인 피지샘과 아포크린샘에 대해 살펴보자.

피지샘은 우리 몸 피부 전체에 퍼져 있으며 특히 코와 목을 비롯한 얼굴 부위에 가장 집중되어 있다. 피지샘은 피지라 불리는 유분기 있는 물질을 분비하는데 피지에서는 개인마다 독특한 냄새가 난다. 사춘기에 접어들면 피지의 분비가 증가하고 체취 역시 더욱 강해진다. 인간은 이와 같은 천연 향료에 매우 민감하게 반응하는데 아마 키스하는 순간이 그 민감도가 절정에 달하는 때라 할 수 있다. 키스를 하면서 코가 상대의 피부에 직접 맞닿는 경우가 많기 때문이다.

아포크린샘은 고농도로 체취를 분비하는 또 다른 기관이다. 아포크린샘은 피부와 피부 바로 아래 위치한 지방조직 사이에 위치한다. 아포크린샘도 피지샘과 마찬가지로 우리 몸 전체에 퍼져 있다. 특히 집중되어 있는 부위는 체모가 자라나는 겨드랑이와 생식기 주변이며 체모는 냄새를 가두는 역할을 한다. 아포크린샘 역시 사춘기를 거치면서 더욱 발달하며 아포크린샘에서 나오는 소량의 분비물은 땀 속에 스며들어 온몸으로 퍼진다. 이 분비물이 박테리아와 결합하면 톡 쏘는 듯한 냄새를 풍기는데 이 같은 이유로 과학자들은 겨드랑이 부위 전체를 "겨드랑이 취기관axillary scent organ"이라 부르게 되었다. 흥미롭게도 동아시아를 비롯한 일부 지역의 사람들은 유럽이나 아프리카 사람들보다 아포크린샘이 더 적게 분포해 있다.

경계를 허무는 컨텐츠 리더 **북이십일**

인기 APP 시리즈

21세기북스, 모질게, 아울북, 을파소의 컨텐츠를
이제 애플리케이션으로 만나보세요!

애플리케이션 스토어에서 해당 App을 검색하세요.
(App스토어, T스토어, OZ 스토어, 올레 마켓)

어학-모질게 시리즈

 모질게 토익
 Phone 무료   m.mozilge.com

모질게 토익 브랜드 공식 무료 애플리케이션
500개 이상의 저자 직강 토익/토익 스피킹/영어 동영상 강의와
도서 mp3, 베스트셀러 및 신간 소개 제공

 모질게 토익 VOCA
 Phone $4.99

발음 청취 훈련, 실전 모의고사로 토익 어휘 마스터
파트별 빈출 어휘 및 혼동 어휘 Review Test 제공
고득점 공략 단어와 파트 5 모의고사 5회분 수록, 파트 5, 6 집중해부

 모질게 듣기만 해도 느는 패키지
(토익+일본어+텝스)
 Phone $8.99   Phone 9,900원

1등 청위 훈련 프로그램 '듣기만 시리즈' 특별판
토익, 일본어, 텝스 콘텐츠를 하나의 애플리케이션으로
저렴한 가격, 편리한 다운로드 (개별 App 구매 대비 37% 할인)

 모질게 듣기만 해도 느는 일본어
 Phone $4.99   Phone 5,900원

화제의 블로거 '당그니' 김현근 선생님의 일본어 회화
단계별 청취와 어휘/패턴 테스트 수록
50음도 훈련 및 전체 문장 듣기 모드 제공

 모질게 듣기만 해도 느는 토익 LC
 Phone $4.99   Phone 5,900원

T스토어, 일본 App스토어 1위! 토익 App의 최강자
최초의 토익 리스닝 훈련 App! 전 문장 영국 발음 제공!
파트별 1,500문장+58개 예문+2,000개 어휘 수록

 모질게 보기만 해도 느는 토익 파트 5,6
 Phone $4.99

듣기만 시리즈에 이은 국내 최초 토익 RC 학습 전문 APP
시험에 자주 나오는 50개의 토익 공식 자동 학습과 실전 모의고사,
기출 덩어리 표현 학습으로 파트 5,6 완전 정복

 모질게 토익 모의고사 (7월 출시)
 Pad $6.99

실전 난이도 Full Set 3회분 + 청취 훈련 수록
실전 1등 노하우로 엄선한 최신 경향 모의고사로 실전 완벽 대비,
해설과 오답노트는 물론 전체 문항 반복 청취 훈련 기능 탑재

 모질게 듣기만 해도 느는 텝스 LC
 Phone $3.99   Phone 4,900원

국내 최초 텝스 리스닝 훈련 프로그램!
대화 또는 담화로 구성된 1-2-3단계의 지문 100개
+ 최대 1,000개 업다운 텝스 어휘 수록

 모질게 패턴 영어회화
 Phone $3.99

백선엽 저자의 생활 회화 패턴과 문장 학습
필수/동사/활용 패턴 각 50개와 패턴별 예문 학습
전체 패턴 문장과 대화문을 이어 들을 수 있는 음성 학습 기능 제공

홈페이지 www.book21.com

경계를 허무는 컨텐츠 리더 **북이십일**

유아·아동

마법천문자 ❶~⓰ 출시 중

Pad $7.99 Tab 8,800원

디지털 마법천자문으로 한자 마법 마스터
1300만부 베스트셀러 마법천자문의 독보적인 한자 학습효과를
이제 아이패드와 갤럭시탭에서도 만나보세요.

Battle Phonics

Phone/Pad 테마별 $0.99

영어로 배틀하자! Battle Phonics
보고 듣고 말하며 읽으면 500개의 아동 수 영단어가 쏙쏙
네이티브 스피커의 표준 발음과 비교할 수 있어 더욱 알찬 App

느낌표 철학동화 시리즈 ❶~❸

Phone $2.99/Pad $3.99

철학 동화! 이제 오감으로 읽는다
책의 재미와 교훈을 그대로! 세계 어린이와 함께 읽는 인터렉티브
철학 그림책. 돈키호테, 양반전 같은 명작을 App으로 만나 보세요.

Read Aloud! 시리즈 ❶~❺ 출시 중

Pad $4.99

Play, Sing & Speak! 세계명작 영어동화 시리즈
큰소리로 따라 읽어가며 자연스럽게 춤추고 노래하며 즐겁게!
읽고 보고 챈트로 듣는 3단계 영어 학습프로그램

키즈랜드

Phone/Pad $4.99

놀이와 학습을 한번에 끝내는 KidsLand
단어와 숫자, 음악과 미술, 게임의 다섯 가지 분류
4세부터 8세 어린이를 위한 두뇌개발 App

SingingBirds

Phone $1.99/Pad $2.99

전선 위 새들의 유쾌발랄 연주회 SingingBirds
전깃줄 위에 줄지어 앉아 있는 새들이 널리 알려진 노래 20곡을
6가지 악기 버전으로 연주해 드립니다.

MotherGoose 시리즈 ❶~⓯

Phone $2.99/Pad $3.99

동화로 이해하고, 노래로 부르는 MotherGoose
영미권 아이들이 자라면서 수없이 반복하여 듣는 마더구스 노래와
동화를 만날 수 있는 App. 즐거운 영어공부가 시작됩니다.

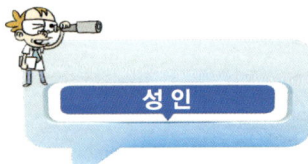
성인

알콩 달콩 경제학 1, 2

Phone/Pad 각 권 $4.99

만화로 읽는 알콩달콩 경제학!
주식, 펀드, 채권, 부동산에 투자하기 전에 꼭 읽어야 할
『정갑영 교수의 만화로 읽는 알콩달콩 경제학』을 App으로 만난다!

신데렐라의 유리구두는 전략이었다
: 갖고 싶은 남자를 갖는 법

Phone $4.99

대한민국 NO.1 연애 전문 기자의 실전 연애 어드바이스
2030 남녀 1,000명 이상을 인터뷰한 연애 전문 기자 곽정은이
전하는 성공 연애 전략. 도서 출간 즉시 연애 분야 1위 기록!

에세이-나를 위로하는 클래식 이야기 (BGM제공)

Phone $4.99

클래식 전문가 진회숙이 들려주는 클래식 이야기와 음악
모차르트, 베토벤 등 음악가들의 삶의 이야기를 읽으면서
그 향기가 담겨 있는 음악을 듣는다. 스마트시대 교양 필수 App!

홈페이지 www.book21.com

마법천자문   마법천자문

2011 21세기북스 도서목록

21세기북스가 특별한 감성으로 새롭게 태어납니다!
지식과 정보의 새로운 향유 방법을 창조함으로써
여러분과 함께 즐거움을 나누고 공유하겠습니다.

삼성경제연구소(SERI) 선정
휴가철 추천 도서

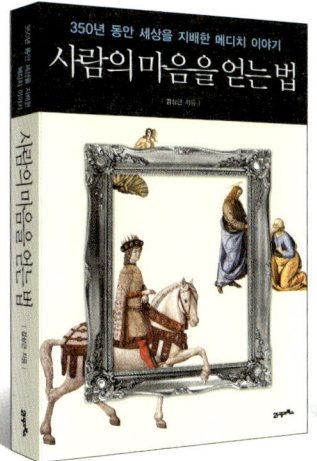

김상근 (연세대 교수) 지음 / 값 16,000원

메디치에게 배우는
사람의 마음을 얻는 법!

미켈란젤로, 마키아벨리, 갈릴레이…
메디치는 그들 모두를 얻었다!

송재용 (서울대 경영대학 교수) 지음 / 값 15,000원

서울대 최고 명강의 송재용의
탁월한 경영 통찰!

한국 기업은 글로벌 경쟁의
승자가 될 수 있을까?

★ 2011 문화체육관광부 우수학술 도서 선정
★ 조선일보 위클리비즈 인기 연재
★ 대기업 단체 주문 쇄도

21세기북스

21세기북스 트위터 @21cbook 블로그 b.book21.com 전화 031-955-2153 홈페이지 www.book21.com

| 문학 |

마리아비틀
이사카 고타로 소설 / 값 14,300원

『골든슬럼버』이후 3년만의 대형 신작 장편

생사를 헤매는 아들을 위해 놓았던 총을 다시 잡은 남자, 아이의 천진난만함과 한없는 악이 공존하는 소년, 사사건건 충돌하는 기묘한 킬러 콤비, 그리고 지독하게 불운한 남자. 이 독특하고 위험한 이들의 운명이 신칸센이라는 고립된 공간 안에서 뒤엉키며 누구도 예측할 수 없는 질주가 시작된다.

수수께끼 풀이는 저녁식사 후에
히가시가와 도쿠야 지음 / 값 12,500원

2011 서점대상 1위 베스트셀러, 출간 직후 150만 부 돌파!

재벌 2세 여형사 & 까칠한 독설 집사, 본격 미스터리에 도전하다!
"이렇게 짜증나는 집사는 처음본다. 그런데 재미있다!"
유머러스한 본격 미스터리로 정평이 나 있는 저자의 진가가 발휘된 작품으로, 특히 개성 있는 등장인물이 매력적이다. 추리도 유머도 수준이 높다. _아사히 신문

사랑, 닿지 못해 절망하고 다 주지 못해 안타까운
최유경 지음 / 값 12,000원

사랑기피증에 걸린 우리에게 들려주는 '진짜 사랑' 이야기!

고달픈 삶에 치여서 꽃다운 청춘을 보내버려야 했던 사람들, 사랑에 배반당하고 상처 입었던 사람들, 사랑의 치열함을 두려워하는 사람들. 이 책에서 저자는 이들이 다시 사랑을 믿었으면 하는 바람으로 사랑에 모든 것을 걸었던 7가지의 세기의 로맨스를 소개한다.

초초난난
오가와 이토 지음 / 값 13,500원

『달팽이 식당』의 저자 오가와 이토의 두 번째 장편소설

"맛있는 것을 같이 먹고 싶은 사람이 있습니다."
앤티크 기모노 가게를 배경으로 평범한 일상 속에서 자라나는 사랑의 감정을 그려내며 음식에 담긴 '영혼 치유의 힘'을 섬세한 문체로 표현했다.

경계를 허무는 컨텐츠 리더 **북이십일**

인기 APP 시리즈

21세기북스, 모질게, 아울북, 을파소의 컨텐츠를
이제 애플리케이션으로 만나보세요!

애플리케이션 스토어에서 해당 App을 검색하세요.
(App스토어, T스토어, OZ 스토어, 올레 마켓)

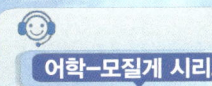
어학-모질게 시리즈

모질게 토익
 Phone 무료   m.mozilge.com

모질게 토익 브랜드 공식 무료 애플리케이션
500개 이상의 저자 직강 토익/토익 스피킹/영어 동영상 강의와
도서 mp3, 베스트셀러 및 신간 소개 제공

모질게 토익 VOCA
 Phone $4.99

발음 청취 훈련, 실전 모의고사로 토익 어휘 마스터
파트별 빈출 어휘 및 혼동 어휘, Review Test 제공
고득점 공략 단어와 파트 5 모의고사 5회분 수록, 파트 5, 6 집중해부

모질게 듣기만 해도 느는 패키지
(토익+일본어+텝스)
 Phone $8.99   Phone 9,900원

1등 청위 훈련 프로그램 '듣기만 시리즈' 특별판
토익, 일본어, 텝스 콘텐츠를 하나의 애플리케이션으로
저렴한 가격, 편리한 다운로드 (개별 App 구매 대비 37% 할인)

모질게 듣기만 해도 느는 일본어
 Phone $4.99   Phone 5,900원

화제의 블로거 '당그니' 김현근 선생님의 일본어 회화
단계별 청취와 어휘/패턴 테스트 수록
50음도 훈련 및 전체 문장 듣기 모드 제공

모질게 듣기만 해도 느는 토익 LC
 Phone $4.99   Phone 5,900원

T스토어, 일본 App스토어 1위! 토익 App의 최강자
최초의 토익 리스닝 훈련 App 전 문장 영국 발음 제공!
파트별 1,500문장+58개 예문+2,000개 어휘 수록

모질게 보기만 해도 느는 토익 파트 5,6
 Phone $4.99

듣기만 시리즈에 이은 국내 최초 토익 RC 학습 전문 APP
시험에 자주 나오는 50개의 토익 공식 자동 학습과 실전 모의고사,
기출 덩어리 표현 학습으로 파트 5,6 완전 정복

모질게 토익 모의고사 (7월 출시)
 Pad $6.99

실전 난이도 Full Set 3회분 + 청취 훈련 수록
실전 1등 노하우로 엄선한 최신 경향 모의고사로 실전 완벽 대비,
해설과 오답노트는 물론 전체 문항 반복 청취 훈련 기능 탑재

모질게 듣기만 해도 느는 텝스 LC
 Phone $3.99   Phone 4,900원

국내 최초 텝스 리스닝 훈련 프로그램!
대화 또는 담화로 구성된 1-2-3단계 지문 100개
+ 최대 1,000개 업다운 텝스 어휘 제공

모질게 패턴 영어회화
 Phone $3.99

백선엽 저자의 생활 회화 패턴과 문장 학습
필수/동사/활용 패턴 각 50개와 패턴별 예문 학습
전체 패턴 문장과 대화문을 이어 들을 수 있는 음성 학습 기능 제공

홈페이지 www.book21.com

경계를 허무는 컨텐츠 리더 **북이십일**

유아·아동

마법천자문 (❶~❶ 출시 중)

📱 Pad $7.99 🤖 Tab 8,800원

디지털 마법천자문으로 한자 마법 마스터
1300만부 베스트셀러 마법천자문의 독보적인 한자 학습효과를
이제 아이패드와 갤럭시탭에서도 만나보세요.

Battle Phonics

📱 Phone/Pad 테마별 $0.99

영어로 배틀하자! Battle Phonics
보고 듣고 말하며 읽으면 500개의 아동 수 영단어가 쏙쏙!
네이티브 스피커의 표준 발음과 비교할 수 있어 더욱 알찬 App

느낌표 철학동화 시리즈 (❶~❶)

📱 Phone $2.99/Pad $3.99

철학 동화! 이제 오감으로 읽는다
책의 재미와 교훈을 그대로! 세계 어린이와 함께 읽는 인터렉티브
철학 그림책. 돈키호테, 양반전 같은 명작을 App으로 만나 보세요.

Read Aloud! 시리즈 (❶~❺ 출시 중)

📱 Pad $4.99

Play, Sing & Speak! 세계명작 영어동화 시리즈
큰소리로 따라 읽어가며 자연스럽게 춤추고 노래하며 즐겁게!
읽고 보고 챈트로 듣는 3단계 영어 학습프로그램

키즈랜드

📱 Phone/Pad $4.99

놀이와 학습을 한번에 끝내는 KidsLand
단어와 숫자, 음악과 미술, 게임의 다섯 가지 분류
4세부터 8세 어린이를 위한 두뇌개발 App

SingingBirds

📱 Phone $1.99/Pad $2.99

전선 위 새들의 유쾌발랄 연주회 SingingBirds
전깃줄 위에 줄지어 앉아 있는 새들이 널리 알려진 노래 20곡을
6가지 악기 버전으로 연주해 드립니다.

MotherGoose 시리즈 (❶~❶)

📱 Phone $2.99/Pad $3.99

동화로 이해하고, 노래로 부르는 MotherGoose
영어권 아이들이 자라면서 수없이 반복하여 듣는 마더구스 노래와
동화를 만날 수 있는 App. 즐거운 영어공부가 시작됩니다.

성 인

알콩 달콩 경제학 1, 2

📱 Phone/Pad 각 권 $4.99

만화로 읽는 알콩달콩 경제학!
주식, 펀드, 채권, 부동산에 투자하기 전에 꼭 읽어야 할
『정갑영 교수의 만화로 읽는 알콩달콩 경제학』을 App으로 만난다!

신데렐라의 유리구두는 전략이었다
: 갖고 싶은 남자를 갖는 법

📱 Phone $4.99

대한민국 NO.1 연애 전문 기자의 실전 연애 어드바이스
2030 남녀 1,000명 이상을 인터뷰한 연애 전문 기자 곽정은이
전하는 성공 연애 전략. 도서 출간 즉시 연애 분야 1위 기록!

에세이-나를 위로하는 클래식 이야기 (BGM제공)

📱 Phone $4.99

클래식 전문가 진화숙이 들려주는 클래식 이야기와 음악
모차르트, 베토벤 등 음악가들의 삶의 이야기를 읽으면서
그 향기가 담겨 있는 음악을 듣는다. 스마트시대 교양 필수 App!

홈페이지 www.book21.com

마법천자문 f

마법천자문 t

2011 21세기북스 도서목록

21세기북스가 특별한 감성으로 새롭게 태어납니다!
지식과 정보의 새로운 향유 방법을 창조함으로써
여러분과 함께 즐거움을 나누고 공유하겠습니다.

삼성경제연구소(SERI) 선정
휴가철 추천 도서

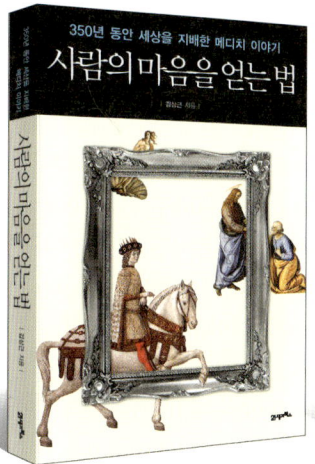

김상근 (연세대 교수) 지음 / 값 16,000원

메디치에게 배우는
사람의 마음을 얻는 법!

미켈란젤로, 마키아벨리, 갈릴레이…
메디치는 그들 모두를 얻었다!

송재용 (서울대 경영대학 교수) 지음 / 값 15,000원

서울대 최고 명강의 송재용의
탁월한 경영 통찰!

한국 기업은 글로벌 경쟁의
승자가 될 수 있을까?

★ 2011 문화체육관광부 우수학술 도서 선정
★ 조선일보 위클리비즈 인기 연재
★ 대기업 단체 주문 쇄도

21세기북스

21세기북스 트위터 @21cbook 블로그 b.book21.com 전화 031-955-2153 홈페이지 www.book21.com

| 문학 |

마리아비틀
이사카 고타로 소설 / 값 14,300원

『골든슬럼버』 이후 3년만의 대형 신작 장편

생사를 헤매는 아들을 위해 놓았던 총을 다시 잡은 남자, 아이의 천진난만함과 한없는 악이 공존하는 소년, 사사건건 충돌하는 기묘한 킬러 콤비, 그리고 지독하게 불운한 남자. 이 독특하고 위험한 이들의 운명이 신칸센이라는 고립된 공간 안에서 뒤엉키며 누구도 예측할 수 없는 질주가 시작된다.

수수께끼 풀이는 저녁식사 후에
히가시가와 도쿠야 지음 / 값 12,500원

2011 서점대상 1위 베스트셀러, 출간 직후 150만 부 돌파!

재벌 2세 여형사 & 까칠한 독설 집사, 본격 미스터리에 도전하다!
"이렇게 짜증나는 집사는 처음본다. 그런데 재미있다!"

유머러스한 본격 미스터리로 정평이 나 있는 저자의 진가가 발휘된 작품으로, 특히 개성 있는 등장인물이 매력적이다. 추리도 유머도 수준이 높다. _아사히 신문

사랑, 닿지 못해 절망하고 다 주지 못해 안타까운
최유경 지음 / 값 12,000원

사랑기피증에 걸린 우리에게 들려주는 '진짜 사랑' 이야기!

고달픈 삶에 치여서 꽃다운 청춘을 보내버려야 했던 사람들, 사랑에 배반당하고 상처 입었던 사람들, 사랑의 치열함을 두려워하는 사람들. 이 책에서 저자는 이들이 다시 사랑을 믿었으면 하는 바람으로 사랑에 모든 것을 걸었던 7가지의 세기의 로맨스를 소개한다.

초초난난
오가와 이토 지음 / 값 13,500원

『달팽이 식당』의 저자 오가와 이토의 두 번째 장편소설

"맛있는 것을 같이 먹고 싶은 사람이 있습니다."
앤티크 기모노 가게를 배경으로 평범한 일상 속에서 자라나는 사랑의 감정을 그려내며 음식에 담긴 '영혼 치유의 힘'을 섬세한 문체로 표현했다.

| 자기계발 |

생각 버리기 연습
코이케 류노스케 지음 / 값 12,000원

매일 3000명의 인생을 바꾼 베스트셀러
쓸데없는 생각으로부터 벗어나는 법! 생각하지 않고 오감으로 느끼면 어지러운 마음이 서서히 사라진다. 우리를 괴롭히는 잡념의 정체를 짚어내며, 일상에서 바로 실천할 수 있는 생각 버리기 연습을 제시한다.
★47만부 돌파! ★YES24 2010 올해의 책 ★조선일보 2010 올해의 책
★한국경제 2010 올해의 책 ★알라딘 2010 올해의 책

화내지 않는 연습
코이케 류노스케 지음 / 값 12,000원

이젠 더 이상 화내지 않는다!
"사람들은 누구나 행복해지고 싶어 합니다. 하지만 실제로는 행복을 방해하는 분노를 마음에 품고 있습니다. 자꾸만 화를 내게 되는 이유는 간단합니다. 모든 것을 자기중심적으로 편집하는 마음의 버릇 때문이지요." _코이케 류노스케

언니의 독설 1, 2
김미경 지음 / 각 권 12,000원

흔들리는 30대를 위한 언니의 독설
국민 언니 김미경이 독한 애정으로 서른을 코치한다! 저자 김미경은 19년간 강의를 하면서 수 많은 20~30대 여성들을 만났다. 직장에서의 차별과 아픔, 워킹맘의 애환과 좌절을 이야기하면서 강의를 들으러 왔던 여성들과 부둥켜 안고 운 경험도 여럿있다는 그녀가 '세상에서 가장 특별한 동생'들인 이 시대의 여성들에게 따뜻한 '독설'을 던진다. ★어플리케이션 7월 말 출시 예정

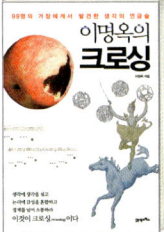

이명옥의 크로싱
이명옥 지음 / 값 16,500원

명화에서 배우는 생각의 연금술
'예술계의 콘텐츠 킬러'라 불리는 이명옥 사비나 미술관 관장은 서로 다른 학문이나 기술을 섞어 가치를 창조하는 융합의 시대를 살아가기 위해서는 융합적 사고가 필요하다고 강조한다. 남과 다른 생각으로 틀을 깨는 작품을 탄생시킨 예술계의 거장들에게서 그 답을 찾아낸 결과를 이 책에 담았다.

21세기북스 트위터 @21cbook 블로그 b.book21.com 전화 031-955-2153 홈페이지 www.book21.com

| 자기계발 |

프랭클린처럼 살아보기
캐머런 건 지음 / 값 13,800원

품위 있는 인생을 위한 91일 프로젝트

발명가, 정치가, 외교관, 저술가이자 미국 역사상 가장 위대한 인물로 꼽힌 벤저민 프랭클린은 인생을 풍요롭게 하는 여러 덕목 중 열세 가지를 선택해 삶의 방식을 정했다. 그를 따라 살아본 평범한 중년 남자의 도전기!

멋진 인생을 원하면 불타는 구두를 신어라
김원길 지음 / 값 14,000원

"불타는 열정, 열망, 열심이 담긴 걸음들이 모여 꿈을 이룬다!"

중졸 학력으로 사회에 뛰어든 지 16년 만에 연 400억 원의 매출을 올리는 콤포트 슈즈 업계 매출 1위의 기업을 이끌고 있는 김원길 대표의 열정 사용법! 명문 대학, 대기업 직장이라는 간판에 끌려 다니며 '내가 선택한 삶'에 대한 열망을 숨긴 채 청춘을 마감하는 젊은이들의 가슴속에 다시 꿈을 지핀다.

행복한 인생의 세 가지 조건
오츠 슈이치 지음 / 값 12,000원

『죽을 때 후회하는 스물다섯 가지』 오츠 슈이치 박사의 행복론

호스피스 전문의 오츠 슈이치 박사는 1000여 명의 환자를 간호하면서 후회 없는 죽음을 맞이하는 사람들에게 세 가지 공통점이 있다는 것을 알게 된다. 인생 궁극의 도착점이라고 할 수 있는 죽음을 앞둔 환자의 에피소드와 함께 이런 의문으로부터 인생을 다시 한 번 반추해보고 시작할 용기를 준다.

제임스 카메론 더 퓨처리스트
레베카 키건 지음 / 값 15,000원

한계를 거부하는 열정, 〈아바타〉에서 〈터미네이터〉까지!

미국의 저명한 저널리스트인 저자가 영화 감독 제임스 카메론의 창조 리더십에 대해 정리했다. 피터 잭슨, 아놀드 슈왈제네거 등 주변 인물들의 인터뷰를 통해 그의 대담하고 독창적인 삶과 영화에 대해 흥미롭게 그려내었고, 그의 영화감독으로의 데뷔와 위기 극복 능력과 마인드, 태도 등도 만나볼 수 있다.

| 경제 / 경영 |

플랫폼 전쟁
조용호 지음 / 값 15,000원

경제 지도를 바꿀 플랫폼 전쟁이 시작된다!

플랫폼은 '핵심가치를 담은 틀'을 제공하고, 내부와 외부, 외부와 외부 간에 상호 연결을 가능케 해주는 그 무엇' 이다. 플랫폼이라는 중요한 시대적 주제를 돌아보고, 플랫폼 기업들의 전략과 주요 영역별로 일어났거나, 일어날 일들을 정리했다.

한국의 황제 경영 VS 일본의 주군 경영
김현철 지음 / 값 13,000원

일본을 넘어 세계로 간 한국기업의 성공 법칙

경제 한류의 바람이 매섭다. 삼성전자, 현대자동차, LG전자 등을 필두로 한국기업이 일본에서뿐만 아니라 세계시장에서 우뚝 섰다. 한국기업의 '청출어람 스토리'는 어디서부터 출발하여 어떻게 발전했는지를 설명하고 일본이 사회, 경제적으로 침체를 겪으면서 그 대안으로 한국기업을 통해 출구를 찾으라는 메시지를 던진다.

시장의 비밀
배선영 지음 / 값 26,000원

글로벌 금융위기와 환율분쟁의 비밀, 그리고 또 다른 비밀들

현재 경제 정책의 최전선에 서 있는 경제학자가 쓴 이 책을 통해 우리가 몰랐던 금융위기의 메커니즘을 파악하고, 실물경제와 금융시장에 대해 보다 정확하게 전망할 수 있는 혜안을 얻을 수 있을 것이다. 경제 분야에 종사하는 사람은 물론, 경제의 흐름에 관심을 갖고 있는 모든 사람이라면 꼭 이 책을 읽어봐야 한다.

분석의 기술
토머스 H. 데이븐포트, 잔느 G. 해리스, 로버트 모리슨 지음 / 값 15,000원

기업의 성패를 좌우하는 결정적 전략

세계 3대 경영 전략 애널리스트에 손꼽히는 토머스 H. 데이븐포트 교수가 공동 저자들과 함께 분석 경영에 대한 심화편 『분석의 기술』을 출간했다. 수많은 데이터의 정량 분석을 통해 그 안에서 일정한 흐름을 발견하고, 통합적이고 커다란 그림을 그릴 수 있는 통찰을 키울 수 있는 분석의 힘을 소개한다.

21세기북스 트위터 @21cbook 블로그 b.book21.com 전화 031-955-2153 홈페이지 www.book21.com

| 인문 |

과학, 죽음을 죽이다
조너던 와이너 지음 / 값 16,000원

생명 연장의 비밀을 찾아서

퓰리처상 수상작가 조너던 와이너는 수명 연장과 불멸에 대한 독자들의 궁금증에 현대과학과 철학, 문학에 이르기까지 종횡무진 활보하며 그 대답을 거침없이 펼쳐 보인다. 「과학, 죽음을 죽이다」는 신의 영역인 '생명'에 도전한 과학의 지적 탐험을 재기발랄하고 대담하게 풀어냈다.

로드
테드 코노버 지음 / 값 19,800원

인간은 왜 길을 만들었고, 길은 어떻게 세상을 바꾸는가

과연 인간의 길은 튼튼하고 활기 넘치는 미래를 향하고 있는가, 종말로 치닫고 있는가. 놀라울 정도의 관찰력과 디테일한 묘사가 돋보이는 「로드」는 연결됨으로 인해 얻는 것과 잃는 것, 그리고 어떻게 도로와 길들이 고대 로마로부터 현재까지 인간의 삶에서 중요한 역할을 해왔는지에 대해 드러내고 있다.

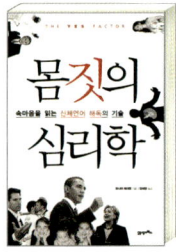

몸짓의 심리학
토니야 레이맨 지음 / 값 15,000원

속마음을 읽는 신체언어 해독의 기술

「몸짓의 심리학」은 신체언어 기술과 언어를 활용한 대화의 기술까지를 총망라한다. 몸짓은 사람의 속마음을 드러내는 제2의 언어이다. 이 책은 신체언어를 어떻게 해석하고 활용할 수 있을지에 대한 구체적인 방법을 제시한다. 이러한 심리학적 발견을 유용하게 활용한다면, 언제 어디서나 호감을 주고 자신이 원하는 결과를 이끌어낼 수 있을 것이다.

$E=mc^2$ 이야기
브라이언 콕스, 제프 퍼쇼 지음 / 값 15,000원

누구나 알아야 할 최소한의 물리학

누구나 다 아는 과학자, 아인슈타인. 그의 유명한 이론인 '상대성 이론' 하지만 이에 대해서 잘 알고 있는 사람은 거의 없다. 이 책은 "$E=mc^2$"를 사람들에게 알기 쉽게 전달하기 위해, 이미 영국 BBC 방송 과학 다큐멘터리를 통해 전 세계 시청자들을 사로잡았던 두 젊은 물리학자 브라이언 콕스와 제프 퍼쇼가 나섰다.

| 생활 / 건강 |

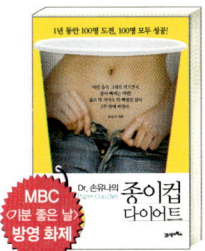

Dr. 손유나의 종이컵 다이어트
손유나 지음 / 값 12,000원

1년 동안 100명 도전, 100명 모두 성공!

입소문으로 인정받은 기적의 다이어트 법 대 공개. 밥 1컵, 채소 1컵, 단백질 0.5컵으로 끝내는 종이컵 다이어트! 칼로리 계산도, 운동도 필요없는 종이컵 다이어트 2주 프로그램으로, 요요현상 없는 기적의 살빼기를 시작하라.

나는 초콜릿과 이별 중이다
윤대현, 유은정 지음 / 값 12,000원

먹고 싶은 충동을 끊지 못하는 여자들의 심리학

왜 여자들은 남자보다 당분과 탄수화물, 그리고 맛집에 열광하는 것일까? 여자들은 배를 불리려고 음식을 먹지 않는다. 다만 맛과 분위기에 취할 뿐이다. 그만큼 여자들의 음식이란 다른 무엇보다도 심리적 요인이 강하게 작용한다.

병원에 가야 할까요?
야마다 오사무, 기라 유지 지음 / 값 15,000원

미리미리 큰 병 잡는 건강 적신호 사전

최근 환자의 '초기진료'를 담당하는 의사의 중요성이 높아졌다. 그런 의미에서 이 책은 먼저 환자가 의지하고 읽을 수 있는 초기진료서로써 누구나 경험하는 다양한 증상과 증후를 망라해서 내 몸이 보내는 다양한 신호가 무엇을 말하는지를 알려준다. 또한 언제 어떤 의사를 찾아야 하는지도 알기 쉽게 설명했다.

자연이 만든 음식 재료의 비밀
정이안 지음 / 값 14,000원

제철에 나온 먹을거리로 맛과 영양 모두 챙기자

현직 한의사가 쓴 『자연이 만든 음식재료의 비밀』에는 지금까지 한국인의 건강을 지켜온 100가지의 몸에 좋은 식품을 소개하고 효능, 먹기에 적절한 시기, 먹으면 좋은 체질, 궁합이 좋은 음식들까지 고루 담겨있다.

21세기북스 트위터 @21cbook 블로그 b.book21.com 전화 031-955-2153 홈페이지 www.book21.com

21세기북스 | 여행 |

일생에 한번은 몽골을 만나라
최성수 지음 / 값 13,800원

몽골의 대초원에서 생애 처음 진정한 자유를 맛보다!

일상에서의 스트레스와 미래에 대한 고민으로 삶이 답답해질 때, 우리는 여행을 꿈꾼다. 그리고 대자연을 느끼며 그 속에서 완전한 해방감을 맛볼 수 있는 곳이 바로 몽골이다. 시인으로 활동 중인 저자는 끝없는 지평선과 대초원, 사막이 있는 몽골의 아득한 풍경을 시처럼 펼쳐놓는다.

유럽에서 클래식을 만나다
정태남 지음 / 값 17,000원

음악과 함께 떠나는 유럽 문화 여행

이탈리아에서 30년간 살면서 유럽 각 지역을 누비며 문화를 흠뻑 체험한 저자는 클래식만큼 유럽을 이해하는 데 중요한 것은 없다고 말한다. 클래식을 주제로 유럽 여러 나라와 명소들을 소개하여 유럽 여행의 깊이 있는 지식과 감성을 전한다.

일생의 한번은 동유럽을 만나라
최도성 지음 / 값 14,800원

드넓고 깊은 동유럽 예술 기행

새롭고 특별한 여행을 꿈꾸는 이들의 동경과 열망을 단번에 해소해주는 책. 풍부한 여행 이야기와 동유럽 '체코·폴란드·슬로바키아'의 문화, 예술, 역사 지식이 통합된 국내 최초의 동유럽 예술 여행서다. 이 책을 통해 신비롭고 멀게만 느껴졌던 동유럽을 보다 새로운 관점에서 가깝고 친숙하게 느낄 수 있다.

일생에 한번은 스페인을 만나라
최도성 지음 / 값 13,800원

뜨겁고 깊은 스페인 예술 기행

풍부한 여행 이야기와 스페인의 문화·예술·역사적 지식이 통합된 새로운 개념의 여행서로, 열정적이고 매혹적인 스페인의 다양한 모습을 함께 접하며 보다 빠르게 스페인에 친숙해질 수 있게 한다. 유네스코 선정 세계문화유산 최다 보유국이라는 이름에 맞는 풍부한 문화유산, 연중에 즐길 수 있는 200여 종의 크고 작은 축제까지 각양각색의 매력들을 소개한다.

2011년 7월 15일 발행

겨드랑이는 인간과 유인원에게서만 볼 수 있는 독특한 신체 기관으로 이는 겨드랑이가 비교적 최근에 발달한 기관이라는 점을 시사한다. 인류학자들은 오랫동안 겨드랑이가 매혹적인 냄새를 풍겨 이성을 유혹하는 역할을 수행한다고 주장했다. 당연히 수천 년 전에 매혹적으로 느껴졌던 것이 오늘날에도 똑같이 그러란 법은 없다. 하지만 겨드랑이 냄새가 가진 힘과 이 냄새가 연애 관계와 섹스에서 차지하는 역할에 대한 최근의 역사를 살펴보면 이를 뒷받침하는 많은 증거를 발견할 수 있다.

1940년 영국 출신의 의사 토마스 레이콕은 겨드랑이 냄새를 가리켜 "천연 향료와도 같다…분명히 인간이 만들어내는 성적 향기라 볼 수 있다."라고 언급했다. 1900년대 초 과학자들은 남녀가 풍기는 냄새를 유인물질로 묘사했다. 한편 1975년 심리학자 벤자민 브로디는 오스트리아 농촌 지역에서 내려오는 관습에 대해 보고했다. 이 지역 소녀들은 사과 조각을 겨드랑이에 품고 춤을 춘 다음에 이 조각을 가장 마음에 드는 남자에게 주었다. 그러면 상대 남자는 정중하게, 심지어는 매우 기쁜 모습으로 사과 조각을 우적우적 씹어 먹었다. 흔히 볼 수 있는 구애의 방법이라 할 수는 없지만 다른 연구들이 시사하는 것처럼 우리의 신체 분비물이 그토록 강력한 힘을 발휘한다면 이는 아주 효과적인 관습이라 볼 수 있겠다.

1977년 오스트리아의 생태학자 이레나우스 아이블 아이베스펠트는 호주의 지진갈리 부족에게서 볼 수 있는 일종의 작별 의식을 묘사한 적이 있다. 부족민들은 손으로 자신의 겨드랑이를 문지르고 다음에는 떠나는 이의 겨드랑이를 문지른다. 그 다음에 서로의 가슴을 만진다. 당신은 이를 이상한 관습이라 생각하겠지만 이는 전 세계적으로 인간이 사회적 유대 관계를 유지하는 데 체취를 중요한 수단으로 활용했다는 사실을 보여준다.

아포크린샘은 남성이 더 발달해 있고, 남성과 여성에게서 발견되는 박테리아의 종류가 각기 다르기 때문에 남성과 여성에게서 풍기는 냄새도 각기 다르다. 아포크린샘이 생식기 주변에 위치해 있다는 것은 쉽게 납득이 가지만 왜 겨드랑이에도 존재하는지에 대해서는 과학자들도 명확한 답을 내놓지 못하고 있다. 동물학자 데스몬드 모리스는 이에 대해 인상적인 주장을 펼쳤는데 겨드랑이 냄새가 서로 얼굴을 맞대며 섹스를 하는 동안 상대를 자극하는 역할을 한다는 것이다. 즉 이러한 체위에서는 남녀가 머리를 상대의 겨드랑이 근처에 두게 되기 때문이라는 주장인데 아직까지 연구를 통해 입증된 바는 없다.

하지만 아포크린샘과 피지샘에서 분비되는 냄새가 연애 관계를 시작하거나 혹은 중단할 수 있는 힘을 가졌다고 생각할 만한 이유는 있다. 이 과정에서 핵심적인 역할을 수행하는 것이 첫 키스이다. 첫 키스는 두 남녀가 서로의 몸을 가까이 맞댈 수 있는 최초의 순간이다. 따라서 첫 키스는 일종의 예비 평가라 할 수 있다. 그리고 가끔은 키스를 하면서 침뿐만 아니라 피지까지도 함께 나누게 된다.

그러나 상대의 냄새에 대해 우리가 의식적으로 보이는 반응만이 중요한 것은 아니다. 후각은 우리로 하여금 무의식적인 순간에도 상대가 앞으로 섹스 파트너로서 유전적으로 적합한지 아닌지를 평가하도록 도와준다.

나와 같은 냄새, 다른 냄새

오랫동안 과학자들은 우리가 상대와의 유전적 궁합을 알아보기 위해 특정 신체적 특징에 주목한다는 사실을 알고 있었다. 예를 들어 많은 연구들이 우리가 얼굴이 균형적인 대칭을 이룬 사람을 더 선호한다고 밝히고 있다. 무의식적으로 이러한 특징이 건강과 '좋은' 유전자의 지표라는 사실을 인식하고 있는 것이다. 또한 사각턱은 '남성다운' 것이라 간주되는데, 이는 남성호르몬인 테스토스테론의 특징이기 때문이다. 한편 여성의 가냘픈 허리와 큰 엉덩이는 생식능력을 상징한다. 이러한 사례에서 신체적 특징은 일부 문화에서 '아름다운 것'으로 인정받거나 연관 지어졌다. 이러한 특징이 우리의 건강, 나이, 생식능력에 대한 정보를 제공하기 때문이다.

그러나 상대의 유전적 적합성에 대한 평가는 겉으로 눈에 보이는 것보다 무의식적인 상태에서 더 많이 이루어지는 것인지도 모른다. 시각은 우리가 가진 오감 중 하나에 지나지 않는다. 많은 연구에 따르면 후각 역시 상대의 유전자 냄새를 맡도록 해줌으로써 우리가 적합한 파트너를 찾는 데 도움을 준다고 한다.

인간의 배우자 선택과 관련해서 가장 많은 논의의 대상이 되는 것 중 하나로 주조직적합성 복합체MHC, Major Histocompatibility

Complex를 들 수 있다. 이는 질병에 대해 우리의 몸을 방어하는 면역 체계를 통제하는 유전자의 집합이다. 이 MHC 유전자에 포함된 DNA 염기서열은 우리 몸의 세포 바깥 표면에 위치한 특정 단백질 조직을 관장한다. 그리고 이 특정 단백질들이 하는 일은 우리 몸 내부의 자생적인 세포와 박테리아, 바이러스, 곰팡이와 같은 외부 물질을 구분하는 것이다. MHC 유전자가 다양하면 다양할수록 외부 침입자들을 더 쉽게 인식할 수 있다.

MHC의 다양성은 변화에 유연하고 다각적으로 대처할 수 있는 면역 체계를 가진 후손을 생산하는 데도 매우 중요한 역할을 한다. 부모로부터 다양한 MHC 유전자를 물려받은 아이들은 더 좋은 면역 체계를 타고난 것이다. 따라서 상대의 MHC 유전자가 다양성을 지녔는지 아닌지를 탐지해내는 것은 후세의 건강과 생존에도 직결된 문제다.

그렇다면 연애 상대가 나와 다른 MHC 유전자를 지녔는지를 어떻게 알아낼 수 있을까? 이를 위해 상대의 DNA를 분석할 수는 없는 일이다. 어쩌면 그 여부를 알 수 있는 가장 강력한 신호는 아마도 우리의 체취에서 나오는 것일지 모른다.

1995년도의 유명한 '땀에 젖은 티셔츠 실험'을 생각해보자. 스위스 동물학자 클라우스 베데킨트는 여성이 남성의 냄새에 얼마나 민감하게 반응하는지를 연구했다. 베데킨트는 실험에 참가한 49명의 여성과 44명의 남성을 선정할 때 이들 각각의 MHC 타입을 알기 위해 DNA 테스트를 실시했다. 연구진은 남성 참가자들에게 티셔츠를 나누어준 후에 어떠한 탈취제도 사용하지 않은 채로 이틀 동안 입고 지내게 했다. 이 티셔츠를 다시 돌려받은 연구진은 티셔츠를 7개의 상자에 나누어 담고 냄새를 맡을 수 있을 정도로만 구멍을 뚫었다. 그리고 여성 참가자들에게 각각의 상자에서 냄새를 맡게 하고 기분 좋음, 섹시함, 강렬함 등으로 설명하도록 요청했다.

결과는 놀라웠다. 십중팔구 여성 참가자들은 자신과 다른 MHC 유전자를 가진 남성이 입었던 티셔츠에서 나는 냄새를 선호했다. 이 실험은 단순히 냄새만으로도 나와 파트너의 유전적 적합성을 알아볼 수 있다는 것을 시사하고 있다. 이는 특히 여성의 경우가 더 그러한데 여성은 남성에 비해 더 강력한 후각과 미각을 지니고 있으며 생식능력이 절정에 달하는 기간에는 이 두 가지 감각이 한층 더 예민해진다.

'땀에 젖은 티셔츠 실험'이 이루어지고 나서 많은 후속 연구들이 뒤따랐고 그 결과도 비슷했다. 추가로 이루어진 연구에서 실험 대상자들은 자신의 파트너와 자녀가 입었던 옷을 가장 좋은 냄새가 난다고 평가했다. 또 다른 흥미로운 결과는 2006년도 뉴멕시코 대학교에서 진행한 연구에서 나왔다. 이 연구에서는 48쌍의 커플을 대상으로 이들의 MHC 유전자와 성생활을 살펴보았다. 그 결과 파트너와 상이한 MHC 유전자를 가진 여성일수록 성생활에 대해 높은 만족도를 보였다. 반면 서로 비슷한 MHC 유전자를 가진 경우에는 다른 남성에 대한 환상을 더 많이 갖고 있었고 바람을 피울 가능성 역시 더 높은 것으로 보고되었다.

이후 과학자들은 많은 논문에서 우리가 상이한 면역 체계를 가진 사람으로부터 나오는 냄새를 선호하는 경향이 있다고 발표했다. 그러나 여기에는 주목할 만한 예외가 있었다. 피임약을 복용하는 여성은 정반대의 반응을 보였다는 것이다. 이들은 유전적으로 상이한 남성의 냄새에 이끌리기보다 오히려 자신과 비슷한 MHC 유전자를 가진 남성의 냄새를 더 선호했다.

과학자들은 왜 이런 결과가 나왔는지 정확히 확신하지 못했지만 피임약의 작용 기전과 관련이 있을 것으로 추측했다. 피임약의 호르몬은 보통 여성의 몸이 스스로 임신한 것으로 착각하도록 만들어 피임 효과를 낸다. 일단 수정이 일어나 임신에 성공한 여성은 유전적으로 적합한 파트너를 찾으러 다닐 필요가 없다. 대신 이 상황에서는 자신과 자신의 가족을 보살펴줄 수 있는 사람 곁에 머무르는 것이 가장 좋은 선택이다. 이는 부모나 형제를 비롯한 사촌, 즉 여성과 가장 비슷한 유전자와 냄새를 가진 이들의 곁에 머물러야 한다는 뜻이며 이들은 임신한 여성에게 가장 매력적인 냄새를 피우는 이들이다. 따라서 피임약을 복용하는 여성은 생식이라는 관점에서는 그다지 이상적이지 못한 유전적 조합을 가진 남자의 냄새에 가장 큰 매력을 느끼는 것이라고 생각하면 된다.

만약 이것이 사실이라면, 연애 관계 중 피임약을 계속 복용하거나 혹은 중단하는 일은 파트너에 대해 여성이 느끼는 매력의 정도를 바꾸어놓을 수도 있다. 심지어 피임약 복용의 변화가 젊은 부부들 사이에서 나타나는 이혼율과 관련이 있다는 주장도 있다. 아기를 갖기 위해 여성이 피임약 복용을 중단할 경우, 둘 사이에 흐르던 로맨틱한 화학적 반응이 바뀌면서 부부 관계가 나빠질 수 있다는 것이다.

이 같은 주장은 분명 흥미롭다. 그러나 여성이 파트너를 선택하는 데 있어 MHC 유전자가 얼마나 중요한 역할을 하는지에 대해서는 아직 명확하지 않다. 게다가 연애 관계를 성공적으로 지속하는 데 혹은 불화가 생긴 커플이 서로 헤어지는 데에는 유전자 외에도 많은 복잡한 요소들이 개입한다. 오늘날 MHC 유전자와 성적 매력의 관계에 대한 연구는 현재진행형이다. 예를 들어 어떤 연구에서는 남녀 모두 MHC와 관련된 냄새에 대한 선호도를 보인다고 주장하는 반면, 이것이 주로 여성에게만 영향을 미친다고 주장하는 연구도 있다. 따라서 우리의 면역 유전자와 파트너 선택의 선호도 사이에는 일종의 상관관계가 성립하지만 그 결과를 확신할 수는 없다고 생각해야 한다. 특히 아직까지 인간 유전자에 대해 알려진 것이 별로 없는 상황에서는 더욱 그러하다.

내가 인터뷰를 했던 어느 유전학자는 이렇게 표현했다.

인간의 방대한 유전자 중에서 MHC처럼 하나의 영역에서 연애 관계의 화학적 반응에 대한 열쇠를 찾는 것은 술에 취한 채로 희미한 가로등 아래서 자동차 열쇠를 찾는 것과 같다. 만약 우리가 유전자 코드의 어느 특정한 부분에서 답을 기대할 수 있다면 그건

애초에 우리가 알아낼 수 있는 부분이 얼마 되지 않기 때문이다.

그럼에도 불구하고 시인 윌리엄 쿠퍼가 남긴 말을 생각해보자. 그는 "다양성은 인생의 양념 그 자체다. 이로써 인생의 모든 맛이 탄생한다."라고 말했다. 이 말에는 무언가 곱씹을 만한 메시지가 있다. 유전적인 조건에서 다양성을 발견하기 위해서는 '개인적인 공간'을 규정하는 사회, 문화의 경계를 건너 파트너에게 매우 가까이 다가가야 한다. 키스는 위협을 주지 않으면서 상대를 받아들이는 방식으로 서로의 공간을 넘나들 수 있는 얼마 안 되는 방법 중 하나다. 그런 면에서 키스는 우리의 유전자 가이드라 부를 수 있다.

이성을 유혹하는 향기, 페로몬의 비밀

이처럼 신체 기관을 이용해 상대의 적합성에 대한 정보를 수집한다는 이론에는 더욱 큰 논란을 일으키고 있는 주장이 있다. 1959년 독일의 생물화학자 페터 카를손과 스위스의 곤충학자 마르틴 루셔는 과학계에 '페로몬'이라는 용어를 소개했다. 페로몬은 그리스어로 '자극 운반제'라는 뜻이다. 카를손과 루셔는 페로몬을 같은 종의 다른 개체로부터 행동적인 혹은 발달적인 반응을 이끌어내기 위해 분비하는 물질이라고 설명했다. 이러한 정의는 나방이나 흰개미처럼 짝짓기 상대를 유혹하고, 먹이를 발견하고, 위험을 알리는 데 페로몬에 의존하는 곤충류에게는 적용하기가 쉽다. 그러나 인간과 같은 고등 척추동물에게도 페로몬의 개념을 적용할 수 있는지 알아보는 일은 훨씬 더 복잡하다.

실험용 쥐를 살펴보자. 실험용 쥐는 페로몬을 탐지하는 능력이 있으며 다량의 페로몬을 소변을 통해 배출한다. 그런데 과학자들은 이 페로몬 혼합물 중에서 과연 어떤 성분이 다른 쥐에게서 특정한 행동을 유발하는지 아직 알아내지 못하고 있다. 쥐의 소변에는 수백 종류의 서로 다른 유기화합물이 포함되어 있으며 다른 개체가 이에 어떤 반응을 보일 것인지를 결정하는 데는 화학적 반응 외에도 두려움이나 호기심과 같은 다른 많은 요소가 작용할 수 있다. 따라서 페로몬이 실제 작용하는 물질이라는 점을 알고 있다 하더라도 특정 화학물질과 특정 행동 반응 사이의 인과관계를 밝혀내는 것은 무척이나 어려운 일이다.

한편 페로몬의 작용을 알아내기가 훨씬 쉬운 사례도 있는데 돼지가 그렇다. 돼지는 코와 입 사이에 서비 기관(VNO, vomeronasal organ, 후각 자극에 반응하는 기관의 하나−옮긴이)이 위치해 있어 무취의 화학물질인 페로몬을 감지할 수 있다. 수컷 돼지는 타액을 통해 안드로스테논androstenone이라 불리는 화학물질을 분비하는데 이를 감지한 암컷 돼지는 자세가 경직되어 수컷 돼지가 올라탈 수 있도록 준비한다. 이 경우는 페로몬 작용의 인과관계가 꽤 분명하게 드러나는 경우다. 사실 안드로스테논의 효과는 실로 강력해서 돼지를 키우는 농부들은 교미할 시기를 결정하기 위해 시판되는 안드로스테논 제품을 사용하기도 한다.

분명 많은 남성들은 안드로스테논처럼 페로몬을 병에 담아 휴대

할 수 있으면 좋을 것이라고 생각할 것이다. 그리고 사실 몇몇 향수 제조업체들은 자사의 제품에 페로몬이 들어 있다고 주장하기도 한다. 하지만 학자들은 아직까지 그럴 수준은 아니라고 말한다. 사실 전문가들은 과연 인간이 페로몬을 알아챌 수 있는 능력이 있는지조차도 판단하지 못하고 있다. 적어도 현재는 페로몬에 대한 증거가 산발적으로 존재하며 많은 논쟁을 빚고 있다. 하지만 일부 꽤 흥미로운 증거가 존재하는 것은 부인할 수 없는 사실이다.

한 예로 함께 많은 시간을 보내는 여성들 사이에서는 생리 주기가 동조화되는 경향이 있다. 이는 단순히 전해 내려오는 이야기가 아니라 많은 과학적 연구를 통해 발견되는 현상이다. 1971년 심리학자 마사 매클린톡은 웰슬리 대학교에서 생리 주기 동조화에 대한 최초의 연구를 수행했다. 매클린톡은 여학생 전용 기숙사에 살고 있는 137명의 여대생을 조사했는데 각 참가자의 생리가 시작한 날짜에 대한 데이터를 수집하고 이를 참가자의 룸메이트 및 친구들의 날짜와 비교했다. 〈네이처〉에 발표된 연구 결과에 따르면 가장 많은 시간을 함께 보내는 여학생들은 생리를 시작하는 날짜의 시간 차가 적은 것으로 나타났다. 이 연구 때문에 생리 주기의 동시성이 오늘날 '매클린톡 효과'라는 이름으로 알려지게 되었다.

이때부터 여성이 서로의 생리 주기에 어떤 영향을 미치는지에 대해 많은 연구가 진행되었다. 심지어 이러한 동조 현상이 과연 실재하는 것인지에 대한 토론도 진행되었다. 하지만 나는 이 책을 읽고 있는 여성 독자의 상당수가 매클린톡 효과를 몸소 경험했을 것이라 생각한다. 과학자들은 왜 생리 주기의 동조화 현상이 나타나는지 정확히 알지는 못한다. 하지만 페로몬이 그 원인일 것이라는 의견이 가장 널리 받아들여지고 있다.

더 최근 들어서는 여성이 배란기에 접어들면 상대 남성이 평소보다 더 자상하고 애정 어린 그리고 로맨틱한 반응을 보이는 경향이 있다는 점을 연구를 통해 밝혔다. 그리고 배란 기간 동안 남자들은 다른 남성에 대해 질투를 느끼는 경향이 더 증가하는 것으로 나타났다. 학자들은 이러한 행동을 유발하는 원인을 몇 가지 제시한 바 있는데 이 유발 원인들은 상호 배타적인 것이 아니며 오히려 서로를 강화하는 역할을 하는 것 같다.

예를 들어 생식능력이 절정에 달한 여성은 종종 기분이나 행동을 통해 섹스에 대해 높은 관심을 표출한다. 각진 턱과 같은 전형적인 남성적 특징에 이끌릴 가능성이 더 높아지며 옷차림에 더 많은 신경을 쓰고 사교 모임에 적극적이 된다. 다른 연구에 의하면 배란기 여성은 바람을 피울 확률도 더 높았다. 따라서 상대 남성은 평소와 비교해 배란기 여성의 행동 변화에 대응할 수도 있다. 그러나 여기서 페로몬의 작용도 배제할 수 없다. 페로몬이 여성의 생식능력 정도를 암시하는 미묘한 신호를 남성에게 보냄으로써 남성이 자신의 파트너에게 더 많은 신경을 쓰고 보호하고자 하는 욕구를 불러일으킨다는 것이다.

이밖에도 배란기 여성의 성욕이 증가하는 이유를 설명하는 이론으로 배란기에는 여성이 남성의 땀에서 발견되는 화학물질인, 그리고 돼지에게서도 발견되는 안드로스테논에 더 민감해지기 때문이라는 주장도 있다. 1980년 유명한 '치과 의사의 의자 실험'에서는 치과 대기실에 있는 의자 하나에 안드로스테논을 뿌려 두고 실험 대상자들이 어디에 앉는지를 관찰했다. 과학자들은 여성들이 안드로스테논의 페로몬으로 뒤덮인 의자를 선택하는 경향을 보이는 데 반해, 남성들은 이를 피한다는 사실에 주목했다. 또 다른 연구에서는 안드로스테논 페로몬을 화장실의 특정한 한 칸에만 뿌렸는데 마찬가지로 남성 피험자들은 페로몬이 뿌려진 칸의 문은 열지도 않았다. 그러나 똑같은 상황에서 여성을 대상으로 실험했을 때 여성들은 그 어떤 명확한 선호도도 보이지 않았다.

남성이 분비하는 안드로스테논의 양과 남성 체내의 성호르몬인 테스토스테론 수준과의 관계에 대한 가설도 제시된 적이 있다. 만약 이 둘 사이에 상관관계가 존재한다면 한 달 중에서 생식능력이 최고조에 달하는 시기에 여성은 이 소리 없는 신호를 감지하고 가장 많은 양의 테스토스테론을 뿜어내는 남자에게 끌릴 가능성이 있다. 그리고 키스를 통해 여성은 남성으로부터 분비되는 땀과 안드로스테논에 매우 가까이 다가갈 수 있게 되며 이는 여성의 성적 흥분과 섹스에 대한 수용도를 더 높여줄 수 있다.

인간 페로몬의 후보 선상에 올라 있는 또 다른 물질은 안드로스타디에논androstadienone이다. 안드로스타디에논 역시 남성의 땀에서 발견되며 테스토스테론과 관련이 있다. 이 화학물질은 이성애자인 여성을 더 편안한 기분이 들도록 만드는 것으로 보고되었다.

한편 여성의 1/3가량이 질 분비물을 통해 코퓰린copulin이라 불리는 물질을 배출한다. 일부 연구에 따르면 코퓰린은 남성의 성욕과 테스토스테론 수치를 증가시킨다고 한다. 이 말은 코퓰린 역시 페로몬이라는 말이다. 하지만 학자들은 코퓰린이 얼마나 강력한 영향력을 발휘하는지에 대해서는 아직 잘 알지 못한다.

그런데 인간 페로몬과 관련된 이 모든 설에는 커다란 문제가 하나 있다. 학자들이 페로몬으로 작용할 '가능성'이 있는, 남성과 여성 모두에게서 분비되는 물질을 밝혀내고는 있지만 우리가 이 물질을 알아챌 수 있는 기관을 가지고 있는지는 확인되지 않았다. 연구자들은 인간 역시 돼지의 서비 기관과 같은 신체 기관이 존재한다고 주장한다. 다수의 사람들에게서 콧구멍 안 격막의 한쪽 면에 작은 구멍이 존재하는 것으로 관찰되었는데 그 구멍은 각 개인마다 크기, 모양, 위치가 다양했다. 그러나 코 부위의 세포는 페로몬 신호를 보내는 데 필요한 것으로 추정되는 신경조직과 연결되어 있는 것으로 보이지 않는다.

페로몬에 대해 속단을 내릴 수 없는 이유는 또 있다. 페로몬을 연구하는 오늘날의 학자들이 의견을 일치하는 부분이 있는데 이는 하나의 화학물질이 모든 상황에서 특정 반응을 유발한다고 장담할 수 없다는 것이다. 우리의 행동에는 많은 호르몬과 심리학적 요소가 영향을 미친다. 따라서 우리가 페로몬을 알아챌 수 있느냐와 상관없이 우리 인간은 돼지처럼 예측 가능한 존재가 아니다.

그러나 이 모든 문제에도 불구하고 우리가 특히 서로 가까이 마주하고 입맞춤을 나누는 동안 끊임없이 화학적 신호를 보내고 있다는 가능성은 아주 근거 없는 주장으로 치부해버릴 수만은 없다. 그렇다고 해서 인간 페로몬이 들어 있다고 주장하며 광고하는 향수 회사에게 속아 넘어가라는 말은 아니다. 과학은 아직까지 인간 페로몬 작용의 신비를 밝혀낼 만큼의 수준에는 도달하지 못했다. 더 이상의 결정적인 연구가 이루어지지 않은 상황에서 여자는 립스틱을, 남자는 입 냄새 제거제를 구비하는 것이 더 나을 것이다.

이번 장에서는 다음과 같은 흥미로운 질문을 던져볼 수 있다. 즉 우리는 현대사회의 관습으로 인해 우리의 가장 매력적인 자산인 자연적 체취를 비누, 향수, 기타 상업적으로 만들어진 제품의 향으로 뒤덮어버리고 있는 것은 아닐까? 이 수많은 상품과 여기서 풍기는 인공적인 향이 없다면 우리의 행동은 어떻게 달라질까? 아마도 그렇기 때문에 장기적인 인간관계가 그토록 중요한 역할을 하는 것은 아닐까 싶다. 누군가와 오랜 시간을 함께 보내다보면 서로 자연스런 체취를 맡게 될 기회가 더 많아지고 이것이 얼마만큼 가치 있는 관계인지에 대해 단서를 제공할 수 있다. 게다가 나에게는 불쾌한 냄새가 다른 사람에게는 감질나게 만드는 유혹적인 냄새가 될 수도 있다.

어떤 경우든 나는 앞으로 페로몬에 관해 그리고 애정 관계의 유전적 적합성에 관해 훨씬 더 많은 연구가 이루어지리라 믿는다. 사실 보스턴에 소재를 둔 결혼중매 사이트인 사이언티픽매치닷컴은 매력도나 가치관뿐만 아니라 유전자의 조합까지 고려해 적절한 데이트 상대를 찾아주겠다고 이미 광고하고 있다.

이 웹 사이트는 면봉으로 채취한 DNA를 이용해 '유전자 매칭 알고리즘'을 돌려 데이트 파트너를 물색한다. 평생 회원비가 무려 1995달러 95센트에 달한다. 하지만 사이언티픽매치닷컴은 DNA 데이터를 근거로 적당한 짝을 찾게 되면 더 만족스런 성생활, 더 많은 오르가슴, 외도의 감소, 생식능력의 증가, 더 건강한 자녀와 같은 혜택을 누릴 수 있다고 약속하고 있다. 이 사이트의 광고 배너에는 "당신의 애정 관계를 '새로운 차원'으로 올려놓고 싶으신가요? 지금 만나는 사람이 '천생연분'인지 확신이 가지 않나요? 그렇다면 이 복잡한 퍼즐의 또 다른 조각을 고려해보십시오. 바로 당신의 DNA를 확인해보세요."라고 쓰여 있다.

아마 이것이 오늘날의 대세일지 모른다. 그러나 굳이 이런 모든 수고를 들이지 않더라도 우리의 코는 완벽한 배우자를 찾는 데 꽤 그럴듯한 역할을 수행할 수 있도록 진화를 거듭해왔다.

··· 남자의 코는 알고 있다

2000년 텍사스의 심리학자들이 베데킨트와 유사한 연구를 수행했다. 17명의 여성이 3일 연속으로 같은 티셔츠를 잠옷으로 입었는데 처음에는 배란기에 그 다음에는 배란기가 아닌 시기에 각각 티셔츠를 착용했다. 여기서 중요한 점은 참가자 여성들 모두 연구

기간 동안 호르몬 피임제를 복용하지 않았다는 사실이다. 후에 여성들이 입었던 티셔츠는 수거해 냉동으로 보관했다.

그 다음에는 티셔츠를 해동하고 52명의 남자 참가자들로 하여금 냄새의 강도와 유쾌한 정도에 따라 티셔츠에 점수를 매기도록 했다. 결과는 기대한 것처럼 배란 기간 중에 입었던 티셔츠가 일관되게 가장 매력적이고 섹시한 냄새를 풍기는 것으로 평가되었다. 게다가 해동한 티셔츠들을 상온에 두고 일주일 후에 다시 테스트를 했을 때에도 결과는 비슷했다. 이는 그 냄새가 곧바로 사라지지 않는다는 점을 시사한다. 따라서 남자들은 파트너를 선택할 때 스스로 지각하는 것보다 더 많이 후각에 의존한다고 말할 수도 있다. 차례로 남성들의 선호도는 여성의 생식능력에 영향을 받을 수 있으며, 키스는 여성이 풍기는 냄새의 적당한 샘플을 얻어내기 위한 접근성과 시간을 제공한다.

CHAPTER 08

옥시토신 + 도파민 + α = 키스

영화 〈귀여운 여인〉의 한 장면을 기억하는가? 줄리아 로버츠가 연기한 콜걸 비비안 워드는 고객과 섹스는 할 수 있지만 키스는 하지 않는다고 말한다. 아마 이 영화를 쓴 작가는 나름 조사를 한 것 같다. 입 맞추는 키스를 하지 않는 것은 '가장 오래된 직업'을 가진 여성들이 오랫동안 지켜온 나름의 불문율이다. 사회과학자인 조안나 브루이스와 스티븐 린스테드는 대다수의 매춘부들이 키스를 하지 않는 이유가 키스는 "상대에 대한 순수한 욕망과 사랑"이 있어야 가능한 일이기 때문이라 설명한다. 고객과 입맞춤을 하지 않는 것은 이들 여성이 일을 하면서 감정을 최대한 배제하기 위한 가장 좋은 방법이라는 것이다.

그렇다면 여기서 상대방 즉 콜걸의 고객들은 어떨까? 섹스 테라

피스트 마사 스타인은 64명의 매춘부가 총 1230회에 걸쳐 고객과 섹스를 나누는 장면을 관찰했다. 한쪽 방향에서만 투명하게 보이는 일반경과 녹음기를 보이지 않게 설치했기 때문에 당연히 남성 고객들은 스타인의 존재를 눈치채지 못했다. 그 결과 매춘부의 신체 부위에 키스하기를 원하는 남성은 36퍼센트에 지나지 않았으며, 프렌치 키스를 원하는 남성 역시 13퍼센트에 불과한 것으로 드러났다.

이러한 사례는 특정 조건 하에서 순수하게 쾌락만을 추구하는 섹스에서는 키스가 전혀 필요하지 않다는 점을 보여준다. 매춘부와 남성 고객들은 서로 키스에는 성행위와는 다른 무언가가 있다는, 즉 키스는 별개의 범주에 속한다는 사실을 본능적으로 알고 있는 것 같았다. 사실 사회조사의 결과를 봐도 사람들이 키스를 다른 모든 종류의 행위보다 더 사적이고 은밀한 것으로 생각한다고 드러났다. 또한 키스는 가벼운 섹스 파트너 사이보다 진지한 애정 관계에서 더 많은 관심의 대상이 되며 과학자들은 왜 이러한 현상이 일어나는지 그 원인을 연구하고 있다. 어쩌면 우리가 키스를 생각할 때 떠오르는 따뜻하고 설레는 감정이 우리 몸 안을 돌아다니는 호르몬과 깊은 상관관계를 맺고 있는지도 모른다.

호르몬을 주고받는 행위, 키스

앞서 살펴본 것처럼 우리가 관심을 갖고 있는 상대나 뜨거운 열정을 느끼는 상대에게 키스를 하면 다양한 신경전달물질과 엔도르핀

이 분비되며 이들 물질은 우리 몸 안에서 스트레스를 감소시키고 기분을 조절하고 혈압을 낮춘다. 즉 극도의 행복을 느끼도록 자극하는 천연의 각성제와 같은 것이다. 그런데 이게 전부가 아니다. 호르몬도 여기에 함께 작용한다. 호르몬은 신경전달물질과 많은 유사점을 지니고 있다. 그러나 우리 몸 안에서 어떤 방식으로 어느 부위에서 분비되는지 어떠한 효과를 내는지와 관해서는 중요한 차이점을 보인다.

우리 몸 안에서 만들어지는 호르몬의 종류는 에스트로겐과 테스토스테론부터 인슐린과 코르티솔까지 실로 다양하다. 이 물질들은 성장, 발달, 생식, 신진대사와 관련된 신체 활동을 조절하는 역할을 하고 있다. 갑상선, 부갑상선, 부신, 뇌하수체, 췌장, 시상하부, 난소와 정소 등 대부분의 내분비계 샘은 여러 종류의 호르몬을 생산해 혈관으로 분비한다. 분비된 호르몬 분자들은 목표로 삼은 신체 기관을 찾아 우리 몸 안을 돌아다닌다. 이러한 점에서 호르몬은 신경전달물질과는 다르다. 신경전달물질은 신경세포에서 목적지로 직접 전달되며 그 전달 과정에서 속도는 더 빠르지만 지속성은 더 짧다.

이처럼 다른 성격을 가진 두 화학적 매개체를 편지로 소식을 주고받는 두 사람에 비유해서 설명해보자. 호르몬은 편지 봉투에 우표를 붙여 우체통에 넣어서 편지를 부친다. 속도는 느리지만 수신인이 결국은 편지를 읽을 것이라 확신한다. 반면 신경전달물질은 행동 지향적이다. 상대의 주소를 알아내 집 문 앞까지 걸어가 우편

함으로 편지를 밀어 넣는다. 신경전달물질의 전달은 1/1000초 단위로 신속하고 직접적으로 일어난다. 반면 호르몬은 효과를 발휘하기까지 수초 혹은 심지어 몇 달이 걸릴 수도 있다. 하지만 그 효과는 훨씬 더 오래 지속된다.(옥시토신과 같은 일부 물질은 신체 어느 부위에서 작용하느냐에 따라 호르몬이 되기도 하고 신경전달물질이 되기도 한다. 문제가 더 복잡해지는 셈이다.)

호르몬은 우리의 행동과 감정에 영향을 준다. 여성의 경우 생식기간 전체에 걸쳐 신체를 조절하는 역할을 하며 월경전증후군 같은 불편한 변화도 야기한다. 폐경기에 흔히 일어나는 안면 홍조의 원인이 되기도 한다.

이보다는 눈에 덜 보이는 현상이지만 호르몬은 우리가 상대에게 어떤 맛으로 느껴지는지에 영향을 미칠 수 있다. 생리가 시작된 여성은 입안에서 특수한 세포가 떨어져 나가는데 그 결과 입안에서 번식하는 박테리아의 양이 평소보다 많아질 수 있다. 비슷하게 에스트로겐 역시 구강 내 황 화합물의 농도를 정상보다 더 증가시킬 수 있다. 이 두 경우 모두 여성의 입 냄새의 원인이 된다.

호르몬은 남성에게도 불편을 초래한다. 테스토스테론은 사춘기에 접어든 남성에게 온갖 종류의 당황스러운 상황을 연출할 수 있다. 목소리가 굵어지고 신체 특정 부위에서 체모가 증가한다. 그리고 나이가 들어서는 탈모의 원인이 된다. 또한 호르몬은 남성으로 하여금 공격적인 짐승 같은 모습, 심지어 난폭한 섹스 파트너 같은 행동을 보이도록 만들 수도 있다. 즉, 호르몬은 우리가 태어날 때부터 죽을 때까지 감당하기 쉽지 않은 급격한 변화를 일으킴으로써 우리의 삶을 고달프게 만든다.

하지만 호르몬은 우리가 건강과 웰빙을 유지하도록 도와주기도 한다. 호르몬 때문에 성가시고 불편할 때도 있지만 모유를 만들어내고 기분을 조절해주는 역할도 하기 때문이다. 호르몬은 우리 몸 안에서 일어나는 많고도 중요한 행동과 연관되어 있다. 말 그대로 우리의 행동을 유도하며 우리가 후세대의 번식에 나서도록 동기를 부여한다.

인간을 이런 동기 유발적인 물질의 노예로 치부할 수는 없다. 그러나 우리 몸 안의 화학반응과 의식 사이에서는 복잡한 상호작용이 일어난다. 호르몬과 신경전달물질은 감정을 '만들어내지는' 못한다. 그저 뇌에 명령을 내려 일련의 반응을 보이도록 할 뿐이다. 그 결과 우리는 예술 작품을 만들고 요리를 하고 더 나아가 특별한 키스의 로맨스를 경험하고자 하는 생각이 드는 것이다. 끊임없는 활동을 통해 우리에게 무의식적인 신호를 보내고 이 신호들은 우리가 어떻게 행동하고 어떤 감정을 느껴야 할지를 결정한다. 따라서 호르몬과 신경전달물질을 독립적인 물질이라 생각하기보다 우리 존재를 규정하는 근본적인 일부라 받아들여야 할 것이다.

누군가와 키스를 나누는 것은 우리 몸 안에서 일어나는 호르몬의 작용에 지대한 영향을 미친다. 호르몬의 영향이 어떤 패턴을 보이는지는 우리가 매우 어릴 적부터 형성된다. 예를 들어 엄마의 젖을 먹는 여자 아기의 몸 안에서 분비되는 호르몬은 아기가 자라서 나중에 성인이 된 후에 보이는 반응에 영향을 미친다. 아이는 어른으로 자라면서 키스, 포옹, 마사지, 접촉과 같은 경험을 할 때마다 긍정적인 감정을 경험할 것이다. 이는 유아기 시절 엄마의 젖을 먹을 때 연관되었던 바로 그 호르몬 덕분이다.

또한 호르몬은 이 책에서 반복해서 등장하는 키스와 관련된 남녀의 성차를 결정하는 부분적 요인이기도 하다. 이러한 차이점에 대해서는 앞서 일부 언급했는데, 그 밖에도 더 많은 사례를 찾아볼 수 있다. 사회조사에 따르면, 대다수 남성들은 입을 벌리고 타액을 질펀히 주고받는 키스를 선호한다. 반면 여성들은 침이나 혀를 덜 주고받는 키스를 선호하는 경향이 있다. 이러한 경향이 나타나는 이유는 말할 것도 없이 남성의 주요한 성 호르몬인 테스토스테론과 매우 깊은 관련이 있다.

남성은 선천적으로 여성보다 많은 양의 테스토스테론을 분비한다. 하지만 테스토스테론의 영향에 대한 민감도는 여성이 더 높다. 작지만 놀라운 힘을 지닌 테스토스테론 분자는 여성의 성욕을 증가시키고 음핵을 충혈하게 만들어 여성의 몸이 섹스를 할 수 있도록 준비시킨다. 따라서 입맞춤을 통해 남성에게서 여성으로 전달되는 여분의 테스토스테론은 남성이 섹스를 즐기고 자손을 번식하는 데 분명 큰 이점으로 작용할 것이다. 남성의 침에는 테스토스테론이 포함되어 있기 때문에 상대 여성의 입으로 혀를 들이미는 것은 합법적으로 천연의 각성제를 집어넣는 것과도 같다.

학자들은 몇 주에서 몇 달에 걸쳐 키스를 나누게 되면 여성이 점점 육체적 성관계에 끌리게 된다는 가설을 세웠다. 남자 파트너의 구애가 계속되면서 테스토스테론의 양이 점점 더해지고 이에 따라 그 영향력이 누적될 것이라는 주장이다. 이는 키스를 나눈 여성과 지속적으로 관계를 유지하고자 하는 남성의 행동을 충분히 설명해줄 수 있다. 또한 왜 남자가 키스를 섹스의 전 단계로 생각하는지 그리고 왜 혀를 주고받는 키스를 더 선호하는지도 설명해줄 수 있다. 여성은 입이 온통 침으로 젖는 키스를 남성만큼 좋아하지는 않지만 이를 통해 남자는 섹스로 발전해가기 위한 유리한 고지에 서게 되며 아마도 이는 인류의 역사를 통틀어 성공적인 전략으로 증명되어 왔을 것이다.

남성이 프렌치 키스를 선호하는 이유를 설명하는 또 다른 이론은 남성이 냄새와 맛에 덜 예민하다는, '저하된 화학적 감각 탐지 능력'을 갖고 있다는 사실과 관련이 있다. 이는 남성이 키스하는 동안 여성보다 훨씬 더 많은 양의 타액을 얻어야만 상대를 평가할 수 있다는 의미다. 혀를 더 적극적으로 움직여 키스함으로써 남성은 여성의 타액에 더 많이 노출될 수 있고 더 오래 키스함으로써 여성의 생식능력에 대한 숨겨진 단서를 얻어낼 수 있다. 그러나 학자들도 키스라는 행위를 통해 여성의 생식력에 대해 무의식적으로 알아낼 수 있는 정보의 양이 얼마나 되는지에 관해서는 확실히 알지 못한다. 따라서 위의 가설은 흥미롭기는 하지만 아직은 추측 단계에 불과하다.

프렌치 키스에 대한 남성의 선호도 문제가 나오면서 나는 다시 내 주변인들을 대상으로 조사를 해야겠다고 마음먹었다. 사회조사에서 도출된 결과가 내 주변인들에게도 적용되는지 알아보기 위한 기회를 놓칠 수 없었던 것이다. 그 결과 대부분 들어맞는 것으로 나타났다. 남자들은 혀를 주고받는 키스를 많이, 오래 나눔으로써 상대방이 섹스 파트너로 적당한지 알아낼 수 있다고 대답했다. 반대로 대부분의 여성들은 "혀를 너무 들이대는 것"이 흥분을 감소시킨다고 불평했다. 물론 다시 한번 말하지만, 내가 조사한 내 주변인들은 과학적으로 유효한 집단이라고 볼 수는 없다. 하지만 조사 결과, 남성과 여성이 선호하는 서로 다른 키스 방식이 수백만 년에 걸쳐 진화한 전략에 의해 영향을 받고 있다는 점은 다시 확인할 수 있었다.

호르몬과 키스의 복잡 미묘한 관계

물론 키스와 관련된 호르몬은 테스토스테론 이외도 더 많이 있다. 이 호르몬들의 역할을 정의하는 것이 항상 쉬운 일은 아니다. 라파예트 대학교의 신경과학자 웬디 힐과 캐리 윌슨은 이와 관련된 상당히 흥미로운 연구를 수행한 바 있다. 연구진들은 대학생 커플들이 통제된 환경에서 키스를 나누도록 하면서 이들의 몸 안에서 일어나는 변화에 대한 정보를 수집했다. 연구의 주목적은 옥시토신과 코르티솔 두 가지 주요 호르몬의 역할을 알아내는 것이었다. 연구에 대해 더 살펴보기 전에 일단 옥시토신과 코르티솔에 대해 좀 더 자세히 알아보자.

흔히 '러브 호르몬'이라 불리는 옥시토신은 남녀 사이의 연애와 떼려야 뗄 수 없는 관계를 맺고 있다. 이 호르몬으로 연구실이라는 갇힌 공간 안에서 실험하면 아주 강력한 효과를 발휘한다. 예를 들어, 옥시토신을 성 경험이 없는 암컷 쥐의 뇌에 투여하면 즉각 다른 쥐의 새끼를 자기의 새끼마냥 돌보려는 행동을 보인다. 너무나 자명한 이유로 이런 실험을 실제 여성을 대상으로 한 적은 없지만 옥시토신이 인간에게도 비슷한 작용을 할 것이라는 사실은 알 수 있다. 옥시토신은 부모와 자녀 사이를 돈독하게 만들고 갓 아기를 낳은 엄마들의 모유 수유를 촉진한다. 기분을 조절하고 천연 진통제로써의 역할도 한다.

그런데 우리의 목적에 부합하는 옥시토신의 가장 흥미로운 측면은 부모 자녀 사이에서뿐만 아니라 연인 간의 애착 감정을 발전시키는 데 매우 중요한 역할을 한다는 점이다. 학자들은 몇 십 년이 지나 도파민의 효과를 비롯해 서로에 대한 새로움이 사라진 후에도 부부가 행복한 결혼 생활을 유지할 수 있도록 애정에 불을 지피는 물질이 바로 옥시토신이라고 믿는다. 키스, 포옹, 따뜻한 애무로 단단하고 강력한 애착 관계를 유지할 수 있도록 하는 것은 옥시토신 덕분이다. 또한 옥시토신은 육체적 관계를 한층 더 발전시켜 나가는 데도 중요하다. 섹스를 나누는 동안 여성 몸 안의 옥시토신 수치는 정상보다 최고 5배 이상 급증하며 오르가슴을 경험하는 동안 여성이 골반 안에서 느낄 수 있는 갑작스러운 쾌락도 옥시토신 때문이다. 남성을 대상으로 한 연구에서도 섹스의 절정에 달했을 때 남성 몸 안의 옥시토신 수치가 3~5배 상승한다는 점이 밝혀졌다. 옥시토신은 우리가 어쩔 수 없는 자연의 힘이다.

게다가 옥시토신은 '키스로 화해하기' 전략의 뛰어난 효과를 설명하기도 한다. 왜 키스하느냐고 물었을 때, 남성은 보통 다툼을 해결하는 데 도움이 되기 때문이라고 대답한다. 대부분의 여성은 키스를 한다고 해서 자동적으로 일이 해결되는 것은 아니라고 응답하지만 진화심리학자들의 생각은 다르다. 키스가 실제 화해를 하는 데 실마리가 된다는 것이다. 연구를 통해 한 차례의 혹은 일련의 키스가 여성이 상대를 용서하도록 만드는 경향이 있다는 점이 드러났다. 정형화된 공식처럼 들리지만 사랑싸움의 교전 수칙에 관한 호르몬은 페어플레이를 하지 않는다.

반편 코르티솔은 '스트레스 호르몬'으로 알려져 있다. 코르티솔은 우리의 몸이 불안감이나 위협에 반응하는 데 핵심적인 역할을 한다. 코르티솔은 혈압과 혈당을 높이며 우리의 면역반응을 억제한다. 우리가 시험을 치루거나 공개 발표를 잘 마무리한 후 녹초가 되어버리는 것은 코르티솔 때문이다. 코르티솔이 지나치게 분비되면 나쁘지만 적당한 양의 코르티솔은 스트레스를 받고 난 후 우리의 몸이 안정을 회복하는 데 도움을 준다. 건강한 보통 사람들의 코르티솔 수치는 매일매일 오르고 내리기를 반복한다.

힐과 윌슨은 상대에게 키스를 하기 전과 후에 몸 안의 옥시토신과 코르티솔의 수치가 어떻게 변하는지, 반대로 이러한 변화가 연인들 사이의 유대 관계를 어떻게 발전시키는지를 연구했다. 연구를 시작하면서 두 연구자는 키스가 호르몬 변화를 통해 유대 관계를 향상시킬 것이라 가정하고 키스를 하면 옥시토신 수치가 증가하고 코르티솔 수치가 내려갈 것이라 예상했다.

힐과 윌슨이 이끄는 라파예트 대학교의 연구진은 평균 560일의 오랜 연애를 유지하고 있는 18세에서 22세 사이의 이성애자 연인 15쌍을 대상으로 연구를 수행했다. 실험을 진행한 장소는 가장 로맨틱하지 않다고 여길 만한 곳, 즉 대학 내의 학생보건센터였다. 실험을 시작하면서 각각 피험자는 혈액을 채취하고 컵에 침을 뱉어 실험을 시작하기 전 몸 안의 옥시토신과 코르티솔 수치를 측정했으며 이 수치가 '기준 정보'가 되었다. 그 다음, 커플들은 두 그룹으로 나뉘었다. 이들 중 절반은 입을 벌리고 키스를 나누도록 지시받았고, 나머지 절반은 손을 잡고 이야기만 나누도록 지시받았다. 내가 이 실험에서 가장 좋아하는 일화가 한 가지 있는데, 서로 키스를 하는 그룹으로 배정받은 한 여학생 참가자는 안도의 한숨을 내쉬며 힐에게 "하느님, 고맙습니다! 다른 그룹에 들어갔으면 남자 친구와 이야기할 거리를 생각하느라 고역이었을 텐데 정말 다행이에요!"라고 말했다고 한다.

실험군은 지시를 따라 서로 키스를 했고, 통제군은 16분 동안 이야기를 나누었다. 실험이 끝나고 모두 침과 혈액 샘플을 다시 한 번 채취했고 자신의 성격, 현재 스트레스 수준, 연애 관계의 친밀도에 대해 설문지를 작성했다. 또한 여성 참가자들은 생리 주기와 피임약 복용 여부에 관한 질문을 받았는데 이러한 정보가 결과에 영향을 미칠 수 있기 때문이었다. 예를 들어 피임약을 복용 중인 여성은 그렇지 않은 여성에 비해 옥시토신 기준 정보 수치가 더 높았다.

힐과 윌슨은 키스를 나누었든 손만 잡고 있었든 그 여부에 상관없이 실험군과 통제군 모두에서 스트레스 호르몬인 코르티솔이 감소했음을 발견했다. 따라서 애정 어린 행동은 스트레스를 감소시킴으로써 실제 건강에 유익한 도움을 주는 것으로 보였다. 게다가 긴장이 완화되었을 때 육체적 관계의 강도를 높이고자 하는 경향이 더 높게 나타난다.

그런데 신기하게도 옥시토신은 예상한 것처럼 반응하지 않았다. 여성에게서는 감소하고 남성에게서는 증가하는 경향을 보인 것이다. 연애 기간은 반응의 강도에 영향을 미치지 않았다. 과학자들은 남녀 모두에게서 옥시토신이 증가할 것이라 생각했기에 이 결과에 매우 곤혹스러워했다. 하지만 만약 모든 실험이 계획한 대로만 된다면, 이는 과학이라 할 수 없을 것이다.

그렇다면 과연 어떤 일이 일어난 것일까? 연구를 할 때에는 결과를 편향시킬 수 있는 연구의 가시적인 설계 구도 바깥에서 일어날 수 있는 요소를 항상 살펴봐야만 한다. 이 연구에서는 한 가지 커다란 내재적인 결함이 존재했다. 바로 실험 장소였다. 과학자들은 여성이 성적으로 흥분하거나 파트너와 성적인 유대감을 느끼기 위해서는 단순히 키스 이외에도 더 많은 것을 필요로 한다고 생각했다. 즉 무드를 형성해주는 기타 요소가 필요하다는 것이다. 소독약 냄새가 풍기는 전혀 로맨틱하지 않은 보건센터라는 실험 환경은 왜 여성 참가자들이 예상과 달리 정반대의 반응을 보였는지를 설명해준다.

라파예트 연구진들은 실험 환경을 바꾸어 다시 한번 실험하기로 결정했다. 재즈를 틀고 꽃으로 장식하고 전자 초까지 동원해 실험 장소를 꾸몄다. 실험 장소도 이전 실험을 진행했던 보건센터가 아니라 학교 건물 뒤편의 외진 방을 골라서 여기에 소파를 하나 들여놓고 실험을 진행했다.

두 번째 실험은 9쌍의 이성애자 커플과 3쌍의 레즈비언 커플을 대상으로 진행했다. 이번에 연구진들은 알파 아밀라아제alpha-amylase라 불리는 또 다른 호르몬도 실험 대상에 포함시켰다. 알파 아밀라아제는 스트레스를 측정할 수 있는 호르몬의 일종으로 교감 신경계와 연관되어 있다. 실험에 참가한 연인들의 평균 연애 기간은 564일이었다. 통제군의 연인들은 서로 육체적 접촉 없이 이야기만 나누었고, 실험군의 연인들은 정해진 시간 동안 키스를 했다.

그 결과는 훨씬 더 당황스러웠다. 코르티솔 수치는 모두 감소했지만 남성과 여성 참가자 모두 실험 시작 전보다 후에 옥시토신 수치가 더 낮게 나타났다. 예상했던 것과 정반대의 결과가 나온 것이다. 알파 아밀라아제 수치는 변동이 없었다. 흥미롭게도 이성애자 커플의 여성은 남성 참가자나 레즈비언 여성보다 파트너에 대한 친밀감을 더 크게 느끼게 된 것으로 밝혀졌으나 표본 크기가 워낙 작았기 때문에 그 어떤 결론도 내리기는 불가능했다.

위의 실험 결과는 첫 번째와 두 번째 연구 모두 우리의 예상을 깼다는 점에서 키스가 우리의 몸에 미치는 영향에 대해 흥미로운 질문을 던지고 있다. 라파예트 연구진들은 아직까지 후속 연구를 시행하지는 않았지만 나중에 더 큰 표본을 대상으로 같은 주제의 연구를 진행하는 데 관심을 보이고 있다. 그들은 현재 침 샘플을 이용한 옥시토신 분석 방법을 개선하는 작업을 진행하고 있으며 다음에는 대학교 기숙사 내에서 실험할 계획을 고려하고 있다. 그렇다면 실험 참가자들은 보다 자연스럽고 편안한 조건에서 키스를 할 수 있을 것이고 참가 커플들은 실험이 끝나고 침 샘플만을 제공하면 될 것이다.(이러한 요소는 참가자의 불안감을 줄일 수 있다.)

위 실험은 과학이 언제나 예측 가능하지만은 않으며 가끔은 연구자들을 놀라게 하는 결과를 도출할 수도 있다는 사실을 보여주는 고전적인 사례다. 또한 키스와 같은 감정적인 주제를 대상으로 연구하는 것이 얼마나 어려운지도 보여준다. 우리는 친밀감을 느낄 때 옥시토신 수치가 상승하며 키스가 연인들 간의 유대 관계를 더욱 돈독하게 해준다는 사실을 알고 있다. 따라서 왜 위의 연구는 다른 결과를 보였는지 참으로 모를 노릇이다. 나는 실험 방법이 더 개선된다면 섹스하면서 그런 것처럼 키스를 하면서도 남성과 여성의 옥시토신 수치가 증가한다는 결과를 도출할 수 있을 것이라 생각한다.

모든 과학적 연구는 새로운 질문을 제기한다. 힐과 윌슨의 연구도 예외가 아니다. 한 예로 키스를 하는 주변 환경은 호르몬 반응이라는 면에서 얼마나 중요한 역할을 할까? 실험 참가자들보다 훨씬 짧은 혹은 훨씬 오랜 연애를 한 커플들의 경우에도 비슷한 결과가 나올까? 만약 예상대로 키스를 함으로써 옥시토신이 증가했다면, 키스는 문제에 빠진 연인들의 사이를 개선하는 데도 도움이 될까? 아마 그럴 가능성이 꽤 높을 것이다.

하지만 서로의 침을 교환하는 키스에는 어두운 면도 역시 존재한다. 모든 키스가 우리에게 도움이 되는 것은 아니며 건강에 해가 되고 심지어 비위생적인 키스도 있다. 다음 장에서는 우리가 초등학교 시절 가장 무서워하던 것, 세균이라는 주제로 탐험을 해보자.

··· **테스토스테론이 여성에게 미치는 영향**

여성이 스테로이드 복용이나 성전환 수술을 통해 인위적으로 높은 수치의 테스토스테론에 노출되면 체모가 많아지고 목소리가 굵어지며 공격성이 증가할 수 있다. 또한 음핵이 2센티미터 정도 확장될 수 있다.

하지만 평균적인 이성애자 여성이라면 걱정할 필요 없다. 키스를 통해 전달되는 테스토스테론의 양은 이의 몇 십 분의 일밖에 되지 않는다.

CHAPTER 08 옥시토신 + 도파민 + α = 키스 155

CHAPTER 09
세상에서 가장 위험한 키스

내가 아는 간호사는 중환자실에서 일하면서 갖가지 종류의 이상하고 불쾌한 병은 죄다 봤다고 말했다. 내가 키스에 대한 책을 쓰고 있다고 이야기하자 이분이 던진 명언이 이렇다. "아마 우리가 키스하도록 조종하는 건 세균일 거에요." 침을 서로 주고받는 것만큼 세균을 퍼뜨리는 데 이상적인 방법이 또 있을까? 어쩌면 우리보다도 세균들이 우리가 키스하기를 바라고 있을지도 모른다.

 이 책에서는 자세히 다루고 있지 않지만 키스와 관련된 질환이 상당할 것이라는 사실은 어림짐작할 수 있다. 우리의 입은 생각보다 꽤 더러운 곳이다. 항균 비누 제조업체를 먹여 살리고 있는 일등 공신은 아주 작은 단세포 생물인 박테리아다. 그리고 이 박테리아가 서식하기에 안성맞춤인 장소 중 하나가 바로 인간의 입이다.

진화생물학자 아모츠 자하비와 아비삭 자하비 부부는 키스를 허락하는 그 자체만으로도 상대방과의 관계에 대한 헌신도가 매우 높다는 증거라고 주장하기도 했다. 상대의 병이 옮을 수도 있다는 위험을 감수하면서까지 상대와 포옹을 하고 접촉을 하고 싶다는 뜻이기 때문이다.

이번 장에서는 로맨틱한 키스와는 전혀 관련이 없는 부분, 즉 위생 및 질병과 관련된 면을 살펴보자. 세계적인 전염병과 조류독감의 공포가 팽배한 오늘날 이 문제는 우리가 꼭 짚고 넘어가야 할 부분이다. 그렇다고 내가 독자들에게 겁을 주려는 것은 아니다. 일반적으로 건강과 관련해서 키스를 한다고 걱정할 부분은 크게 없다. 대부분의 경우 아무리 프렌치 키스를 한다고 해도 키스를 함으로써 위험을 감수해야 할 가능성은 매우 낮다. 하지만 상대방이 세균 감염의 위험을 무릅쓸 만큼의 가치가 있는 사람인지 알아보는 것은 의미 있는 일이다.(물론 우리가 사랑하는 이들의 대다수는 그럴만한 가치가 있는 사람들일 것이다.)

키스의 숨은 침입자, 박테리아

보통 박테리아의 삶은 지루하기 짝이 없다. 주변으로부터 영양을 흡수해 2배의 크기로 자란 다음, 다시 2개의 개체로 분열한다. 시끌벅적한 생일 파티 같은 것은 있을 수도 없다. 그저 지구상에서 가장 오랫동안 존재한 생물로서 고도로 높은 성공률을 자랑하는 생존 전략을 되풀이할 뿐이다.

우리 몸 안에서는 수없이 많은 박테리아가 살고 있다. 그리고 사실 이들의 도움 없이는 우리도 살 수 없다. 우리의 몸은 약 1조 개의 세포로 이루어져 있는데 동시에 우리 몸 안에 혹은 겉에 10조 개에 달하는 박테리아가 존재한다. 한 사람의 몸에서 살고 있는 모든 생물체의 DNA 개수를 합산하면 우리에게는 3만 개의 인간 유전자와 300만 개의 박테리아 유전자가 있는 셈이다. 프린스턴 대학교의 분자생물학자 보니 배슬러가 지적했듯이 이는 우리 자신을 1퍼센트의 인간과 99퍼센트의 박테리아로 이루어져 있다고 말할 수도 있다는 뜻이다! 이 박테리아의 대부분은 영양을 흡수하고 음식을 소화시키고 비타민을 만들고 우리의 면역 체계를 지원하는 유익한 역할을 담당한다. 하지만 '나쁜' 박테리아가 자리를 잡게 되면 우리는 병에 걸린다.

키스는 이 조그만 박테리아들을 전파하기 위한 매우 효과적인 수단이다. 우리 입안의 침은 많은 중요한 기능을 담당하는데 뮤신이라 불리는 단백질로 혀의 미뢰를 뒤덮어 음식을 맛보고 키스 파트너를 맛볼 수 있도록 도와준다. 반면 침은 유익한 것과 해로운 종류를 모두 포함해 박테리아가 넘나들 수 있는 이상적인 통로를 제공하기도 한다. 1950년대 볼티모어 시티 칼리지의 오웬 헨들리 박사는 두 연인이 키스하면서 278개 군락의 박테리아를 주고받는다고 밝혔다. 물론 이 중에서 95퍼센트는 우리 몸에 아무런 해도 끼치지 않는다. 하지만 우리의 침에 밀리미터 당 1억 개의 박테리아가 살고 있다는 점을 생각해보면 이 수치를 듣고 놀라지 않을 수 없을 것이다. 덧붙여 설명하자면, 1밀리미터의 침은 라스베이거스 카지노의 크랩스 게임(craps, 주사위 2개로 하는 도박-옮긴이) 테이블에서 사용하는 주사위 하나 정도의 크기라고 생각하면 된다.

박테리아가 유발하는 위험 중에서 전 세계 사람들이 가장 보편적으로 겪고 있는 질환은 충치다. 특히 큰 병폐를 끼치는 것은 락토바실러스 아시도필루스Lactobacillus acidophilus라는 박테리아다. 이 박테리아는 식사 후에 식도로 넘어가지 못하고 우리의 치아 사이에 소량 남아 있는 전분과 당분을 먹고 산다. 이 박테리아는 발효 과정을 거치면서 젖산이라는 물질로 바뀌는데 젖산은 치아의 에나멜을 좀먹고 박테리아의 증식을 부추기면서 충치가 악화되는 악순환의 고리를 만든다.

충치에 대한 민감성은 개인마다 굉장히 큰 편차를 보이는데 이는 유난히 충치가 잘 생기는 사람이 있고 그렇지 않은 사람이 있기 때문이다. 만약 당신 파트너의 입에 살고 있는 박테리아의 수가 평균 이상이라면 당신은 그 결과로 충치가 더 많이 생길 위험을 안게 될지도 모른다. 그렇다고 해서 상대 입안에 충치의 개수가 얼마나 되느냐를 기준으로 파트너를 골라야 된다는 말은 아니다. 정기적으로 양치질을 하고 치실을 이용함으로써 파트너의 충치 상태와 관계없이 당신은 스스로 박테리아 감염을 잘 통제할 수 있다.

우리의 입 사이를 넘나드는 박테리아가 주는 위험 중에서 충치는 극히 일부일 뿐이다. 계속해서 구강 위생과 관련된 이야기를 할 텐데 다행히도 대부분의 경우 아무런 해도 끼치지 않는다. 하지만 충치보다 당신의 비위를 좀 더 상하게 할지도 모르는 주제를 다뤄 보자. 바로 혀에 낀 설태다.

아마 당신은 파트너의 혀에 무언가 색을 띤 것이 얇게 뒤덮여 있는 것을 본 적이 있을 것이다. 부드러운 풀로 뒤덮인 모양의 혀가 특히 노란색이나 갈색을 띠고 있었다면, 이를 보고 적잖이 당황했을 수도 있다. 이러한 설태는 다량의 항생제 때문에 우리 입안의 유익한 박테리아가 죽고 대신 해로운 박테리아가 그 자리를 차지했을 때 생긴다. 하지만 파트너의 입에서 설태를 발견했다 하더라도 일단은 무죄추정의 원칙을 지켜주는 것이 도리일지 모른다. 상대의 위생 관념에 대해 그 어떤 판단을 내리기 전에 일단 며칠 기다려보라. 물론 혀가 깨끗해 질 때까지는 입을 맞추는 키스는 피하는 것이 좋다. 항생제를 복용해야 할 만큼 오랜 질환을 앓고 있는 상대로부터 그 병을 옮고 싶지는 않을 테니까 말이다.

한편 우리의 키스를 악용해 전염될 수 있는 덜 알려진 박테리아들이 더 있다. 1982년 배리 마샬 박사와 로빈 워렌 박사는 위궤양의 주원인이 되는 헬리코박터 파일로리라는 박테리아를 발견했다. 이 박테리아는 위와 소장 위쪽의 보호막을 약화시켜 위산이 기관으로 침투하도록 만든다. 물론 위궤양에는 스트레스와 자극적인 음식을 포함해 다양한 원인이 있지만, 오늘날 우리가 발견한 사실은 우리 입안에 숨어 있는 아주 작은 미생물이 주범일 수 있다는 것이다. 학자들은 헬리코박터 박테리아가 어떻게 사람들 사이에 전파될 수 있는지 확실히 그 경로를 알지는 못한다. 그러나 침에 헬리코박터 파일로리가 존재한다는 사실이 밝혀지면서 많은 의사들은 키스가 그 원인일 수 있을 것이라 추측만 하고 있다.(다행히도 40세 미만의 사람들 중에서는 5명 중 1명꼴로 헬리코박터 파일로리 박테리아의 보균자지만 대부분 위궤양이 생기지는 않는다.)

지금까지는 비교적 무해한 경우를 살펴보았는데 이제 화제를 바꿔보자. 십 대 청소년들에게는 키스 파트너 숫자와 이들이 세균성 수막염에 걸릴 가능성 사이에 상관관계가 존재한다. 이는 매우 심각한 문제다. 세균성 수막염은 아주 무서운 질병이다. 세균성 수막염은 뇌와 척수를 둘러싼 막에 염증과 패혈증을 일으킬 수 있다. 증상으로는 고열, 구토, 극심한 두통, 관절통 및 근육통, 위경련, 설사, 수족냉증, 빛에 민감해지는 현상 등을 들 수 있다. 운이 없으면 죽음에 이를 수도 있다.

〈영국의학저널〉에 게재된 2006년도 연구는 수막염 진단을 받은 15세에서 19세 사이의 십 대 144명을 조사했다. 연구진은 여러 명의 파트너와 입을 벌리고 하는 키스를 하는 것이 수막염 감염의 위험이 증가하는 것과 관련이 있음을 밝혀냈다. 다만 수막염 감염률을 높이는 요소 중에는 키스와 직접적인 관련이 없는 것도 역시 많다는 사실을 명심하길 바란다. 게다가 나는 위 연구에서 언급된 통계 수치가 연구 대상이 된 십 대의 생활 방식에 지대한 영향을 받은 것이라 생각한다. 즉, 십 대라는 인구학적 특성상 평균보다 더 높은 수막염 감염의 리스크에 노출될 수 있다는 것이다. 예를 들어 이들은 학교와 같은 공공장소에서 화장실을 공동으로 사용해야 하고 기숙사에서는 많은 인원이 함께 생활한다. 이 같은 환경에서는 수막염에 노출될 기회가 더 높아질 수밖에 없을 것이다.

박테리아 문제가 가장 우려되는 것은 지금 당장이 아니라 앞으로 먼 미래에 박테리아가 어떤 증상을 일으킬 것이냐 하는 점이다. 불결 공포증을 앓고 있는 현대사회에서 박테리아는 점점 더 강력해지고 있다. 항균 비누, 세정제, 불필요한 항생제를 무차별적으로 남용하면서 인간은 자기도 모르는 사이 강력한 내성을 지닌 박테리아 변종을 만들어내고 있다. 이 변종들은 더 약한 박테리아가 사라져가는 혹독한 환경에서 살아남아 번식을 계속하고 있다. 온갖 의학 치료제에 점점 강한 내성을 보이고 그 어느 때보다도 치명적인 '슈퍼버그'를 만들어낸 것은 그 누구도 아닌 바로 우리 인간이다.

오늘날 많은 미생물학자들이 흑사병과 같은 전염병이 또다시 지구를 강타할지도 모른다고 경고하고 있다. 지금까지 개발한 가장 우수한 약물에도 내성을 갖게 된 박테리아가 나타나 세균 감염을 치료할 수 없게 되면 전 세계적인 전염병이 도래할 수 있다는 것이다. 특히 포도상 구균과 연쇄상 구균은 항생제에 점점 더 강한 내성을 보이고 있고 의료 전문가들은 이에 우려를 금치 못하고 있다. 연쇄상 구균은 유명한 손가락인형 제작자인 짐 헨슨을 53세의 젊은 나이에 사망에 이르도록 한 주범이기도 하다. 메티실린 내성 황색포도상구균MRSA, 옥사실린 내성 황색포도상구균ORSA, 반코마이신 내성 장알균VRE과 같은 항생제 내성을 가진 위험한 박테리아의 보균자들은 나날이 증가하고 있다. 이러한 박테리아들이 피부의 틈새를 뚫고 혈관으로 침입하면 매우 위험한 결과를 초래할 수 있다.

키스의 아찔한 부작용

한편으로 박테리아는 키스를 통해 전염되는 수많은 종류의 세균 중 하나에 불과할 뿐이다. 바이러스 역시 우리 몸 안으로 들어와 성장하고, 번식하고, 질병을 유발한다. 박테리아의 약 1/100 크기인 바이러스가 일으키는 문제는 실로 다양하다. 대다수는 우리 몸 안으로 침투해 개체 세포를 죽인다. 일부는 번식만 할 뿐 악성 질환을 일으키지 않지만 자궁경부암, 천연두, 에이즈, 소아마비와 같은 질환의 원인이 되는 바이러스도 있다.

키스와 관련된 바이러스 질환 중에는 아마 당신도 개인적으로 매우 익숙한 것이 하나 있을지 모르겠다. 지금 이 책을 읽고 있는 독자 중에도 이미 많은 이들이 이 바이러스를 몸 안에 지니고 있다. 일단 우리 몸 안으로 들어오면 우리는 평생 이 바이러스의 숙주가 된다. 바로 단순 헤르페스 바이러스 HSV-1다. 이 바이러스는 쉽게 전염되며 입 주변에 빨간색의 혹은 보라색의 포진이 생기는 증상을 나타낸다. 때로는 이러한 수포가 동시다발적으로 나타나기도 한다. 보통 물집이 생긴 후에는 딱지가 앉고 그 다음에는 사라진다. 미관상 보기 흉하지만 매우 소수의 경우를 제외하고는 그리 위험하지 않다.(또 다른 종류인 HSV-2는 마찬가지로 입 주변에 물집이 생기는 증상을 나타내며 성기단순포진과 더 많이 관련되어 있다. 또한 평생 우리 몸속에 남아 있다.)

HSV-1 바이러스가 흔히 로맨틱한 키스로 전염되는 것은 맞지만 이외에도 식기나 칫솔을 함께 쓰는 것으로도 옮을 수 있으며 친구나 친척 간의 사회적 키스를 통해서도 전염된다. 일단 감염되면 이 바이러스는 우리 몸 안에서 짐을 풀고 편히 지낼 준비를 마친 상태라고 보면 된다. 보균자의 대다수는 평생 증상을 보이지 않지만 일단 증상이 나타나면 화끈거리는 느낌이 들고 물집이 생기며 통증이 상당하다. 감기에 걸리거나 햇빛과 스트레스에 과다하게 노출되거나 입술에 상처가 나거나 단순히 치과 치료를 받는 것으로도 증상이 갑자기 나타날 수 있다.

사실 우리가 인생을 살면서 HSV-1 바이러스를 피하기란 거의 불가능하다. 우리가 십 대에 접어들면 HSV-1 바이러스 보균자는 전체 인구의 5퍼센트 가량을 차지하게 되며 50세가량이 되면 80~90퍼센트가 양성반응을 보이게 된다. 그러니 HSV-1 보균자라 해서 그 어떤 사회적 낙인을 찍을 필요는 없다. 하지만 이러한 통계 수치도 고등학교 시절 나와 친하게 지냈던 친구에게는 아무런 위로가 되지 않았다. 친구의 입술 주변에 자리 잡은 물집은 고등학교 내내 남학생들의 놀림감이 되었다. 이 아이들 역시 십중팔구 똑같은 바이러스를 갖고 있었을 텐데 말이다. 나는 친구에게 놀리는 아이들을 너무 신경 쓸 것 없다고 위로했다. 결국 진짜 '이상한' 사람들은 이처럼 대다수의 사람들이 갖고 있는 바이러스를 갖지 않은 사람들이기 때문이다.

또 다른 종류의 헤르페스 바이러스인 에프스타인-바 바이러스

EBV, Epstein-Barr virus는 단핵세포증가증 혹은 단핵증이라 알려진 '키스 질병'을 일으키는 주범이다. 이 역시 흔한 바이러스다. 미국 성인의 최고 95퍼센트가 이 바이러스에 감염되어 있으며 평생 간헐적으로 바이러스를 보균하고 퍼뜨리며 살아간다.

아동기에 나타나는 EBV 증상은 다른 여타 질환과 별반 다를 것이 없으며 곧 없어지곤 한다. 하지만 사춘기를 거치면서 이 바이러스는 전염성 단핵증을 유발하며 35~50퍼센트의 경우 열을 동반한다. 결과적으로 림프샘이 확장되고 인후염이 발생하고 때로는 간이나 비장이 부풀어 오르기도 한다. 온몸에 몸살기가 느껴지고 쉽게 피곤함을 느끼게 된다. 가끔 더 심각한 증상을 보이기도 하지만 EBV 바이러스가 치명적인 경우는 흔치 않다. EBV가 우리의 침에 섞여 있고 키스를 통해 퍼질 수 있는 것은 사실이지만 이밖에도 빨대, 베개, 음식, 스푼, 포크 같은 것을 남과 함께 사용하는 것과 같이 감염 경로는 다양하다.

키스와 관련해 당신이 걱정할 필요가 없는 바이러스의 하나가 바로 에이즈 바이러스이다. 잇몸에서 피가 나는 증상을 앓고 있는 사람들은 많지만 에이즈 바이러스가 이런 잇몸출혈로 전염되는 것 같지는 않다. 굳이 상대의 등을 떠밀어 치과에서 검사를 받아보라고 하지 않아도 안심하고 연인과 열정적인 키스를 나눠도 좋다는 뜻이다.

오늘날까지 혀를 접촉하지 않는 키스를 통해 에이즈에 감염되었다는 기록은 단 한 건도 없다. 반면 입을 벌리고 하는 키스와 관련해서는 미국질병통제예방센터CDC가 이를 에이즈 감염의 저위험군 행위로 분류하고 있다. 에이즈 환자인 파트너와 나눈 키스 때문에 에이즈에 감염되었다고 하는 여성의 사례는 단 한 차례만 보고되었다.(이 경우 사례와 관련된 자세한 정보가 명확하지 않으며 상대 남성이 단순히 키스만을 나눈 것이 아닌 '섹스 파트너'였다고 보고되어 있다.) 그렇지만 CDC는 에이즈 바이러스 보균자와 '오랜 시간 입을 벌리는 키스'를 하는 것에 대해 경고하고 있다.

이밖에 당신이 키스할 때 걱정할 필요가 없는 것으로 교정기가 있다. 미국에서 교정기와 키스의 이야기는 마치 도시 괴담처럼 전해져 내려온다. 오늘날 교정기는 예전보다 더 작아졌으며 미국치과교정학회에 따르면 교정기를 낀 상대와 키스하다가 교정기에 끼일 일은 거의 일어날 가능성이 없다. 교정기는 자석이 아니다!

재앙을 불러일으키는 위험한 키스들

가장 위험한 키스는 어떤 종류의 것이 있을까? 다행히도 대다수는 이런 키스에 대해 들어보지도 못했을 것이다. 굉장히 위험한 극단적인 행동을 포함하는 키스이기 때문이다. 하지만 참극을 불러올 수도 있는 이런 가장 이싱한 부류의 키스에 관해서 알아보는 것도 중요하다.

특히 최근 들어 십 대 사이에서 뱀파이어에 대한 관심이 급증하고 있는데 여기서 타인을 물어 피를 빨아먹는 행위에 대해 언급하고 지나가야 할 것 같다. 간단히 말해, 이런 행동은 하면 안 된다.

굳이 안전한 정도를 비교하자면 전통적인 키스를 통해 침을 주고받는 행위가, 위험할지 모르는 미생물을 당신이 사랑하는 사람의 혈관으로 직접 침투시키는 것보다 훨씬 더 낫다. 이는 애정을 표현하기 위한 방법 중 가장 최악의 선택이라 해도 과언이 아니다. 뱀파이어처럼 무는 행위는 당신이 사랑하는 사람의 생명을 위험에 빠뜨릴 수도 있다.

우리 입안에 있는 세균의 대부분은 아무런 해도 끼치지 않지만 피부 보호막을 뚫고 우리의 몸 안으로 들어오면 이야기는 달라진다. 사실 의사들은 뱀에 물리거나 뼈가 골절되는 경우보다 사람에게 물리는 것을 더 심각한 문제로 생각하며 사람에게 물린 상처를 입은 환자를 곧장 응급실로 보내는 경우도 많다. 그러니까 유치원에서 배운 것들을 잘 기억하고 그 어떤 이유로라도 사랑하는 사람을 물지 마라. 영화에서는 자극적으로 보일지 모르지만 실제 결과는 그렇지 않다. 그리고 의학적 치료가 필요한 상황이 될지도 모른다.

또한 치명적인 병을 앓고 있을지 모르는 야생동물의 입과 구강 접촉을 하는 것 역시 추천할 만한 행동이 아니다. 2009년도 여름 플로리다 주의 리 카운티에서 10세에서 12세 사이의 소년 3명이 카운티 위생국과 CDC의 조사 대상이 되었다. 그 이유는 공수병에 걸린 죽은 박쥐와 '키스'를 했다는 것이었다. 도대체 이 아이들이 어떤 생각으로 이런 엄청나게 위험한 행동을 한 것인지 알 수가 없다. 공수병은 치료제가 없다.

다행히도 보통 사람들이 이처럼 독특하고도 위험한 종류의 키스를 하게 될 가능성은 별로 없다. 그럼에도 불구하고 당신을 진짜 생사의 갈림길에 서게 할 수도 있는 키스가 딱 한 가지 있다.

생각해보자. 당신이 데이트에서 만난 사람은 그야말로 완벽한 이상형이고 이제 서사시와도 같은 로맨스가 시작될 순간이다. 모든 것이 완벽하게 준비되었고 키스를 할 차례가 왔다. 그런데 갑자기 당신 혹은 상대의 몸에 기대와 흥분이 아닌, 두드러기가 나는 것이다. 오스카 와일드는 "한 번의 키스가 한 사람의 인생을 망칠 수 있다."라고 말했다. 이 말을 땅콩버터나 완두콩 수프 알레르기를 염두에 두고 한 것인지 알 수는 없지만 이런 알레르기를 유발하는 항원은 한순간에 분위기를 엉망진창으로 만들어버릴 수 있고 극단적인 경우에는 치명적인 독이 될 수도 있다.

아마 대다수는 위와 같은 시나리오를 전혀 생각지도 못했을 것이다. 하지만 특정 음식에 민감하게 반응하는 알레르기는 가장 최악의 타이밍에 그 마수를 드러내기도 한다. 보통 알레르기의 원인으로 의심할 수 있는 음식은 조개류, 달걀, 우유를 들 수 있는데 특히 땅콩 알레르기는 사망으로 이어지는 주요 원인이다. 극단적인 예로 키스를 통해 상대의 입술에 묻어 있는 극미량의 알레르기 유발 물질에 접촉한 다음에 즉각적인 과민성 반응을 보일 수 있다. 그 증상은 순식간에 일어나고 경고도 없이 찾아오는데 호흡이 곤란해지고, 얼굴이 붓고, 두드러기가 나고, 위험한 수준까지 혈압이 떨어지고, 쇼크 상태에 빠지고, 의식을 잃고, 심지어 때로는 죽음에 이르기도 한다.

최근 〈뉴잉글랜드 저널 오브 메디슨〉에 게재된 연구에 따르면 견과류와 씨앗류에 알레르기를 가진 사람 중 5퍼센트 가량이 키스 때문에 부작용을 경험한 사례가 있다고 한다. 17명의 자원자가 사전 동의 절차를 걸쳐 키스 실험에 참가했으며 피험자들은 자신이 알레르기 증상을 나타내는 특정 음식을 막 섭취한 사람과 키스를 나누었다. 키스를 하고 나서 1분도 채 되지 않아 가려움과 붓기를 포함한 반응이 나타났다. 일부 피험자들은 호흡곤란을 경험했고 한 명은 응급실에서 에피네프린 주사를 맞아야만 했다. 이 결과는 키스가 보통 상황에서는 생명을 위협하는 행위가 아니지만 음식 알레르기를 앓고 있는 전체 인구의 일부에게는 실질적인 위협이 될 수도 있다는 점을 시사한다. 이러한 알레르기 반응은 상대가 알레르기 유발 물질 섭취 후 양치질을 했더라도 나타날 수 있다.

이쯤에서 공포에 질려 키스 따위 안 하고 말지라는 생각이 드는가? 사실 이런 생각을 하는 사람들이 더러 있다. 실제로 '키스 공포증philematophobia'이라는 용어가 있는데 누군가 입을 맞추는 키스를 하려 시도하면 완전히 공포에 질리게 되는 증상이다. 키스 공포증을 보이는 이들은 대부분 박테리아에 대한 불안감 때문이며 자신의 혀가 물려 뜯길 것에 대한 공포가 원인인 경우도 있다.

그러나 우리 중 대부분은 계속 키스를 하고 싶어 한다. 물론 발생할 수 있는 질환으로부터 우리 자신을 보호하면서 말이다. 어떤 상황이든 위에서 설명한 위험 요소들에 대해 알고 있다는 것 자체가 우리를 방어하기 위한 핵심 열쇠다. 청결을 유지함으로써 병균을 물리칠 수 있을 뿐만 아니라, 당신의 입술에 지긋이 닿았던 바이러스와 박테리아로 그득한 입이 다시 돌아와 더 열정적인 키스를 나누게 될 가능성 역시 높아지는 것이다.

그 아무리 매력적인 사람이라도 위생이 불결하다면 로맨스는 시작하기 힘들 것이다. 이는 특히 남성의 경우 더욱 그러하다. 앞서 여러 장에 걸쳐 설명했듯이 여성은 상대방을 평가할 때 미각과 후각에 크게 의존하며 치아 상태에 특히 신경을 쓴다.

이번 장에서는 키스의 여러 측면 중에서 비위에 거슬리고 위생적이지 못한, 그리고 알레르기와 관련된 부분을 살펴보았다. 결론은 키스로 인해 우리가 일부 심각한 질환에 노출될 수도 있다는 것이다. 그러나 주변 맥락을 고려하지 않은 키스의 '위험성'에 대한 주장은 아무런 의미가 없다. 그리고 키스에 관한 한 그 위험도는 다른 성적인 행위 및 기타 행위와 비교했을 때 상대적으로 미미하다. 실제로 키스보다 악수를 통해 전염되는 위험한 병균의 수가 훨씬 더 많다.

게다가 키스에 대한 우려뿐만 아니라 키스가 가져오는 주목할 만한 이득에 대해서도 함께 생각해봐야 한다. 예를 들어 황홀한 키스는 타액 분비를 촉진시킴으로써 입안을 청소하고 치태를 분해한다. 결과적으로 치아 건강에 도움을 주는 것이다.

우리의 기분을 좋게 만드는 것 이외에도 키스를 하면서 느끼는 자연적인 각성 현상은 우리의 수명을 연장시킨다. 1980년대 독일에서 10년간 진행된 심리 연구에 따르면 출근하기 전에 아내에게 키스를 하는 남성은 평균적으로 5년을 더 오래 사는 것으로 나타났다. 볼에 가벼운 키스를 하는 작별 인사 없이 출근하는 동년배 집단에 비해 20~30퍼센트 더 장수하는 것이다. 이밖에도 위 연구진은 아침 출근 전에 아내에게 키스하지 않는 남성의 경우 자동차 사고의 가능성이 50퍼센트 상승한다고 보고했다. 심리학자들은 이러한 차이점이 나타나는 것이 키스 그 자체 때문이라고 믿지는 않는다. 그보다는 키스를 함으로써 보다 활기차고 긍정적인 태도로 하루를 시작할 수 있으며 이것이 더 건강한 생활 방식으로 이어진다는 것이다. 키스는 강력한 사회적 유대감을 촉진시키는 것으로 증명되었으며 이는 우리의 육체적, 정신적 건강과 웰빙에 기여한다.

따라서 키스는 일부 위험을 동반하기는 하나 동시에 잠재적인 보상을 준다. 그리고 의학 전문가들이 그 어떤 사실을 발견하든 상관없이 나는 인간이 앞으로 아주 오랜 기간 동안 계속 키스를 할 것이라는 생각이 든다.

··· **블라니 스톤** Blarney Stone

2009년 여행 관련 웹 사이트인 트립어드바이저닷컴은 아일랜드 코크에 있는 블라니 스톤을 세계에서 가장 '불결한' 관광지로 명명했다.

왜 더러운 것일까? 블라니 성에 소재한 블라니 스톤에 키스하면 달변가가 될 수 있다고 하는데, 매일 이 돌에 키스하는 관광객의 수는 1000명이 넘는다. 블라니 스톤에 키스를 하려면 옆의 철 기둥을 붙잡은 채 말 그대로 몸을 뒤로 구부려야 한다. 그럼에도 불구하고 매년 최고 40만 명의 사람들이 블라니 스톤에 입을 맞춘다. 그러니 분명 블라니 스톤은 수없이 많은 세균들로 득실댈 것이다. 하지만 트립어드바이저닷컴은 블라니 스톤이 진정 지구상에서 가장 세균이 많은 관광지라는 주장을 뒷받침하는 과학적인 증거는 없다고 인정했다.

PART 03
키스의 진화,
다시 기원을 찾아서

―

키스는 지혜라기보다 운명이다.
e. e. 커밍스

CHAPTER 10
키스하는 뇌를 분석하다

이 책을 쓰기 위해 이것저것 조사를 하던 어느 날 저녁, 내 앞에 산더미처럼 쌓인 키스에 관한 과학 기사들을 보고 있던 중에 문득 이런 생각이 들었다. 키스라는 주제에 관해 내가 이미 상당한 자료를 모았다는 점을 고려해보면 기존의 지식을 조금 더 활용해서 무언가 새로운 발견을 할 수 있지 않을까? 키스에 관한 과학 문헌들을 철저하게 조사한 뒤라 나는 이미 기존에 어떤 종류의 연구가 이루어졌는지 잘 알고 있었다. 앞에서 다룬 내용들이 여기에 포함된다. 그런데 다른 과학 분야와 비교해봤을 때 키스와 관련한 자료는 그리 많지 않았다. 당신은 인간에게서 거의 보편적으로 볼 수 있는 행동이기 때문에 키스에 대한 과학계의 관심이 꽤 크겠거니 생각하겠지만 사실은 그렇지 않다. 다만 오늘날까지 과학이 수많은 흥미롭고 검증 가능한 가능성을 제기한 것은 확실하다.

예를 들어 8장에서 살펴본 것처럼 남자와 여자가 키스에 대해 서로 다른 호르몬 반응을 보인다면 이러한 변화는 키스를 하는 도중 우리의 뇌에서 일어나는 현상과 밀접한 연관이 있을 것이다. 결국 호르몬의 분비를 통제하는 것은 뇌이기 때문이다. 그렇다면 최첨단 뇌 영상 기술을 이용해 키스에 대한 반응을 볼 수 있을까? 남녀 간의 차이를 시각적으로 볼 수도 있을까?

뇌 스캔으로 알아본 키스

내가 조사한 바로는 뇌자도처럼 뇌를 스캔할 수 있는 기계를 이용해 키스를 연구한 사람은 아직까지 없었다. 뇌자도를 통해 수집할 수 있는 정보는 설문 조사 혹은 혈액이나 타액을 이용한 검사에서 나오는 정보와는 그 성격이 매우 다르다. 어떻게 하면 뇌자도와 같은 기계를 이용할 수 있을까? 생각 끝에 나는 신경과학 분야에 몸담고 있는 데이비드 포펠 박사에게 전화를 걸었다. 그리고 지금 포펠 박사가 뉴욕 대학교에서 진행하고 있는 연구를 제쳐 놓고 키스와 뇌에 대한 새로운 조사에 착수할 수 있을지 조심스레 의중을 떠보았다. 나도 그렇지만 포펠 박사도 제정신이 아니었음이 분명했다. 나의 제안을 선뜻 수락한 것이다!

포펠 박사는 인지신경과학자로 우리의 뇌가 청각과 언어 구사에 어떻게 연관되어 있는지 뇌가 어떤 방식으로 정보를 저장하고 인식하는지에 관한 연구를 하고 있다. 또한 뇌와 컴퓨터 사이의 인터페이스를 연구하는데 이를테면 우리의 생각을 컴퓨터 데이터처럼 다운로드하고 이동시키고 심지어 이메일처럼 보낼 수 있을지를 연구하는 것이다. 당신은 마음을 읽는 것이 공상 과학에서나 나올 법한 허구라고 생각하겠지만 포펠 박사는 이를 현실로 만들기 위해 노력하고 있다.(하지만 걱정할 필요는 없다. 포펠 박사는 기술이 발달한다 해도 타인의 마음을 조종하는 마인드 컨트롤 같은 것은 매우 먼 미래가 되어야만 가능할 것이라고 나를 안심시켰다.)

포펠 박사는 과학자로서 훌륭한 자질을 갖추었을 뿐 아니라 성격 또한 쾌활했다. 그는 유머가 넘쳤으며 가족을 끔찍이도 사랑했다. 재직하고 있는 뉴욕 대학교에서는 우수한 대학원생들로 구성된 연구팀을 이끌고 있었다. 그리고 놀랍고 강력한 성능을 발휘하는 뇌 스캔 기계를 사용할 수 있는 사람이기도 했다.

내가 처음 포펠 박사에게 연락을 했을 때, 그가 자신이 뛰어들려고 하는 연구가 과연 어느 방향으로 나아가게 될지 알고 있었는지는 나도 잘 모르겠다. 어쨌든 포펠 박사는 내가 제시한 아이디어에 관심을 보였다. 2시간가량 대화를 나눈 끝에 나는 수백 마일 떨어진 뉴욕 시에 있는 포펠 박사의 연구소를 방문하기 위해 비행기 표를 끊었다. 그리고 연구를 진행하기 위한 구체적인 방법론을 구상하기 시작했다. 우리는 이전까지 한번도 시도되지 않았던, 키스가 뇌에 미치는 영향에 대한 인지신경과학 연구를 시작한 것이다.

뇌자도는 우리 뇌의 작용을 독특한 방식으로 볼 수 있도록 도와준다. 과학자들은 이를 '뇌 영상' 기술이라 부르는데 사실 뇌자도는 뇌 안의 전기 임펄스(impulse, 자극)가 만들어내는 자기장을 측정하는 것이다. 임펄스는 본능적인 근육의 움직임부터 다양한 신경전달물질의 분비에 이르기까지 인간의 모든 사고와 행동의 기본이 된다. 뇌자도를 통하면 이 임펄스의 방향과 위치를 연구할 수 있으며 뇌의 활동을 실시간으로 측정할 수도 있다. 게다가 뇌자도는 비침습적인 기술이다. 이 말은 외과적 수술을 비롯해 피험자에게 위험할 수 있는 그 어떠한 조치 없이도 뇌의 활동을 나타내는 자기장의 움직임을 관찰할 수 있다는 뜻이다.

뇌자도 기계는 흔히 볼 수 없는 값비싼 기기로 대당 가격이 수백만 달러를 훌쩍 넘는다. 미국 전역에 있는 뇌자도 기계를 모두 합쳐도 10~15대에 지나지 않는다. 그런데 이토록 값비싼 기계를 실상 직접 보고 나면 초라하다는 느낌을 지울 수 없다. 뇌를 스캔하기 위해 뇌자도 내의 작은 자기 차폐실(magnetically shielded room, 자력이 외부로 누설되지 않도록 만든 공간-옮긴이)로 들어가면, 몸을 눕히는 테이블이 보이는데 이 테이블은 보통 병원에서 볼 수 있는 검사 테이블과 별반 다르지 않다. 한편 누워서 머리를 고정시키는 부분은 온갖 첨단 과학의 응집체라 하는데 그 모양이 꼭 변기통처럼 생겼다. 포펠 박사가 사용하는 뇌자도 기계의 벽면을 구성하고 있는 특별한 물질은 뮤Mμ라고 불리는데, 투자율magnetic permeability이 높은 금속 물질을 혼합해 만든 매우 값비싼 물질이다. 뇌자도 기계 내부가 굉장히 조용한 이유는 뮤가 외부로부터 자기를 차폐시키기 때문이다.

고도로 정교하면서도 동시에 매우 평범해 보이는 기계를 이용하기 위해서는 해결해야 할 실질적인 문제가 도사리고 있었다. 그 첫 번째 문제는 뇌자도의 '변기통' 안으로 두 사람이 동시에 머리를 집어넣기가 불가능하다는 점이었다. 설사 여기까지 성공한다 하더라도 두 피험자가 키스하는 동안 뇌를 스캔하는 작업은 거의 불가능했다. 키스를 나누는 두 사람이 꼼짝하지 않고 있을 수는 없기 때문이다. 게다가 실험 환경이 너무 기묘하다는 점을 생각했을 때 그 어떤 유용한 정보도 추출하기는 어려울 것 같았다. 좁디좁은 공간에서 몸에 이상한 전극을 붙이고 줄을 감은 채 키스한다면 틀림없이 제대로 된 키스가 될 리 없었다. 키스와 호르몬에 대한 힐과 윌슨의 연구에서 병원 냄새가 폴폴 풍기는 실험 환경이 어떤 영향을 미쳤는지 생각해보라. 뇌자도의 환경은 아마 이보다 몇 곱절은 더 큰 영향을 미칠 것이 분명했다.

그러나 대화를 계속 나눈 끝에 우리는 문제를 해결할 방법을 찾아냈다. 방법 중 하나는 각각의 피험자들에게 여러 커플들이 키스하는 모습을 보여주고 이로 인해 관찰할 수 있는 뇌의 반응이 일어나면 이를 측정하는 것이었다. 사실 이 방법은 뇌자도를 이용한 실험에서 이제까지 시도되지 않았던 새로운 실험 조건을 포함했다. 포펠 박사가 아는 한, 키스처럼 두 사람이 무언가를 함께 하는 모습에 대한 피험자의 반응을 알아본 뇌자도 연구는 없었다. 일반적으로 과거 뇌자도 연구에서 사용된 인간의 이미지는 하나의 얼굴을 보여주는 등 더 간단한 형태였다.

문제를 하나 해결했다고 생각한 순간, 또 다른 문제가 발생했다. 과학계에는 온갖 종류의 키스를 분류할 수 있는 공식적인 분류 체계가 여태까지 존재하지 않았던 것이다. 따라서 나는 실험을 진행하기 전에 키스에 대한 분류 체계부터 정리해야 했다. 키스의 종류에 따라 분명 뇌의 반응도 달라질 것이라고 확신했다. 하지만 우리가 보여주려는 키스가 정확히 어떤 종류의 키스인지 먼저 정해야만 그 반응도 측정할 수도 있었다.

생각에 생각을 거듭한 끝에, 나는 마침내 다음과 같은 3개의 키스 '범주'를 확정지을 수 있었다. 여기에는 고대 카마수트라와 로마 시대의 키스 분류법도 도움이 되었다.

에로틱한 키스: 열정적이거나 성적인 의도를 가진 키스
우정의 키스: 친구 사이의 키스
관계의 키스: 책임감을 내포하는 애정 어린 키스

물론 앞에서 살펴본 것처럼 이 세상에는 더 많은 종류의 키스가 존재한다. 하지만 키스를 3개로 구분하는 것만으로도 커다란 작업이었다. 우선 3개의 범주에 들어맞도록 이미지를 모아야 했고 이미지에 등장하는 사람들이 나이나 인종을 비롯해 피험자의 반응을 왜곡할 수 있는 특성에서 큰 차이를 보이지 않도록 해야 했다.

그러나 세 가지 구분으로 준비가 끝난 건 아니었다. 우리는 세 가지 범주의 키스를 추가적인 '조건'에 따라 더 세밀하게 나누었다.

당시에는 미처 예상하지 못했지만 이 결정은 최종적인 실험 결과에 큰 영향을 미치게 되었다. 위에서 정의한 '에로틱한', '우정의', '관계의' 키스에서 키스를 나누는 커플은 남성과 여성, 여성과 여성, 남성과 남성으로 분류되었다. 결과적으로 우리가 스캐닝하는 피험자의 뇌는 총 9개 종류의 키스에 반응을 보이게 될 텐데 이를 정리하면 아래의 표와 같다.

연구에 사용할 사진을 찾는 일은 말처럼 쉽지 않았다. 나는 일단 뻔한 방법인 인터넷을 뒤져 사진을 찾는 것으로 시작했다. 놀랄 일도 아니었지만 구글에 '키스하는 두 여자', '에로틱한 키스'와 같은 검색어를 치면 내가 의도했던 목적에 딱히 들어맞는다고 할 수 없는 온갖 종류의 결과가 쏟아져 나왔다. 게다가 나는 노스캐롤라이나에 있는 커피숍에서 검색 작업을 진행했는데 나를 이상한 눈

키스-뇌자도 연구의 '조건' 아홉 가지

에로틱한 키스 남자-여자	관계의 키스 남자-여자	우정의 키스 남자-여자
에로틱한 키스 여자-여자	관계의 키스 여자-여자	우정의 키스 여자-여자
에로틱한 키스 남자-남자	관계의 키스 남자-남자	우정의 키스 남자-남자

길로 쳐다보고 지나가는 이들을 꽤나 마주쳐야만 했다.

민망할 정도로 수많은 포르노 사진들을 샅샅이 뒤진 끝에 결국 키스 범주에 명확히 들어맞는 그럴듯한 이미지를 15개 찾아냈다. 나는 이 사진들을 키스하는 커플의 얼굴만 보이도록 잘랐다. 이들이 키스하는 자세나 몸의 위치가 피험자의 반응에 영향을 미치는 것을 막기 위해서였다. 그리고 피험자에게 실험 변수와 관련 없는 기타 요소들이 영향을 주는 것을 막기 위해 모든 사진을 컬러에서 흑백으로 바꾸었다. 이 책에서 연구에 사용된 모든 사진을 실을 수는 없지만 아래의 사진은 두 여성이 나누는 관계의 키스를 보여주는 좋은 사례라고 할 수 있다.

이미지를 모았다고 해서 준비가 모두 완전히 끝났다고 할 수는 없었다. 나는 수집한 사진이 각각 어떤 의미를 전달하며 어떤 키스

'여자-여자 사이의 헌신적인 관계'ⓒ아리엘 소토

의 범주에 속하는지 나뿐만 아니라 다른 사람들에게도 타당한 수준에서 공감대가 형성되기를 기대했다. 내가 '에로틱한' 키스라고 생각한 이미지가 다른 사람에게는 '관계의' 키스가 될 수도 있기 때문이었다.

다행히도 내가 글을 기고하는 〈디스커버〉지의 블로그에는 꽤 많은 사람들이 다녀가고 있었다. 그래서 나는 이 블로그를 이용하는 독자들을 대상으로 설문 조사를 개발했다. 2009년 6월 8일, 나는 15개의 사진을 블로그에 올리고 각각 알파벳 A부터 시작해서 O까지 이름을 붙였다. 그리고 독자들의 도움을 구했다. 하지만 블로그에 직접 사진에 대한 코멘트를 다는 것은 허용하지 않았다. 다른 독자들의 반응에 영향을 줄 수 있기 때문이었다. 그 외에도 조사에 참여하기를 원하는 독자들에게는 자신의 평가를 담아 개인적으로 이메일을 보내줄 것을 요청했다.

사실 처음에는 50개 정도의 이메일이 올 것이라 기대했다. 이 정도만 있어도 통계상 필요한 수치를 얻기에는 충분한 숫자였다. 그런데 이건 정말 장난이 아니었다. 설문 조사에 대한 반응은 뜨거웠고 수많은 블로그와 웹 사이트에는 내 설문 조사가 링크되었다. 나중에 내가 설문 조사와 관련해 받은 이메일이 무려 1000통에 달했다. 그리고 이건 시작에 불과했다.

몇 주에 걸쳐 이메일은 내 예상을 훨씬 뛰어넘어 엄청나게 쏟아져 들어왔다. 일부 독자들은 사진을 보고 "흥분했다."고 말하기도 했고 일부는 그야말로 역겹다는 반응을 보이기도 했다. 몇몇 독자들은 키스하는 이들 각각에 대해 순위를 매기는 것이 어떻겠냐고 제안했고 키스 테크닉에 대한 조언을 제공하는 이들도 있었다. 심지어는 나와는 다른 새로운 키스의 범주를 만들어낸 독자도 있었다.

한편 온라인에서는 내가 올린 사진을 놓고 에로틱과 헌신의 의미를 토론하는 난상 토론이 벌어졌다. 모두들 할 말이 너무 많았는데 그 기회만 기다리고 있었던 것 같았다. 나는 이렇게 많은 사람들이 관심을 가진다는 사실에 무척 고무되었다.

하루 동안 모든 설문 조사 응답을 스프레드시트에 정리하고 나서 나는 가장 보편적으로 해석이 일치하는 9장의 사진을 추려냈다. 마침내 준비가 끝난 것이다. 이제는 이 사진들을 뉴욕으로 가져가서 실제 피험자들에게 보여주기만 하면 되었다. 블로그 설문 조사를 통해 확인한 폭발적인 반응으로 나는 뇌자도를 통해서도 분명 무언가 새로운 사실을 발견할 수 있을 거라는 큰 희망을 품게 되었다.

2009년 7월 5일, 나는 포펠 박사의 연구진과 만나기 위해 뉴욕행 비행기에 몸을 실었다. 실험을 시작하기 전에 나는 뇌자도가 어떻게 작동하는지 알아보고 싶었다. 그래서 시험 가동에서 첫 번째 실험용 쥐가 되겠다고 자처했다.

나는 내가 입고 있는 옷이 뇌자도의 자기 신호에 걸림돌이 되지 않도록 하기 위해 실험용 복장으로 갈아입었다. 그리고 장신구, 머리핀, 심지어 브래지어까지 포함해 내 몸에서 모든 금속성 물질을 떼어냈다. 그 다음에는 연구실의 기술자인 크리스틴이 펜처럼 생긴 컴퓨터 도구를 이용해 내 머리를 디지털로 측정했다. 나는 옆에 있는 컴퓨터 스크린에 내 머리의 모양이 삼차원 이미지로 나타나는 것을 지켜보았다. 내 머리의 정확한 입체적 모습을 기록하고 나자 크리스틴은 내 이마에 전극을 테이프로 고정시켜 내가 스캐닝되는 동안 자세를 모니터링할 수 있도록 했다.

그 다음에 크리스틴과 포펠 박사는 뇌자도를 둘러싸고 있는 자기 차폐실로 나를 데리고 갔다. 이렇게 실험복으로 갈아입고 머리 주위를 온갖 전선들로 감고 나자 나는 마치 우주로 탐험을 떠나는 우주 비행사가 된 듯한 기분이 들었다. 하지만 내가 누울 곳은 비행선이 아닌 스캐너 안이었다. 나는 포펠 박사에게 내 머리를 둘러싸고 있는 변기통처럼 생긴 실린더에 대해 물었고 박사는 실린더 안에는 아주 차가운 액체인 헬륨이 순환하고 있다고 설명해주었다. 그 순간, 배트맨 만화 시리즈에 등장하는 미스터 프리즈가 떠올랐으나 이미 실험에서 발을 빼기에는 너무 늦은 순간이었다.

인터컴을 통해 포펠 박사의 조수 제프가 최대한 가만히 있어야 한다고 지시했다. 조그만 미동도 뇌에서 나오는 자기장이 기록되는 데 영향을 줄 수 있기 때문이었다. 오랜 준비 끝에 우리는 여행의 첫 걸음을 뗐다. 내 머리 바로 위에 위치한 스크린에는 다음과 같은 메시지가 떴다.

준비되셨습니까?
실험에 참가해주셔서 감사합니다.
이제 당신은 키스하는 사람들의 이미지를 보게 될 것입니다.

집중해주십시오. 이미지가 에로틱한 키스라고 생각되면 맨 왼쪽 버튼을, 헌신적인 관계의 키스라고 생각되면 중간 버튼을, 우정의 키스라고 생각되면 맨 오른쪽 버튼을 눌러주십시오.

시작하시려면 아무 버튼이나 누르십시오.

나는 버튼을 눌렀다. 그리고 내가 신중에 또 신중을 거듭해 고른 9개의 사진들이 눈앞에서 임의적인 순서로 획획 지나가는 것을 지켜보았다. 각각의 사진이 40번씩 등장했고 실험 횟수는 총 360회였다.

기계 안에서 나의 정체성은 사라지고 피험자 0041번이 되었다. 내가 이미 너무나 잘 알고 있는 이미지들이 스쳐 지나가는 동안, 내 머릿속에 떠오른 생각은 키스에 대한 책을 쓰는 과정이 이제부터는 내가 전혀 예상하지 못했던 방향으로 이전까지는 결코 경험하지 못한 세계로 나를 이끌고 있다는 것이었다.

나는 원래 해양과학을 전공했고 내가 주로 연구한 분야는 생태학과 진화생물학이었다. 신경과학은 내 전공과는 실질적으로 다른 분야였고 뇌 영상 촬영은 인간의 행동을 이해하기 위한 완전히 다르고도 새로운 방법이었다. 그동안 내가 몸담아온 과학의 세계에서 아주 멀리 떨어져 나온 느낌이었다. 그런 와중에도 동시에 새로운 영감을 받았고 수십 가지의 질문들이 떠올랐다. 내 마음속은 수많은 가능성들로 가득 차올랐다. 온갖 생각으로 상념에 빠지다 보니 혹여 데이터를 수집하는 과정에 방해가 되지는 않을까 하는 걱정까지 들었다.

 20분이 지난 후에 나는 컴퓨터실로 나왔고 모니터에 나타난 삐죽삐죽하고 구불거리는 선들이 무엇을 의미하는지 궁금했다. 내가 받아본 것은 일종의 내 머릿속 '지도'였는데 나한테는 마치 상형문자를 해독하는 것만큼이나 난해한 것이었다.

 이제 실험에 참가할 지원자들의 차례가 되었다. 이들은 나와 같은 실험을 반복하고 우리가 키스의 과학을 계속 연구해 나갈 수 있도록 도와주겠다고 말한 이들이었다. 그런데 포펠 박사의 연구진은 나에게 기능적 자기공명영상fMRI을 이용한 또 다른 뇌 스캐닝을 해도 괜찮겠느냐고 물었다. 뇌 영상을 찍기 위한 가장 최근에 개발된 기기 중 하나인 fMRI는 뇌자도와 달리 뇌와 척수의 혈액 움직임을 측정한다. fMRI 역시 피험자가 방사선 노출이나 상해의 위험에 처할 필요 없이 뇌의 활동을 관찰할 수 있도록 하는 기계다. 여기서 내가 어떻게 안 된다고 할 수 있겠는가?

 연구진은 나를 튜브처럼 생긴 기구에 들여보냈는데 그 안에서 30분 동안 최대한 가만히 누워 있었다. 갖가지 시끄러운 탕탕 두드리는 것 같은 소리가 들려왔다. 실험이 끝나고 나서 스크린을 통해 나의 뇌를 보는 것은 초현실적인 경험이었다. 포펠 박사의 조수인 토비아스가 나의 뇌를 여기저기 돌아다니며 특정 부분을 확대하거나 축소해서 보고 있었다. 마치 구글 어스를 통해 어느 곳의 지형을 보는 것 같았다. 내 삶 전체의 모든 경험, 매해 생일과 휴일, 모든 공적인 일들, 나의 첫 키스를 포함한 사적인 순간들이 이 복잡한 조직과 세포의 덩어리 안에서 일어나는 것이구나 하는 생각이 들었다. 이때만큼 나의 영혼을 가까이 들여다보고 있다는 생각이 든 적도 없었다. 하지만 토비아스의 가상 투어를 따라 화면 위로 보이는 모습은 매우 건조하기 짝이 없었다. 나는 나 스스로를 이처럼 가까이서 살펴볼 수 있는 기회를 누릴 수 있었던 것에 매우 감사한 마음이 들었다. 그러나 동시에 이건 나에 대한 완전한 이미지는 아니라는 느낌도 분명하게 들었다. 분명 나란 존재는 내 눈앞에 보이는 어둡고 밝은 선들이 함께 뒤엉킨 미로와 같은 모습 그 이상일 것이다.

마침내 다시 뇌자도 기계로 돌아왔다. 피험자들을 대상으로 한창 실험이 진행 중이었다. 각 피험자마다 내가 이전에 봤던 것과 똑같은 구불구불한 선들이 화면에 나타나는 것을 지켜보았다. 나는 왜 선들이 저마다 다른 모습을 나타낼까, 그리고 각 피험자에게서 어떤 키스 사진이 가장 강력한 반응을 불러일으킬까 무척 궁금했다.(화면만을 봐서는 그 차이를 알 수가 없었다.)

포펠 박사와 연구진은 3일 동안 피험자들을 대상으로 실험을 진행했고 나는 이를 지켜보며 실험 노트를 작성했다. 총 4명의 남성과 4명의 여성이 참여했는데 실험 출신 지역은 중국, 이스라엘, 독일, 미국, 캐나다 등 전 세계에 걸쳐 있었다. 내 입장에서 8명은 참으로 작은 표본이었다. 내가 주로 연구했던 해양생물학의 경우, 예를 들어 해삼을 연구한다고 하면 보통 수천 마리를 대상으로 했다. 하지만 인간의 신경과학에서 8명은 초기 단계의 뇌자도 연구에 있어 합리적인 수준의 표본이다. 이 작은 표본으로도 과학자들은 앞으로 더욱 광범위하고 체계적인 연구를 진행할 수 있을지 판단을 내릴 수 있다. 만약 여기서 충격적인 혹은 강력한 결과가 나온다면 연구는 계속될 것이다.

연구를 진행하면서 내 머릿속에 떠오른 첫 번째 질문은 남성과 여성이 다른 종류의 키스에 다르게 반응할 것인가 하는 것이었다. 고든 갤럽의 설문 조사와 웬디 힐의 혈액 검사에 따르면 남성과 여성은 매우 다른 방식으로 키스를 경험하는 것이 분명했다. 하지만 이것이 뇌의 영상이라는 측면에서는 어떤 의미를 지니는지 아직 연구된 바가 없었다.

또 다른 질문은 피험자에게 동성애자 커플과 이성애자 커플의 키스하는 모습을 각각 보여주었을 때, 특기할 만한 차이를 보이느냐 하는 것이었다. 성적 흥분과 관련된 질문도 떠올랐다. 남성은 여성에 비해 성적으로 훨씬 더 잘 반응하며 시각적으로 흥분을 일으키는 이미지에 훨씬 더 많은 관심을 보인다. 에로틱한 사진이라는 특정 자극이 남성과 여성 각각에게서 다른 반응을 야기할까?

이 질문들에 대한 대답을 즉각 얻을 수는 없었다. 포펠 박사와 대학원생 조수인 그레고리가 뇌자도에서 기록된 결과에 대해 통계 분석을 실시할 때까지 기다려야만 했다. 그러나 그 자리에서 내가 확실히 알 수 있었던 것은 피험자들이 진심으로 이 연구에 참여하는 것을 즐기고 있었다는 사실이었다. 한 피험자는 기계에서 나오며 "다시 들어가도 되요?"라고 말하기도 했다. 또한 피험자 모두 실험이 끝난 후 어떤 결과가 나올지 매우 알고 싶어 했다.

실험 마지막 날, 우리는 연구의 대미를 장식하는 의미로 연구진 모두와 함께 뉴욕 메츠 팀의 야구 경기를 보러 갔다. 7회 경기가 진행되는 동안, 관중석을 키스 타임 카메라가 훑고 지나가다 부동산 재벌 도널드 트럼프와 멜라니아 나우스 트럼프 앞에 멈춰 섰다. 트럼프 부부는 기꺼이 키스로 화답했고 관중은 경기장이 떠나가라 환호했다. 그날 밤 뉴욕 시에서 키스에 관심이 있는 사람들은 우리 연구진뿐만이 아니었다.

놀라운 결과들

이제 연구의 결과를 알아볼 때가 되었다. 단, 한 가지 결정적인 주의 사항이 있다. 더 자세히 알아보기 전에 이 연구가 무엇을 발견했는지, 그리고 더 중요한 것은 무엇을 발견하지 못했는지 명확하게 짚고 넘어가보자. 사실 앞으로 키스에 대한 연구가 진전된다면 이러한 연구 조건은 더욱 중요해질 것이다. 키스라는 주제 자체가 민감하고 성생활과 관련이 되어 있으며 대중과 미디어에 의해 잘못 해석될 가능성이 매우 높기 때문이다.

키스에 대한 연구에서는 피험자와 시각적 이미지에 등장하는 키스하는 커플의 성적 취향 문제가 도마 위에 오르기도 한다. 이는 우리의 뇌자도 연구에서도 마찬가지였다. 하지만 그렇다고 해서 우리의 연구가 동성애자와 이성애자 사이에 행동, 태도, 동기, 선호도와 관련한 차이점에 대해 그 어떤 구체적인 혹은 확정적인 무언가를 발견하거나 증명하거나 제안했다는 말은 아니다.

이성애자와 동성애자를 대상으로 한 연구는 비록 매우 초기 단계이기는 하나 분명 흥미로운 경향을 도출해냈다. 하지만 과학자들은 이러한 경향을 공개적으로 발표하는 데 우려를 표시했고 사실 그럴 만한 이유도 있었다. 연구 결과에 아무리 많은 주의 사항을 단서로 단다고 해도 공개적인 발표에는 위험이 따르기 때문이었다.

문제는 대중매체가 시청률이나 구독률을 높이기 위해 혹은 특정 목적에 부합하는 이야기를 지어내기 위해 과학적인 연구 결과를 '선정적'으로 들리도록 조작하는 경우가 너무 많다는 것이다. 과학자들이 언론에 발표할 때는 아무리 신중에 신중을 거듭해도 그 결과가 부풀려지거나 혹은 잘못 보도되는 경우가 흔했다. 즉 실제보다 더 과장되게, 더 확정적인 것으로, 혹은 그 뉘앙스가 축소되고 덜 확실한 것으로 오보되는 것이다. 어떤 경우에는 아직 초기 단계에 불과한 연구 결과가 중간에 왜곡되어 우스꽝스러운 연구가 되거나 심지어 완전한 거짓말로 둔갑하는 경우도 있다. 이런 사태가 발생하면 언론에 과학적 연구의 결과를 알리는 것은 더 이상 과학이 아니라 엔터테인먼트, 더 정직하게 말하면 돈이 되어 버린다.

게다가 이런 식의 '저널리즘'은 인간의 성생활에 대한 연구일 경우 특히 더 큰 피해를 입힐 수 있다. 성생활과 관련해서는 이미 많은 사람들이 나름대로의 뿌리 깊은 편견과 고정관념을 갖고 있기 때문이다. 자, 그러면 주의 사항에 대해 충분히 언급했으니 분명히 짚고 넘어가자. 우리의 신경과학 실험은 동성애자의 키스와 이성애자의 키스 사이에 근본적으로 다른 무언가가 존재한다는 사실을 보여주지 않았다. 대신 앞으로 탐구해야 할 새로운 질문들에 대한 새로운 장을 열었을 뿐이다.

이제 연구 결과를 살펴보자.

포펠 박사와 조수 그레고리는 데이터 결과물을 걸러내고 평균을 산출하는 MEG160이라는 컴퓨터 프로그램을 이용해 열심히 데이터 분석에 매진했다. 스캐닝을 시작하고 몇 주일이 지나고 나서 결과물을 함께 보자는 전화가 왔다. 나중에야 알았지만 연구의 결과는 예상했던 것보다 훨씬 더 흥미로웠다.

먼저 실험에 참여한 지원자들 사이에서 크게 두 가지의 예상치 못했던 경향을 발견했다. 첫째, 동성 커플의 키스 사진은 이성 커플의 사진보다 더 강력한 자기장 반응을 불러일으켰다. 즉 피험자들이 특정한 동성 간의 이미지를 보았을 때, 이성 간의 사진을 본 것보다 더 활발한 뇌 반응을 보였다는 뜻이다. 이는 사진 속의 커플이 모두 남성이었건 혹은 여성이었건 상관없이 커플이 나눈 키스가 '에로틱한', '우정의', '관계의' 키스였던 상관없이 동일하게 나타났다. 게다가 통계적으로 봤을 때 그 결과는 굉장히 유의미했으며 이는 우리가 관찰한 차이점을 설명해줄 수 있는 무언가 다른 요소가 존재한다는 의미였다.

하지만 동성 간의 키스가 친구 사이에서 일어나는 명백한 우정의 키스였음에도 왜 모든 피험자들이 이처럼 강력한 반응을 보인 것일까? 가장 그럴듯한 이유는 문화적 요인이다. 실험에 자원한 피험자들은 아마도 공공장소나 미디어에서 동성 간의 키스보다는 이성 간의 키스를 훨씬 더 자주 접했을 것이다. 따라서 실험에서 관찰된 위와 같은 차이점은 우리가 실제 삶에서 비슷한 경우를 얼마나 자주 보느냐 하는 빈도와 관련되어 있을 것이다.

신경과학에서는 이러한 현상을 가리키는 '빈발효과frequency effect'라는 용어가 있다. 무언가 더 자주 접할수록 우리 뇌에서 이에 대해 나타나는 반응은 더 작아진다는 의미다. 예를 들어 언어 인지에 대한 뇌자도 실험에서는 흔히 사용하는 단어보다 거의 사용하지 않는 단어가 훨씬 더 강력한 반응을 불러일으킨다는 사실이 입증되었다. 한 예로 '탁자'라는 말은 너무나 자주 듣는 단어이기 때문에 '아이벡스(ibex, 길게 굽은 뿔을 가진 산악 지방 염소—옮긴이)'와 같이 흔히 사용되지 않는 단어를 들을 때보다 훨씬 더 작은 자기장 반응을 보인다.

두 번째 결과는 이보다 훨씬 더 알쏭달쏭했다. 각각 이미지에 대해 뇌가 최초로 보이는 반응의 타이밍 역시 이성 간의 키스냐 동성 간의 키스냐에 따라 굉장히 달랐다. 남성 간의 키스와 여성 간의 키스 모두 피험자들 사이에서 뇌 반응이 훨씬 더 빨리 나타났다. 포펠 박사와 조수 그레고리는 이것이 흥미로운 결과이기는 하지만 해석하기는 매우 힘들며 이를 그 어떤 내재적인 편견이나 선입견의 증거라고 볼 수만도 없다고 말했다. 앞서와 마찬가지로 더 빠른 반응을 보인다는 것은 동성 간의 키스가 피험자들이 흔히 볼 수 있는 광경이 아니라는 점을 반영한다. 뇌자도 반응이 극도로 예민하다는 점을 고려했을 때, 반응에서 나타나는 차이는 빛의 밝기나 가장자리 배경과 같은 사진의 기타 요소들 때문일 수도 있었다. 따라서 결론적으로 우리는 흥미로운 패턴을 발견했으나 이러한 현상이 왜 일어나는지 이론을 세우기 위해서는 더 많은 연구가 필요했다.

뇌자도 실험을 하기 전에 나는 키스의 종류에 따라 피험자가 보이는 반응의 강도가 달라질 것이며 에로틱한 키스가 가장 강력한 반응을 불러일으킬 것이라 생각했다. 또한 시각적 자극에 더 민감한 남성 피험자가 여성보다 더 강력한 반응을 나타낼 것이라 생각했다. 내가 동성 간의 키스 사진을 실험에 포함시킨 것은 단순히 사진의 다양성을 위해서였지 동성 간의 키스와 이성 간의 키스 사이의 차이점을 알아보고 싶어서가 아니었다.

하지만 막상 결과를 보니 남성과 여성 피험자가 보이는 반응에는 아무런 차이가 없었고 사진 속의 키스가 에로틱한지 아닌지도 차이점을 만들어내지 않았다. 그보다는 동성 간의 키스냐 이성 간의 키스냐가 뇌 반응에서 특기할 만한 차이를 유발했다. 우리를 놀라게 하고 완전히 새로운 방향으로 이끌며 이 과정에서 무수히 많은 새로운 문제를 제기하는 과학 연구의 고전적인 사례가 된 것이다. 다시 말해 이번 연구는 '과학이란 이런 것이다'를 보여주는 극적인 사례였다.

인기 있는 텔레비전 드라마 속에서 과학의 이미지는 1시간 만에 혹은 몇 편 안에 미스터리에 대한 해답을 내놓을 수 있는 것처럼 보인다. 하지만 실제 과학은 전혀 그렇지 않다. 우리의 뇌자도 연구는 적어도 우리가 아는 한 이제까지 전혀 시도되지 않았던 방법으로 키스를 연구함으로써 새로운 영역을 개척했다. 추후 키스의 과학을 계속 연구할 만한 가치가 있는지 알아보기 위한 첫 번째 시도였다. 그리고 그에 대한 대답은 분명 그럴만한 가치가 있다는 것이었다. 키스의 과학은 이제 막 형성되어 가는 과정에 있으며 뇌자도 기계와 기타 여러 수단을 이용해 탐구해야 할 영역이 방대하다.

바로 이런 이유 때문에 과학자들은 매우 제한적인 피험자를 대상으로 인간의 성생활이나 행동을 연구한 예비 연구를 기반으로 성급한 결론을 내릴 수는 없다. 대신 그 결과를 단서로 활용해 다음 연구를 설계해야 했다.

다음은 무엇일까? 사진의 소소한 요소가 뇌의 반응에 영향을 준다는 사실을 알게 되었으니 앞으로의 연구에서는 배경, 명도, 대비, 사진 속 인물을 포함한 기타 특성들의 차이를 좀 더 세심하게 통제한 새로운 이미지를 활용해야 할 것이다. 이러한 방식으로 우리가 실험하고자 하는 특정 요소(예를 들어, 에로틱한 키스와 우정의 키스에 대한 반응의 차이 혹은 동성 간의 키스와 이성 간의 키스에 대한 반응의 차이)를 제외한 기타 조건을 최대한 동일하게 만들어 좀 더 표준화된 사진으로 실험할 수 있을 것이다. 그리고 연구자들이 추후의 통제된 실험을 통해 여전히 같은 경향을 발견한다면 우리는 키스의 현상에 대한 훨씬 더 근거 있는 아이디어를 얻어낼 수 있다.

이후 실험에서는 피험자를 선정하는 데도 좀 더 신중해야 할 것이다. 만약 이성 간의 키스와 동성 간의 키스에 대한 반응의 차이가 실제로 빈발효과 때문이라면 예를 들어, 동성애 포르노그래피와 같은 동성애의 이미지를 1주일에 몇 시간씩 접하는 사람들은 동성 간의 키스에 대해 이번 실험의 피험자들만큼의 강력한 반응을 보이지 않을 것이라 생각할 수 있다. 그렇다면 이는 주목할 만한 결과가 된다.

간단히 말해, 우리는 키스에 관한 실험을 함으로써 흥미로운 패턴을 관찰했고 이는 향후 더 많은 연구를 할 만한 가치가 있음을 강력히 시사한다. 언젠가 뇌자도 스캐너에 기록된 반응의 차이를 설명해줄 그럴듯한 신경학적 근거를 알아낼 수 있을지 모른다. 한편으로 우리는 이번 실험을 통해서 뇌와 키스의 연구에서 향후 풀어 나가야 할 흥미로운 과제를 어떻게 접근할 것인지 중요한 아이디어를 얻을 수 있었다.

따라서 키스의 과학은 계속된다. 사실은, 이제 막 시작되었다.

··· 키스와 뇌

우리 뇌의 신경 네트워크는 전 생애를 통해 세상을 경험하면서 그 물리적 구조가 계속 변해간다. 그리고 새롭게 형성된 신경 연결고리는 시간이 지나고 경험이 축적되면서 더욱 강화될 수 있다.
특히 새로운 상대와 키스를 할 때 냄새, 맛, 움직임, 손으로 쓰다듬는 정도, 심지어 소리까지 포함해 수많은 정보가 처리된다. 이 정보는 뇌로 하여금 감각 정보를 키스하는 상대와 연관시킴으로써 우리가 상대에 대해 생각하고 느끼는 방식을 해석하도록 돕는다. 따라서 우리는 키스를 하면서 우리 자신의 뇌 구조를 바꾸고 있는 것이다. 이러한 변화는 다른 활동의 경우와 마찬가지로 육안으로 볼 수 없는 미세한 수준에서 일어나지만 이러한 방식으로 키스가 말 그대로 우리 마음의 지도를 바꿔놓는다고 말할 수 있을 것이다.

CHAPTER 11
이제 시작될 새로운 키스 연구들

이전 장에서 설명한 신경과학 실험은 키스를 앞으로 과학적으로 연구해 나갈 수 있는 수많은 방법 중 하나에 불과하다. 키스에 관한 연구가 어떤 방향으로 진전할지 그 가능성은 방대하고 실로 무제한적이다. 과학 논문의 말미에는 항상 해당 분야의 미결 문제와 새로운 잠재적 방향에 대해 언급하는 것이 관례다. 따라서 이제까지 키스의 역사와 진화, 다양한 종에게서 나타나는 키스, 키스가 우리 몸에 미치는 영향에 대해 알아보았으니 지금부터는 그 미래를 점쳐보자. 나는 앞으로 시도해볼 만한 가치가 있는 키스에 관한 실험에 관해 이야기할 것이다. 이 실험은 다양한 학문을 아우르며 지금까지 진행된 연구에서 가장 흥미로웠던 분야를 한층 더 발전시켜나갈 것이라 기대한다.

첫째, 키스가 호르몬에 미치는 영향은?

2장에서 우리는 동물의 왕국을 둘러보며 인간과 가깝고도 먼 동물들에게서 볼 수 있는 키스와 유사한 행동을 살펴보았다. 인간과 가장 비슷한 키스를 하는 동물은 활발한 성생활로 널리 알려진 영장류 친척 보노보였다. 보노보는 분홍색 입술과 능숙한 혀 놀림을 이용해 다양한 종류의 애정 어린 사회적 행동을 표현한다. 인간에게서 호르몬과 키스의 관계를 연구하는 것은 어려운 것으로 증명되었기 때문에(분명 그 이유는 자연스럽지 못한 임상 실험 환경에서 오는 스트레스 때문일 것이다.) 보노보를 연구함으로써 우리가 해결하지 못한 문제를 풀 수 있는 새로운 단서를 찾을 수 있을지 모른다.

인류학자와 내분비학자들은 라파예트 대학교의 웬디 힐과 캐리 윌슨이 이미 다져 놓은 기초부터 시작해 협동 연구를 할 수 있을 것이다. 8장에서 살펴보았듯이 라파예트 대학교의 연구진은 침과 혈액 샘플을 이용해 키스를 하기 전과 후에 커플들 사이에서 나타나는 옥시토신과 코르티솔의 수치를 측정했다. 애초에 연구진은 키스가 스트레스를 줄이고 감정적 애착과 관련되어 있는 호르몬의 분비를 증가시킬 것이라 예상했다. 피험자의 불안감이 실험에 영향을 줄 가능성을 차단하려면 이와 비슷한 연구를 자연 상태의 보노보를 대상으로 진행하면 될 것이다. 결과적으로 과학자들은 보노보의 사회적 상호작용에서 키스가 어떤 역할을 하는지 보다 잘 이해할 수 있을 것이고 이를 확대시켜 우리 인간 자신의 키스에 대해 더 큰 통찰을 얻을 수 있을 것이다.

이러한 연구는 어떻게 진행할 수 있을까? 보호구역에서 살고 있는 보노보들은 이미 구역 내 환경에 익숙해진 상태이므로 이들을 대상으로 과학자들이 호르몬 샘플을 채취하면 된다. 이 보노보들은 분명 라파예트 대학교의 학생들처럼 불편함이나 불안함을 느끼지 않을 것이고 추출한 데이터의 신뢰도도 더 높을 것이다. 샘플을 얻기 위한 방법은 그리 어렵지 않다. 과거 몇 년 동안 보노보의 타액을 이용해 호르몬을 검사하는 방법이 이미 활용되어 왔다. 우선 사탕가루를 입힌 면봉을 보노보에게 준다. 보노보가 사탕을 다 빨아먹고 면봉을 버리면 이를 수거해 분석하는 것이다. 따라서 이론적으로 이러한 시험 절차와 간단한 혈액검사를 결합해 혀로 키스를 나누는 것이 관찰된 보노보의 키스하기 전과 후의 옥시토신과 코르티솔 수치를 측정하는 것이 가능하다. 만약 그 결과로 옥시토신 수치가 증가하고 코르티솔 수치가 감소하는 것이 관찰된다면 우리 인간과 매우 가까운 종인 보노보 사이에서 사회적 유대감을 발달시키고 유지하는 데 키스가 중요한 역할을 한다는 사실이 입증된다. 이는 인간과 보노보가 키스를 하는 이유가 비슷하다는 보다 강력한 증거가 될 것이다. 또한 키스의 진정한 본질은 우리가 오늘날 인정하는 것보다 훨씬 더 보편적인 성격을 지녔음을 암시할 수도 있다.

둘째, 특정한 상황에서 어떻게 키스할까?

키스하기 전에 고개를 기울이는 것은 단순한 행동처럼 보이지만 사실 사람들 사이에서 비언어적 커뮤니케이션에 대한 중요한 단서를 제공할 수 있다. 시카고 대학교의 심리학자 하워드 누스바움은 지원자를 모집해 연구실 환경에서 키스하는 실험을 하면 사회과학자들이 이와 같은 현상에 대해 더 잘 이해할 수 있을 것이라 제안한 바 있다. 이미 사귀고 있는 연인이 아닌 처음 만나 키스하는 사람들이 키스를 하면서 서로 얼굴을 부딪치는 비율이 더 높다면 과학자들은 경험이 중요한 요소라고 결론 내릴 것이다. 그러나 다른 종류의 인간 제스처에 대한 연구를 통해 인간이 즉각적으로 비언어적 단서를 잡아내는 데 굉장히 능숙하다는 사실이 증명되었다. 따라서 키스 상대와의 친숙함 정도는 특별히 중요한 요소가 아닐 수도 있다.

이밖에도 피험자들이 일련의 숫자를 기억하면서(이를 '인지적 부하'라 부른다.) 키스하도록 하는 실험을 할 수도 있을 것이다. 이를 통해 심리적으로 부하를 주는 과제를 수행하면서 키스를 하면 서로 얼굴을 부딪칠 확률이 높아지는지 알아볼 수 있다. 아무래도 집중력이 흐트러질 것이기 때문이다. 마지막으로 이미 사귀고 있는 커플 중 한 사람에게 평소에 하는 방식과 반대 방향으로 키스를 해보라고 지시할 수도 있다. 이를 통해 상대가 이러한 변화에 쉽게 적응하는지 알아볼 수 있다.

고개를 기울이는 것은 얼핏 형식적인 행동으로 볼 수도 있다. 하지만 우리가 타인으로부터의 간단한 사회적 단서를 해석하는 방식이 얼마나 중요한 의미를 갖고 있는지, 그리고 이러한 방식이 어떻게 우리의 행동에 정보를 제공하는지는 과학자들이 연구를 진행하는 데 유용한 역할을 할 것이다.

셋째, 키스할 때 나의 뇌는 어떻게 움직이는가?
두 사람이 뇌 스캐너 안에서 키스를 나누는 일은 아주 불가능하지는 않겠지만 쉽지는 않을 것이다. 비록 이렇게 하기는 힘들지만 우리는 뇌 영상 기술을 이용해 키스의 신경과학적 측면에 대해 더 많은 것을 알아낼 수 있다. 즉, 키스가 일어나는 맥락은 전체적인 키스의 경험에 영향을 미친다.

5장에서 살펴본 것처럼 우리는 키스를 하면서 서로 많은 정보를 주고받는다. 이를 통해 우리의 뇌와 신체는 어떤 행동을 해야 할지 결정한다. 또한 이러한 단서들은 우리가 느끼고 행동하는 방식을 조절하는 신경전달물질에도 영향을 미친다. 따라서 키스를 하는 환경을 구성하는 수없이 많고 다양한 요소들, 즉 전체적인 분위기와 키스를 나누는 두 사람의 관계 정도 같은 것이 키스의 결과에 핵심적인 역할을 한다. 가장 기본적인 수준에서 키스를 받는 사람은 키스가 누구로부터 오는 것인지 친구인지, 연인인지, 아니면 위험한 사람인지부터 해석해야 한다. 이러한 정보는 키스를 받는 사람이 어떤 반응을 보이느냐에 영향을 미친다. 물론 이 과정을 연구하기 위한 방법이 그리 쉽지만은 않다. 그러나 fMRI와 같은 기계를 이용하면 가능할지도 모른다.

통증 반응에 대한 연구는 사랑하는 사람이 가까이 있으면 통증의 정도가 줄어든다는 사실을 입증했다. 예를 들어 2006년에는 16명의 기혼 여성을 대상으로 한 fMRI 연구가 진행되었다. 실험 조건은 이러했다. 여성 피험자들에게는 발목에 전기 충격을 가할 것이라고 경고했다. 단, 각자에게 남편이나 모르는 남자 실험자의 손을 잡을 수 있고 아무의 손도 잡지 못하게 될 수도 있다고 조건을 달았다. 위협적인 상황에서 신체의 접촉이 뇌의 반응에 어떠한 영향을 미치는지 알아본 최초의 연구였다. 이 실험에서 가장 적은 고통을 느낀 피험자들은 가장 높은 부부 관계 만족도를 나타냈고 남편의 손을 잡고 있었던 기혼 여성들이었다. 다시 말해, 지금 내 주위에 누가 있는지를 알고 있는 것이 개인의 신체적 생리와 상호작용하면서 궁극적으로 개인이 상황을 어떻게 경험하는지를 결정한다는 것이다. 이는 왜 우리가 키스를 할 때 상대가 누구인지가 우리가 느끼는 감정에 그토록 강력한 영향을 미치는지 설명해준다.

마찬가지로 여기에도 기술적인 제약은 있다. 결국 fMRI 기계 안으로 두 사람의 머리가 들어갈 수는 없기 때문이다. 그렇지만 손에 키스를 하는 것이 유용한 대안이 될 수 있다. 누가 피험자의 손에 키스를 하느냐를 기준으로 키스에 대한 반응이 어떻게 달라지는지를 조사하면 되는 것이다. 3장에서 살펴본 것처럼 손에 키스를 하는 행동은 아주 오래전부터 그 기록이 남아 있다. 따라서 앞서 피험자의 손을 잡고 시행한 fMRI 연구를 모델로 삼은 방법론을 이용해 키스하는 사람이 누구인지가 키스의 경험에 어떻게 영향을 미칠지 연구할 수 있을 것이다. 기혼 여성을 대상으로 진행한 fMRI

연구와 마찬가지로 fMRI 기계 안에서 피험자는 자신의 손에 누가 키스를 하고 있는지, 배우자인지 아니면 낯선 사람인지 안내를 듣게 될 것이다. 그리고 피험자의 뇌 활동을 관찰함으로써 과학자들은 피험자와 키스하는 사람 사이의 관계에 따라 반응이 어떻게 달라지는지 관찰할 수 있다. 많은 피험자들을 대상으로 실시한 반복 실험에서 다른 반응이 나타난다면 이는 궁극적으로 키스가 '단순한 키스'가 아닌, 일어나는 환경의 맥락에 크게 의존하는 행동임을 입증할 것이다.

넷째, 나이가 들면 좋아하는 키스도 달라질까?
또 다른 흥미로운 연구 분야는 시간이 지나면서 두 연인의 키스에 대한 태도가 어떻게 변해 가는지를 알아보는 것이다. 두 사람 사이의 유대는 중대한 인생의 변화를 겪으면서 굉장히 다른 모습으로 변모할 수 있다. 어떤 연인은 오랜 시간이 지나도록 함께 성장하지만 반면 어떤 이들은 헤어지기도 한다. 애정과 관계를 맺고 있는 커플이 성숙하면서 키스가 어떤 역할을 하는지 알아낼 수 있다면 우리는 연인들에게 더 유용한 조언을 해줄 수 있을 것이다. 특히 성공적인 결혼 생활을 유지하고 인생의 각 단계마다 상대의 변화하는 신체적, 감정적 욕구를 이해하는 데 도움이 될 수 있다.

이러한 질문에 대한 답을 얻기 위해 과학자들은 오랜 시간에 걸쳐 같은 피험자를 대상으로 연구하는 이른바 추적 연구를 수행할 수 있을 것이다. 6장에서 살펴본 알바니의 사회조사에서 이용되었던 것과 매우 비슷한, 키스의 선호도에 관한 질문을 남성과 여성 피험자에게 던질 수 있다. 키스의 어떤 면에 이끌리는지, 키스하는 상대에게서 가장 신경 쓰이는 부분은 무엇인지, 헌신적인 연애 관계와 성관계에서 키스가 얼마나 중요한 역할을 한다고 생각하는지 등의 질문이 그것이다. 5년 간격으로 동일한 피험자에게 조사를 반복적으로 실시함으로써 시간의 흐름에 따라 키스에 대한 시각이 어떻게 변화하는지 그 흐름을 관찰할 수 있다. 인터뷰 조사는 대학생 나이의 피험자부터 시작할 수 있으며 계속해서 데이터를 수집하면서 나이가 들어감에 따라 남성과 여성에게서 나타나는 키스의 선호도에 대해 궁극적으로 이해할 수 있을 것이다.

키스와 밀접하게 연관된 다른 분야에서 진행된 추적 연구를 보면 키스에 대한 연구에서도 과학자들이 눈에 띠는 차이점을 발견할 가능성이 높다. 예를 들어, 중년의 나이에 이르기까지 가족 부양의 책임이 점점 높아지고 있는 상황에서 키스의 횟수와 강도에 대해 부여하는 가치는 점점 감소하게 될까? 80세에 이르면 조사 참가자들은 이십 대 시절 상대에게 키스를 하고 싶을 정도로 끌렸던 점이 무엇이었는지 회상하면서 즐거움의 미소를 지을 수 있을까?

이러한 조사 방법은 과학적으로 진행의 어려움이 예상되지만 조사 대상자들을 상대로 호르몬 데이터를 수집하는 것이 굉장히 큰 도움이 될 것이다. 인터뷰 내용뿐만 아니라 참가자가 어떠한 신체적 변화를 보이는지도 알아볼 수 있기 때문이다. 육체적 친밀도와 함께 남녀 관계 역시 바닷물처럼 밀려오고 쓸려 나가기를 반복한다. 어쩌면 키스의 선호도 변화가 테스토스테론과 에스트로겐 수치의 상승과 하락에 관련이 있다는 사실을 알아낼 수 있을지도 모른다. 혹은 폐경기 이후 여성의 태도가 눈에 띄는 변화를 보임을 관찰할 수 있을지도 모른다. 이러한 조사를 통해 나이를 먹는다는 것이 우리가 사랑하는 사람과 중요한 사회적 유대 관계를 형성해 나가는 데 어떠한 영향을 미치는지 통찰력 있는 정보를 얻을 수 있다. 또한 과학자들은 오랫동안 성공적으로 헌신적인 애정 관계를 유지하는 데 어떠한 요소가 작용하는지 더 많은 것을 배울 수 있을 것이다.

물론 이러한 데이터를 입수할 수 없는 것은 아니지만, 매우 오랜 시간이 소요된다는 것은 확실하다. 그리고 이러한 데이터로부터 무언가를 알아내기 위해서는 매우 헌신적인 연구진이 필요하다. 하지만 수십 년 동안 행복한 결혼 생활을 유지하는 커플과 이제 막 사귀기 시작한 젊은 커플을 비교해서 키스가 전자의 경우 더 높은 옥시토신 수치를 나타내는지를 알아보는 것은 매우 흥미로운 연구가 될 것이다. 이러한 연구를 활용해 키스, 스트레스, 애착에 대한 다양한 이론을 고려할 수 있다.

남녀 관계의 장기성을 고려했을 때 위와 같은 실험의 결과는 정말 중요하다. 우리 모두 결혼할 때는 주례 앞에서 평생 서로에게 헌신하겠다고 약속한다. 그러나 전 세계적으로 이혼 통계 수치를 보면 애석하게도 이 약속을 끝까지 지킬 수 있는 사람은 많지 않다. 만약 연구를 통해 키스의 횟수와 같은 요소를 이용해 측정한 육체적 친밀도가 관계에 대한 만족도의 증가와 연관되어 있다는 것이 증명되면 일종의 '키스 테라피'를 이용한 부부 관계 상담도 가능할지 모른다.

다섯째, 나의 DNA는 어떤 냄새를 더 선호할까?

후각은 키스와 관련한 연구가 앞으로 진척되어야 할 분야 중 하나다. 7장에서 강조한 것처럼 우리가 로맨틱한 관계를 시작할 것인지 아닌지를 결정하는 데 후각이 커다란 역할을 한다는 사실을 입증하는 증거는 이미 많이 존재한다. 심지어 후각은 상대의 유전자, 특히 MHC를 평가하기 위한 수단이 되기도 한다.

하지만 MHC는 방대한 인간 게놈의 일부일 뿐이다. 후각, 유전자, 적합성 사이의 관계는 이보다 훨씬 더 복잡하며 다른 많은 영역과 연관되어 있다. 앞으로 다양한 인간 유전자의 역할에 대해 유전학자들이 더 많은 것을 밝혀내면 냄새에 대한 선호도가 상대를 선택할 때 어떤 역할을 하는지, 과연 이러한 선택이 아이를 출산하는 과정까지 계속 중요한 역할을 하는지에 관해 보다 명확한 생리학적 근거를 발견할 수 있을 것이다.

여섯째, 문화에 따라 키스는 어떻게 다를까?

호르몬 실험 방법이 좀 더 발전하면 다양한 연령대와 배경의 피험자들을 대상으로 연구를 진행하고 그 결과가 단지 한 대학에서 연구한 한정된 표본만이 아닌 보다 많은 인구를 대상으로 적용될 수 있을지를 더욱 확실하게 알 수 있을 것이다.

6장에서 우리는 이성애자인 남성과 여성이 키스하는 스타일에 대해 각기 다른 선호도를 갖고 있다는 사실을 배웠다. 이는 호르몬과 문화적 기대치 모두와 관련이 있는 것 같은데 따라서 한 개인의 성적 취향이 키스에 대한 태도를 결정짓는 데 어떠한 역할을 하는지 보다 면밀히 관찰할 필요가 있다. 알바니의 대학교에서 수행했던 것과 비슷한 양식의 연구를 보다 큰 규모로 확대시켜 레즈비언, 게이, 이성애자, 양성애자, 트랜스젠더를 포함해 모든 집단의 구성원을 대상으로 사회조사를 실시하는 것을 고려해볼 수 있다.

또한 우리는 키스의 관습과 스타일이 세계 각지에 따라 매우 큰 차이를 나타냄을 살펴보았다. 따라서 같은 조사라 하더라도 지역에 따라 상이한 결과를 낳을 수 있다. 예를 들어 브라질, 인도, 중국의 남성들은 미국의 남성이 즐겨하는 프렌치 키스에 대해 똑같은 정도의 선호도를 보일까? 호주, 일본, 스페인 여성들 사이에서 상대 남성의 치아는 동일한 중요성을 가질까? 비록 생리학적으로는 비슷할지라도 문화가 결과에 영향을 미칠 것이라고 나는 강력히 믿고 있다. 하지만 이에 대해서는 아직 과학적으로 검증된 바가 없다.

키스의 연구가 앞으로 어떤 방향으로 나아갈지 그 누가 알까? 과학 분야의 진보 과정을 지도로 그린다면 그 모양은 마치 가지를 뻗은 나무처럼 보일 것이다. 어떤 가지는 연구가 장애물을 만나거나 과학계의 관심이 사그라지면서 부러지고 혹은 말라 죽어버린다. 반면 어떤 가지는 새로운 아이디어를 받아들이고 폭발적으로 성장하면서 예상치 못한 방향으로 계속해서 여기저기 뻗어 나간다.

과학 발전은 이렇게 진행되는 것이다. 나는 이번 장을 통해 키스의 연구에 남은 미결 과제를 집중 조명하고 이를 통해 다른 사람들이, 특히 신경과학 분야의 연구진들이 앞으로 파헤쳐 나갈 새로운 연구 분야에 대해 충분한 설명이 되었기를 바란다. 결국 현대의 과학자들이 키스를 완전히 무시한 것은 아니지만 그렇다고 해서 큰 주목을 받은 것도 아니다. 하지만 이제 우리는 변화의 출발점에 서 있다.

CHAPTER 12
키스의 미래를 그려보다

키스의 인기와 매력은 역사를 통틀어 상승과 하락을 반복했다. 보통 그 이유는 사회적 관습과 문화적 규범의 변화 때문이었다. 19세기 탐험가들이 키스라는 행위를 전 세계로 퍼뜨린 것처럼 텔레비전과 영화는 20세기 들어 더 많은 사람들을 키스에 노출시켰다. 오늘날 우리는 그 어느 때보다 빠른 속도로 이동하고 네트워크를 형성하고 있다. 신기술 덕분에 키스와 관련된 관습과 키스를 나눌 수 있는 기회는 지속적인 변화를 겪고 있다. 그럼 이제 21세기의 키스는 어떻게 변해갈지 미래를 한번 들여다보자.

온라인 데이트, 키스의 전초전이 되다
내가 이제까지 설명한 연구들은 애정 관계에서 키스의 중요성을 강조하고 있다. 따라서 점점 더 온라인화되어 가는 오늘날 사회에서 데이트의 풍속은 어떻게 변하고 있는지 살펴보는 것이 좋겠다. 많은 사람들이 데이트 상대를 찾는데 매치닷컴, 이하모니 같은 인터넷 사이트를 이용하고 있다. 이는 별로 놀랄 일도 아니다. 이들 온라인 데이트 웹 사이트는 빠르고 효율적이고 거의 무제한적인 데이트 후보 집단을 보유하고 있다.

온라인으로 데이트를 즐기는 사람들은 직접 만나 서로를 가까이서 보기 전에 웹 사이트에 올린 프로필을 통해 서로의 '성격'에 대한 정보를 얻는다. 겉으로 보기에 이는 어울리지 않는 상대를 가려내고 가능성 있는 데이트 후보 상대를 많이 확보할 수 있는 굉장히 좋은 방법처럼 보인다. 하지만 여기에는 확실한 단점이 있는데, 아마 당신이 여기까지 책을 읽었다면 무엇인지 단번에 알 수 있을 것이다. 인터넷이 놀라운 혁신인 것은 사실이지만 온라인으로는 스크린 저 건너편에 있는 상대의 맛과 냄새, 기타 비언어적인 단서를 얻어낼 방법이 없다. 자연적으로 중요한 의미를 지니는 이러한 신호는 우리가 인터넷에서 처음 커뮤니케이션을 시도할 때 사용하는 여러 가지 수단(컴퓨터의 디지털 언어를 이용한 '윙크', '찔러보기', '추파 던지기' 등이 포함된다.)에서 전혀 찾아볼 수 없다. 그 결과 우리는 우리가 최선의 선택을 할 수 있도록 도와주는 방향으로 진화한 본능의 도움 없이 결정을 내려야만 한다. 우리를 이끌어줄 시각적이고 촉각적인 그 어떤 종류의 단서도 없이 데이트 상대를 고르는 것이다. 따라서 온라인으로 데이트하는 것은 어떤 면에서는 눈을 가린 채

하늘을 나는 것과도 같다. 이 정도까지는 아니라도 핸디캡을 안은 채 나는 것이라 할 수 있다. 직접 상대를 만나는 것에 비해 매우 제한적인 정보만을 접할 수 있기 때문이다.

　게다가 우리가 누군가에게 관심을 가지도록 유도하는 전통적인 요소들이 인터넷에서는 그리 명확하게 드러나지 않는다. 인터넷에서는 상대의 피상적인 특성이나 의도적으로 쓰인 프로필에 훨씬 더 큰 관심을 두게 되기 때문이다. 온라인 데이트에 대한 연구에 따르면 사진이나 자기소개 프로필에 나타나는 개인의 특정 신체적 매력 요소가 얼마나 많은 구애의 이메일을 받는지에 가장 큰 영향력을 발휘한다고 한다. 예를 들어, 프로필에 자신의 키가 190~193센티미터 사이라 소개한 남성은 평균보다 더 많은 연락을 받았다고 한다. 한편 여성의 경우는 자신의 키를 160~172센티미터 사이로 소개한 경우 가장 많은 관심을 받았다. 한편 남성의 머리가 빨간색인 경우, 여성의 머리가 회색이거나 짧은 경우 평균을 밑도는 반응을 얻었다. 금발이나 길고 곧은 머리를 가진 여성의 경우 평균을 상회하는 인기를 누렸다.

　이는 자신의 외모에 대해 거짓말을 하고자 하는 충분한 동기를 제공한다. 그리고 실제로 많은 데이트 사이트 사용자들이 자신에게 관심을 보이는 잠재적인 데이트 파트너의 수를 늘리기 위해 거짓말을 한다. 남성은 실제 키에 몇 센티미터를 더 보태 말하고 여성은 실제에서 몇 킬로그램을 뺀 몸무게를 프로필에 올린다. 따라서 인터넷에서는 상대에 대한 행동적 및 기타 신호를 얻을 수 없을 뿐만 아니라 더 나아가 상대가 나와 적합한 파트너인지를 평가하기 위해 사용하는 정보 자체가 왜곡되는 경우도 더러 있다.

그렇다면 위와 같이 온라인 데이트에서 관찰되는 현상들이 연애 관계의 발전에 중대한 장애물로 작용할까? 아마 아닐 것이다. 온라인에서 일어나는 긍정적인 상호작용은 결과적으로 오프라인에서 만나는 실제 데이트로 이어지며 여기서는 더 신뢰할 수 있는 정보를 얻을 수 있고 사람들은 상대가 진짜로 어떤 사람인지 빠르게 간파할 수 있다. 뿐만 아니라 온라인에서 만날 수 있는 데이트 후보의 수는 오프라인에서보다 더 많기 때문에 의도하지 않게 나와 잘 어울릴 만한 상대를 일부 걸러내는 것은 그리 큰 문제가 되지 않는다. 마지막으로 온라인 데이트는 연애 등식의 균형을 맞출 수 있다는 장점도 있다. 예를 들어, 첫 키스를 하기 전 온라인을 통해 서로를 잘 알 수 있게 된다면 긍정적인 관계가 형성될 가능성이 높아질 수 있다. 온라인 만남을 통해 실제 오프라인에서 만났을 때 서로를 더 편안하게 느낄 수 있기 때문이다. 일단 두 연인이 유대 관계를 형성하기 시작하면 이와 관련된 신체의 호르몬 변화로 인해 육체적 접촉에 대해 더 긍정적으로 느끼게 될 가능성이 높아진다.

한편 온라인 데이트라는 새로운 흐름이 키스와 같이 적당한 상대를 찾기 위한 수단으로 수백만 년 동안 진화해온 인간의 구애 행동에 어떤 영향을 미칠지 질문을 던져봐야 할 것이다. 온라인을 통해 만난 상대에게 오랜 시간 공들여 투자를 했건만 정작 그 사람은 나에게 어울리지 않는 상대일 수도 있다. 따라서 실제 상대와의 궁합을 알아보기 위해서는 결국 직접 만나 입을 맞추는 짧은 순간이 이메일을 주고받은 몇 주의 시간보다 더 나을 수 있다. 하지만 애초에 오프라인에서 실제로 만나 키스를 할 정도로 가까워지기 위해서는 온라인으로 데이트하는 것이 그 가능성을 높이는 방법이 될 수 있다.

2055년 7월 22일, 로봇 에바와 연애하다

로맨스를 위한 새로운 기술의 장을 열고 있는 것은 데이트 웹 사이트뿐만이 아니다. 플랫폼이 발전하고 가상현실의 상호작용성이 개선되면서 게임 산업도 활기를 띠고 있다. 예를 들어 사용자들이 창조하는 온라인 최대의 3차원 커뮤니티인 세컨드 라이프를 보면 진지한 혹은 가벼운 관계로 만나는 아바타들이 키스를 나누는 모습을 흔하게 볼 수 있다. 실제 세상과 마찬가지로 키스는 가상 세계에서도 높은 인기를 누리고 있다.

2009년 닌텐도 DS는 러브 플러스라는 일본 컴퓨터 게임을 출시했다. 러브 플러스는 최초의 데이트 비디오 게임은 아니었지만 게이머들이 디지털 여자 친구에게 키스를 하도록 했기 때문에 출시 당시 전 세계적으로 반향을 불러일으켰다. 여기서 말하는 키스는 게이머가 실제로 입술을 갖다 대는 것이 아니라 스타일러스 펜으로 스크린 위를 톡톡 두드리면 되는 것이었다. 하지만 러브 플러스의 폭발적인 인기는 공학 기술이 발전하고 컴퓨터 그래픽이 점점 실제에 가까워지면서 애니메이션 캐릭터와 키스하는 행위를 포함하는 가상적 관계를 기꺼이 수용하려는 이들이 생기고 있다는 사실을 반증한다.

그렇다면 스크린 밖의 세계는 어떨까? 컴퓨터 공학자들은 키스의 진화 과정에서 다음에는 무엇이 등장할지 그 힌트를 알려주고 있다. 즉 서로 키스를 나누는 로봇 혹은 언젠가는 우리에게 키스하는 로봇의 출현이다.

2008년 전 세계가 지켜보는 가운데 대만에서 키스하는 로봇 '토마스'와 '쟈넷'이 신고식을 올렸다. 흡사 실제 인간처럼 보이는 이 로봇은 대만의 국립과학기술대학교가 '키스'를 하는 목적으로 설계한 것이다. 토마스와 쟈넷은 손과 눈의 복잡한 협응과 정밀한 균형 조절이 필요한 행위인 입맞춤을 나눈 최초의 로봇 커플로 등록되었다.

토마스와 쟈넷은 퍼포먼스를 목적으로 하는 로봇 배우라 할 수 있다. 그렇다면 이 신기술은 미래에 일어날 현상에 대해 어떤 함의를 갖고 있을까? 이 로봇들은 인간과의 상호작용을 위해 만들어진 것은 아니지만 인간 파트너의 대리로 기능할 수 있을 만큼 흡사한 외모와 행동을 보이는 컴퓨터가 등장할 가능성도 있다. 남자 로봇인 안드로이드와 여자 로봇인 지노이드 및 펨봇이 이미 〈밀레니엄 맨〉, 〈A.I.〉, 〈오스틴 파워〉와 같은 영화에 등장한 바 있다. 과학의 진보가 계속되면서 이들 로봇과 보다 현실적인 친밀한 육체적 상호작용이 가능해질 것이라는 기대도 높아지고 있다. 한편 우리를 자극하기 위해 프로그램된 키스 머신은 더 이상 공상 과학의 허구만이 아니다.

2010년 '록시Roxxxy'라는 이름을 가진 실제 인간 크기의 서비스

로봇이 AVN성인용품 엑스포에서 첫 데뷔전을 치렀다. 세계 최초의 로봇 여자 친구라는 광고 문구와 함께 등장한 록시는 170센티미터의 키에 54킬로그램의 몸무게였다. 록시의 컴퓨터에는 음성 합성과 음성 인식 소프트웨어가 내장되었고 제조업체의 웹 사이트는 아래와 같이 선전하고 있다.

> 록시는 당신의 이름 그리고 당신이 좋아하는 것과 싫어하는 것을 인지합니다. 함께 대화를 나눌 수 있고 당신에 대한 애정을 표현할 줄 알며 당신의 사랑스러운 동반자가 되어 줄 것입니다. 록시는 당신에게 말을 건네고 당신의 말을 경청하고 당신의 터치를 느낄 수 있습니다. 심지어 오르가슴도 느낄 수 있습니다.

정말 흥미로운 문구다. 하지만 록시가 키스도 할 줄 알까?

답이 궁금했던 나는 제조업체에 전화를 걸었다. 그 결과 록시는 입안에 센서가 달린 모터가 있기는 하지만 키스할 때 적극적인 역할을 할 수는 없다고 한다. 대신 록시의 입은 다른 구강용 목적에 즐거움을 제공할 수 있도록 설계되었다. 다른 몸 부위처럼 록시의 입은 실제 여성 모델을 본떠 만들어졌으며 사용자들에게 3개의 '삽입' 중 하나로 기능한다.

록시를 제작한 엔지니어들은 앞으로 가정에서 서비스 로봇을 흔히 볼 수 있게 될 것이라 말한다. 록시의 주요 구매자들이 아마 남자일 것이라는 점을 고려했을 때(앞서 살펴본 것처럼 남성은 일반적으로 키스에 그리 큰 의미를 부여하지 않는다.), 이들 대부분은 키스라는 행위에 아쉬움을 갖지는 않을 것이다. 그러나 제작사 트루컴패니언닷컴은 '로키Rocky'라는 이름의 남자 섹스 로봇을 출시하기 위한 준비를 하고 있다. 여성 구매자의 시장이 커지면서 좀 더 발전된 키스 성능에 대한 수요가 높아질까? 현재로서는 이러한 키스 기능을 개발하려는 계획은 없다고 했다. 하지만 제조업체 측에서는 앞으로 업데이트할 기능을 결정할 때 소비자들의 피드백을 신중히 고려한다고 말했다. 공학자들이 제아무리 완벽한 키스 로봇을 만들어낸다 하더라도 절대 프로그램할 수 없는 인간적 요소가 있다. 바로 실제의, 그리고 지속적인 사회적 유대감을 형성할 수 있는 능력이다.

매일 신기술이 등장하면서 우리가 세상과 상호작용하는 방식을 변화시키고 있다. 의사가 환자를 치료하는 방식이 변화하고 있고 우리는 좀 더 쉽게 소셜 네트워크에 접속할 수 있게 되었다. 앞으로 키스가 어떻게 변화해 나갈지 정확히 예측하는 것은 불가능하지만 우리는 이미 흥미로운 가능성을 보고 있다. 어쩌면 컴퓨터를 통해 사랑하는 이와 '키스'하는 것이 가능해질지 모른다. 혹은 가상 기술을 이용해 유명 연예인이나 우리의 이상형과 가상 키스를 체험해볼 수 있을지 모른다. 우주 비행선이나 스마트폰과 같은 발명품과 마찬가지로 향후 몇 십 년 동안 오늘날 우리가 상상할 수도 없는 새로운 키스의 기술이 등장할 것이다. 여기서 한 가지 확실한 사실은 우리가 오늘날 알고 있는 키스가 절대 퇴색하지 않을 것이라는 사실이다. 이는 키스가 중요한 인간관계를 촉진시켜주는 역할을 하기 때문이다. 그러나 각 개인마다 키스가 갖는 의미는 애정 관계와 마찬가지로 계속해서 변화할 것이다.

... 과거의 회상

온라인 데이트는 최근에 등장하기 시작했다. 하지만 키스가 등장하는 로맨스의 광고는 꽤 오래전부터 있었다. 19세기 신문에서는 연애편지, 청혼서, 그리고 급성장하는 도시에서 서로 연락이 끊긴 싱글들이 서로를 찾는 광고를 심심치 않게 볼 수 있었다. 럿거스 대학교의 역사학자 팸 엡스타인의 말에 따르면 이러한 종류의 광고는 그 당시 대단한 인기를 끌었으며 심지어 광고에 회신을 하기 위한 양식을 가르쳐주는 안내서도 있었다고 한다. 아래의 광고는 1870년 3월 20일 〈뉴욕 해럴드〉지 1면에 등장한 것이다.

> 오늘 금요일 아침 친구 분과 함께 창가에 서 있을 때 카드를 전해 받은 짙은 머리 색의 숙녀분, 부디 이 카드를 전해준 신사분에게 답장을 보내주실 수 있을까요? 신사분의 이름은 친구분이 알고 있습니다. 이 신사분은 이런 방법을 통해 답장을 부탁해야 하는 것에 대해 유감스럽게 생각하고 있습니다만, 이러한 상황에서 숙녀분이 너그러이 용서하고 (마음속으로) 숙녀분의 손에 키스할 수 있도록 허락해줄 것이라 믿고 있습니다.

짙은 머리 색의 여인이 회신을 했는지 혹은 직접 만나 남자의 키스를 받았는지에 관해서는 기록이 없다.

CHAPTER 13
도대체 왜 인간은 키스를 하는가?

클레오파트라에서 카사노바에 이르기까지 우리는 상대를 유혹하는 기술의 대가들을 알고 있다. 여기서 과학은 이들이 직관적으로 알고 있었던 비법을 이해하는 데 도움을 줄 수 있을까? 혹은 적어도 우리가 키스를 이용해 가장 오랜 인상을 남길 수 있도록 도와줄 수 있을까?

답을 말하자면 경우에 따라 다르다. 내분비학, 후각, 기타 주제에 관한 과학적 연구는 분명 첫 키스가 성공할 가능성을 높여줄 수 있다. 우리가 키스를 통해 상대에게 어떻게 영향을 미치는지 더 잘 이해할 수 있기 때문이다. 그렇게만 된다면 우리는 과학의 도움으로 유리한 고지에 설 수 있다. 하지만 이 방법을 어떻게 활용하느냐는 별개의 문제다. 그리고 단순히 지식을 알고 있다는 것만으로는 누군가의 마음을 얻고 영원히 기억될 사람으로 남기에 부족하다. 여기에는 매력과 상당한 우연이 작용한다.

우리는 애정, 숭배, 존경, 무엇보다 사랑을 표현하기 위해 키스한다. 새로운 시작을 축하하고 작별 인사를 하기 위해 키스한다. 상대에게 신경을 쓰기 때문에, 상대의 눈에 들고 싶기 때문에 키스한다. 이 모든 키스는 엄청난 양의 뇌 활동을 수반하며 우리의 몸 안에서 수많은 복잡한 변화가 일어난다. 나는 이번 마지막 장을 최신 과학에 근거해 어떻게 하면 키스를 더 잘할 수 있는지에 관해 매우 구체적인 팁을 제공하고자 한다. 하지만 우선 우리가 이제까지 살펴본 것들을 다시 한 번 되짚어보자.

키스가 수백만 년의 진화를 거치면서 우리를 이끌어왔다는 사실은 앞서 살펴보았다. 동물의 왕국을 둘러보면 보통 키스와 유사한 성격을 가진 신체적인 애정 표현이 개체들을 강력한 관계로 묶는 데 얼마나 대단한 힘을 발휘하는지 알 수 있다. 인간은 포유류 친척들과 많은 면에서 다르지만 위와 같은 점에서는 결국 별반 다를 바 없다. 우리 역시 서로 공유하고 유대감을 형성하고 소통하고자 하는 욕구를 갖고 있으며 이는 단순한 언어의 사용을 넘어서는 차원에서 일어난다. 그리고 키스는 이러한 욕구를 달성하는 데 굉장히 성공적인 수단으로 사용되었다.

오늘날에는 비록 그 형태가 세계 각지에 걸쳐 매우 다양하지만 키스하는 사람들을 그 어디에서나 볼 수 있다. 키스는 '본성'과 '양육'이 함께 작용해 단일의 복잡하고도 가변적인 행동으로 이어진 완벽한 사례다. 키스를 통해 사람들은 친밀한 사회적 유대감을 형성한다. 우리가 사랑, 지지, 안전, 심지어 생존을 보장하기 위해서는 이러한 유대감이 필요하다.

이밖에도 키스를 할 때 우리가 어떤 행동을 해야 할지 그리고 상대에게 어떻게 반응해야 할지에 대해 우리의 몸이 본능적으로 많은 것을 알고 있다는 사실도 살펴보았다. 키스라는 경험을 하는 동안 우리는 엄청난 양의 감각 정보를 수집하며 이러한 데이터는 폭포처럼 쏟아져 나오는 전기적, 화학적 반응을 불러일으킨다. 그리고 이러한 반응이 우리의 행동을 조절하고 지금 하고 있는 키스가 좋은 키스인지 계속 키스를 하고 싶은 것인지 그 다음의 단계로 넘어갈 것인지를 결정할 수 있도록 도와준다.

이러한 모든 현상은 믿을 수 없을 정도로 빠른 속도로 진행되며 과학은 이제 막 그 작용 방식에 대해 이해하기 시작한 상태다. 앞서 살펴본 것처럼 키스에 대한 뇌의 반응에 대한 문헌 연구는 거의 찾아볼 수 없다.

한편 뉴욕 대학교의 뇌자도를 이용한 연구에서 밝혀진 결과는 많은 새로운 질문을 제기한다. 키스에 대한 연구는 이제 막 시작되었다. 향후 몇 십 년 동안 우리는 오늘날 알고 있는 것보다 훨씬 더 많은 것을 배우게 될 것이다.

자, 이제는 니콜라스 틴베르헨의 연구를 기반으로 우리가 이 책의 맨 처음에서 던졌던 질문에 대한 답을 구할 때가 온 것 같다. 왜 인간은 키스를 하는가?

키스의 효과는 계속된다

영장류를 포함해 다른 종에서도 우리가 '키스'라고 부르는 행위와 놀라울 정도로 유사한 행동을 관찰할 수 있다. 사실 우리의 가까운 친척인 보노보는 마치 인간처럼 말 그대로 입술을 맞추는 키스를 한다.

동물들이 키스와 유사한 행동을 하는 이유는 애정 표현에서 단순한 인사에 이르기까지 매우 다양하다. 어떤 키스는 어미와 새끼 사이의 혹은 같은 무리 내 구성원 사이의 특별한 관계를 촉진하기 위한 목적을 갖고 있다. 그 외의 많은 종에서 음식을 입으로 씹어 새끼에게 먹여주기 위한 목적으로 키스와 유사한 행동을 보이는 경우가 있는데 오늘날 인간의 문화권 일부에서도 이와 같은 관습이 계속 전해져 내려오는 것을 볼 수 있다.

이 모든 사실을 통해 우리가 '키스'라고 부르는 행위의 생물학적 역사가 오래 전부터 시작되었으며 분명 인간에게만 한정된 것은 아니라는 점을 분명히 알 수 있다. 키스가 널리 지속적으로 존재했다는 사실은 로맨틱한 커플로, 가족 단위로, 사회 집단으로 서로 다른 종의 개체들을 한곳으로 묶는데 키스가 중요한 역할을 수행했음을 시사한다.

고대 인간 혹은 그 선조들 사이에서 처음 키스가 등장하기 시작한 것은 먹을 것을 찾고 섹스를 하기 위해 냄새 맡는 인사를 하다가 어머니와 아이 사이에 음식을 먹여주는 관계를 통해 혹은 이 세 가지 모두를 합친 것으로부터 기인했는지 모른다. 정확한 이유는 알 수 없지만 이 각각의 가능성을 뒷받침해주는 증거를 다른 종에서 나타나는 유사한 행동이나 표현을 통해 찾아볼 수 있다. 한 가지는 확실하다. 키스는 효과가 있었고 지금도 계속 남아 있다. 역사적 사건과 사회 문화적 규범에 따라 다양한 스타일의 키스가 등장했다 사라지기를 반복했지만 키스는 고대에도, 현대에도 전 세계에 걸쳐 나타나고 있다.

우수 유전자를 검사하는 탐지기, 키스

섹스처럼 로맨틱한 키스는 후손의 번식을 촉진시키는 행동이다. 이런 점에서 키스와 유전자를 후대에 물려주기 위한 경쟁에서 성공하는 것 사이에는 분명한 관계가 있음을 알 수 있다. 키스는 우리가 유전자를 미래의 후손에게 전달함으로써 우리 자신의 존재를 영속시킬 수 있도록 도와준다는 점에서 우리에게 이로운 역할을 한다.

이러한 점에서 봤을 때 키스의 많은 면은 명백히 생식의 성공을 보장하기 위한 방향으로 발전하게 된 것 같다. 특히 인간의 경우 여성의 입술은 가슴이나 엉덩이와 마찬가지로 이성의 매력을 끌기 위한 목적을 수행한다. 마치 일종의 과녁 중앙과도 같은 역할을 하는 것이다. 입술이 크고 붉을수록 더 많은 남성을 유혹할 수 있다.

여배우 메이 웨스트가 "키스는 남자의 상징이다."라고 말한 적이 있는데 정말 지당한 말이다. 단순한 매력의 문제 말고도 키스의 경험은 미묘한 방식으로 우리가 내리는 생식과 관련된 결정을 이끌어간다. 상당한 과학 문헌에서 키스가 우리로 하여금 적합한 파트너를 선택할 수 있도록 혹은 적당한 상대가 아닐 경우 이를 알아낼 수 있도록 진화했다고 추정한다. 키스는 일종의 검사 도구로써 우리가 상대의 맛을 느끼고 냄새를 맡고 상대로부터 나오는 단서를 해석할 수 있을 만큼 가까이 다가가게 해준다. 이를 통해 상대와의 관계가 성공적일지 아닐지 가능성을 평가하는 것이다. 후각, 촉각, 자세와 관련된 정보를 교환함으로써 우리가 계속 상대와의 관계를 지속해야 할지 결정을 내리기 위한 무의식적 기제가 작동하게 된다. 심지어 키스는 상대가 나와의 관계에 얼마나 헌신하고 있는지 나와 유전적으로 적합한 사람인지에 관한 정보를 알려줄 수도 있다.

이러한 무의식적인 단서는 남성과 여성 모두에게 적용되는 것 같은데 다만 그 방식이 다르다. 남자들은 크고 도톰한 여성의 입술이 매력적이라 생각한다. 그리고 이는 아마 우연이 아닐 것이다. 커다란 입술은 남성에게 여성의 생식능력이나 건강에 대해 무의식적으로 정보를 제공할 수 있다.

한편 여성은 스스로는 자각하지 못할지라도 키스를 통해 상대 남성에 대한 많은 정보를 알아낼 수 있다. 여성의 몸은 남성이 취한 자세뿐만 아니라 남성의 입술에서 느껴지는 맛, 입술, 테스토스테론으로 가득한 침에 반응한다. 이 모든 정보가 여성으로 하여금 상대가 생식 파트너로서 가치가 있는 사람인지 판단하도록 도와준다.

한편 여성의 민감한 후각은 더 많은 정보를 얻어낼 수 있다. 특히 남성의 자연스러운 체취를 통해 유전자에 대한 정보를 알아낼 수 있고 상대 남성과 낳은 아이들이 강력한 면역 체계를 갖게 될 것인지에 대한 정보도 알아낼 수 있다.

그렇다면 남성과 여성 모두 키스를 통해 상대를 평가할 수 있는 숨겨진 기술을 갖고 있는 셈이다. 따라서 어떤 면에서 키스는 남녀 관계와 후손의 건강 여부를 시험하기 위한 천연의 리트머스 시험지와도 같은 역할을 한다. 이는 인간 종 전체에게 큰 이득이라 아니할 수 없다.

키스는 욕망과 호르몬의 결합이다

로맨틱한 키스는 보통 두 사람이 가까움과 친밀함의 감정을 공유할 때 가능하다. 키스를 유발하는 정확한 원인은 관계에 따라 다르지만 언제나 복잡한 생물학적, 육체적, 사회적 영향이 관련된다는 점에서는 같다. 어쩌면 여기서 가장 중요한 것은 도파민이나 옥시토신과 같은 우리 몸 안의 신경전달물질과 호르몬이 만들어내는 열망과 정서적 애착의 결합이 아닐까 한다. 이 물질들은 욕망과 기대의 감정을 고양시킨다. 또한 상대와 타이밍이 잘 맞을 경우 우리가 키스를 계속하도록 촉진하기도 한다.

키스를 불러일으키는 데는 상황의 맥락도 극도로 중요한 역할을 담당한다. 특히 첫 키스의 경우 편안하고 안전함을 느낄 수 있는 환경이 필요하다. 이는 별로 놀랄 것도 없는 사실이다. 연구에 따르면 키스는 몸 안에서 스트레스 호르몬인 코르티솔의 분비를 감소시킨다고 한다. 황홀한 키스는 보상과 안전이라는 긍정적인 감정을 유발하고 더 나아가 우리를 이완시켜주기도 한다. 그 결과로 키스라는 행동이 더욱 강화되고 앞으로 더 많은 키스로 이어지는 것이다.

키스를 유발하는 DNA의 마법

키스를 배우는 것은 아주 어린 시절부터 어린 아이에게 애정을 표현하는 가족과 친구를 통해 시작될 수 있다. 유아기처럼 아주 어린 시절부터도 엄마가 아기에게 키스를 하거나 음식을 먹여주기 위해 입맞춤을 하는 행동은 아기 뇌의 쾌감 센터에 자극을 줄 수 있다. 이는 수유도 마찬가지다. 이러한 감각은 어린 시절에 키스와 연관된 긍정적인 감정의 인지적 지도를 형성하는 기반이 되고 이러한 감정은 나중에 성인이 되어 맺는 관계에도 영향을 미친다.

하지만 이러한 유아기의 경험이 있어야만 나중에 커서 키스를 할 수 있다는 의미는 아니다. 또한 이러한 경험이 있는 아이는 나중에 성인이 되어 반드시 입맞춤을 통해 사랑을 표현하게 된다는 의미도 아니다. 로맨틱한 입맞춤의 전통이 존재하지 않는 몇몇 문화권에서도 애정의 표시로 아이들에게 음식을 입으로 씹어 먹이거나 혹은 키스를 하는 모습을 관찰할 수 있다.

오늘날 키스는 거의 모든 사회에서 뿌리 깊게 내리고 있어 키스하는 사람들을 마주치지 않는 것이 거의 불가능할 정도가 되었다. 미국의 경우 할리우드 영화, 동화, 거리에서 마주치는 사람들, 자라면서 동료 집단과 나누는 이야기들이 키스에 대한 우리의 열망에 강력한 영향을 미친다는 것에는 의심할 여지가 없다. 우리는 텔레비전에서, 광고판에서, 학교에서 키스를 본다. 우리가 읽는 소설과 잡지에 키스가 등장한다. 아마 그 광고 효과는 코카콜라의 광고보다 더 나을 것이다.

이 모든 것들이 우리에게 영향을 미쳐 키스를 하고 싶도록 만들고 키스를 사랑을 표현하기 위해 반드시 해야 하는 것이라 믿게 만들고 키스는 당연히 서로 입을 맞추는 방식으로 하는 것이라 '생각'하도록 만든다.(모든 문화권에서 그런 것이 아닌데도 말이다.) 따라서 키스하는 방법에 대해 오늘날 우리가 알고 있는 것들은 생물학, 심리학, 문화적 기대 사이의 복잡한 상호작용으로부터 나온 것이다.

천생연분을 만나게 하는 10가지 키스 레슨

여기까지가 과학이 키스에 대해 알아낸 것들이다. 하지만 이 책에서 당신에게 전달하고자 하는 것은 이 같은 종류의 과학적 정보만이 아니다. 현실을 직시해보자. 우리 모두 우리의 키스가 상대의 기억에 남기를 바란다. 따라서 과학적으로 근거가 있는 키스에 대한 팁을 제공하지 않은 채 이 책을 끝낸다면 나는 작가로서의 의무를 다하지 못한 것이 되는 셈이다. 이제 앞서 살펴본 과학적 사실에서 직접 도출할 수 있는 10가지 유용한 레슨에 대해 알아보자. 당신에게 이미 익숙한 내용도 있겠지만 그 뒤에 숨어 있는 과학적 근거를 알게 된다면 당신에게 새로운 의미와 힘으로 다가가게 될 것이다.

1. 누드 메이크업으로 남성의 눈길을 끌어라

입술을 더욱 매혹적으로 만들어주는 화장품이 존재하는 데는 그럴 만한 이유가 있다. 남성은 여성의 입술을 좋아한다. 그리고 붉은 색의 입술을 좋아한다. 따라서 여자라면 자신에게 맞는 스타일의 메이크업을 하고 여기에 립글로스를 조금 덧발라 빛나는 입술을 만든다면 자신이 보여줄 수 있는 것 중 가장 매혹적인 모습을 연출할 수 있다. 이는 남성에게 매력적인 신호를 보낼 수 있다.

한편 연구에 따르면 지나친 강조는 오히려 역효과를 낸다. 립스틱이 인간의 매우 원시적인 욕구에 어필하는 제품인 것은 맞지만 남자들은 인위적으로 도톰한 입술을 좋아하지 않는다. 중용의 원칙을 지키는 것이 핵심이다. 진화의 과정을 통해 우리는 어쨌든 자연적으로 매혹적인 입술을 갖게 되었다. 너무 욕심을 부려 우스꽝스러운 입술을 만들지만 않는다면 입술은 그 자체로 충분히 매력을 발휘한다.

2. 민트와 껌은 주머니 속 필수품이다

키스를 하는 데 맛과 냄새는 큰 차이를 만들어내며 이성을 유혹하는 데 활용할 수 있다. 상대의 기억에 긍정적으로 남는 키스를 하고 싶다면 매일 이를 닦고 치실을 이용해 입안의 박테리아 번식을 제한해야 한다. 특히 잇몸 질환의 일종인 치은염을 조심해야 하는데 이것이 지속적인 입 냄새를 유발하고 치아가 빠지게 만들 뿐만 아니라 심지어 심장 질환의 위험까지 높이기 때문이다.

우리가 통제할 수 없는 냄새도 있지만 특정한 향신료가 들어갔거나 자극적인 맛의 음식을 피함으로써 좋은 냄새와 향을 유지할 가능성을 높일 수는 있다. 입 냄새를 제거하기 위한 민트나 껌을 항상 갖고 다닐 것을 권고한다. 그러면 우연치 않게 키스를 해야 하는 순간이 다가와 미처 준비할 시간이 없었더라도 당황할 일이 없을 것이다.

3. 정신적 교류는 관계의 첫걸음이다

상대와의 첫 키스가 멋진 기억으로 남기를 바란다면 우선 많은 시간을 투자해 서로에 대해 알아가야 한다. 이는 호르몬의 기초를 올바로 다지기 위해서도 중요하다. 이 과정에서 당신과 상대 모두 강력한 화학적 토대를 기반으로 유대감을 형성하게 된다. 특히 당신은 애착과 사랑의 감정을 불러일으키는 호르몬이 잘 분비되도록 촉진해야 한다. 그래야만 각자에게 정서적인 투자를 지속해 마침내 육체적 관계를 위한 무대를 마련할 수 있기 때문이다. 이러한 방식으로 그 다음 단계로 내딛을 때가 되었을 때 옥시토신을 당신의 든든한 아군으로 작용하도록 할 수 있다. 이러한 조건에서 나누는 키스는 당신과 상대방 사이에 이미 형성된 친밀감을 한층 강화시킬 수 있다.

4. 첫 키스는 충분히 뜸을 들여야 한다

무언가를 갈망하면 마침내 그것을 성취했을 때 더 큰 만족감을 느낄 수 있다. 키스도 예외는 아니다. 만약 영화 〈바람과 함께 사라지다〉에서 주인공 레트와 스칼렛이 영화 초반부터 키스를 했다면 관객들은 이 커플에게 다음에 어떤 일이 일어날지 그렇게 몰입해서 보지 않았을 것이다. 두 주인공 사이에 성적인 긴장감이 점점 고조되는 것을 지켜보는 것이 영화를 훨씬 재미있게 만들었으며 우리 실제의 삶에서도 감정은 이와 똑같은 방식으로 작용한다.

두 사람이 어떻게, 언제, 어디서 키스를 할 것인지 오랫동안 상상의 나래를 펼친 후 마침내 나누는 첫 키스가 가장 큰 기쁨을 안겨주는 법이다. 두 연인 모두 언제 첫 키스를 하게 될까 두근거리며 기다리는 짜릿함을 느낄 때 두 사람의 입술이 마주치는 그 순간, 그 키스는 시인들이 울려 퍼지는 바이올린 연주와 팡팡 터지는 폭죽의 불꽃으로 묘사하는 바로 그런 키스가 될 것이다.

이런 키스는 로맨스 소설에서나 나올 법하지만 실제로 과학적 근거로 뒷받침되기도 한다. 옥시토신을 아군으로 만들었다 하더라도 욕망을 불러일으키는 데는 도파민이 필요하다. 키스를 하기 전에 혹은 적어도 보다 강도 높은 육체적인 접촉으로 발전하기 전에는 도파민이 최고 수준으로 치솟아야 한다.

이것이 바로 술에 취한 연애 초짜가 알코올과 침으로 범벅이 된 키스로 누군가에게 깊은 인상을 남길 수 있을 것이라 기대해서는 안 되는 이유다.(물론 상대도 똑같이 술에 취한 상태라면 이야기가 좀 달라질 수도 있다.) 반면 편안한 분위기에서 몇 시간에 걸쳐 이야기를 나누고 서로의 환심을 사기 위해 노력하다보면 기대감이 상승하는 것을 느낄 수 있다. 서로를 잘 알아감으로써 상대가 나에게 관심이 있는지에 대한 미묘한 단서를 잡을 수 있다. 유대감이 형성되면서 개인적 공간을 규정하던 경계선이 허물어진다. 마침내 서로 입을 맞추는 순간, 각각 느끼는 도파민의 보상은 더 클 것이다. 그리고 키스는 그 무엇보다도 더 오래 기억에 남을 것이다.

5. 양초와 음악과 키스는 한 세트다

키스가 성공하기 위해서는 분위기를 잡는 것이 매우 중요하다. 황홀한 키스와 안전과 신뢰라는 감정 사이에는 매우 강력한 연관 관계가 존재하기 때문이다. 똑같은 이유로 상황의 소소한 것에 지나치게 신경 쓰는 것은 오히려 역효과가 날 수 있다. 코르티솔과 키스는 절대 서로 어울리는 궁합이 아니다. 스트레스는 키스의 순간이 미처 당도하기도 전에 이를 망칠 것이며 혹은 스트레스가 키스 자체를 아예 처음부터 원천 봉쇄할 수도 있다.

당신이 키스의 모든 측면을 통제할 수는 없지만 성공 가능성을 높이는 것은 당연히 가능하다. 따라서 적절한 무드가 조성될 때까지 기다려라. 그리고 그 어떤 경우에도 서두르지 마라. 두 사람의 긴장이 풀어지고 함께 편안함을 느낄 때가 키스를 시도해야 할 이상적인 타이밍이다.

6. 가벼운 신체 터치는 키스를 향한 한 걸음이다

앞서 살펴본 바와 같이 우리의 입술은 진화의 과정을 거치면서 우리 몸에서 가장 예민한 부위의 하나가 되었다. 입술을 그저 가볍게 슬쩍 스치는 것만으로도 우리는 커다란 즐거움을 느낀다. 입술을 가볍게 누르는 것만으로도 우리 뇌 안에서는 임펄스들의 화려한 전광 퍼레이드가 펼쳐진다. 그리고 일단 이에 따르는 감각을 맛본 순간, 우리는 더 많은 것을 열망하게 된다. 키스는 마약과도 같아서 그 어떤 오락물보다 더 황홀한 천연의 환각 상태를 경험하게 해준다. 그리고 이에 관련된 호르몬은 키스를 계속하고자 하는 욕망에 불을 붙인다.

당신의 파트너에게 만족을 줄 수 있는 키스를 하고 싶다면 가급적 본격적인 키스에 들어가기 전 입술이 아닌 다른 신체 부위에도 세심한 신경을 쓸 것을 당부한다. 상대의 등이나 얼굴을 애무하는 것은 뇌에 폭포처럼 쏟아지는 쾌락의 신호를 보낼 수 있으며 동시에 코르티솔 수치를 낮춤으로써 두 사람 모두 매우 편안한 기분을 느끼게 된다. 포옹, 손잡기, 마사지 역시 이와 비슷하게 애착, 더 나아가 사랑의 긍정적인 감정을 불러일으킬 수 있다. 이러한 전략적 제스처는 상대가 예상치 못했던 새로움을 한층 더함으로써 도파민을 고속 질주하게 만들고 결과적으로 키스를 더욱 황홀하게 만들 것이다.

7. 키스는 내 짝을 찾기 위한 감각적 탐지기다

만약 키스가 "바로 이거야!"라는 생각이 든다면 계속하라. 하지만 무언가 잘못된 것 같은 느낌이 든다면 당신의 몸이 "이제 그만!"이라는 신호를 보내고 있는 것일지 모른다. 어쩌면 당신과 상대가 비슷한 면역 체계를 갖고 있어서 서로 유전적으로 좋은 궁합을 이루지 못한다는 것을 감지한 것일지 모른다.

성공적인 키스를 위해 청결한 위생 관념이 중요한 것은 사실이지만 연구에 따르면 이것만으로는 충분치 않을 수도 있다고 한다. 당신 특유의 체취나 냄새가 파트너에게 단순히 어필하지 못할 가능성은 언제나 존재한다. 그리고 그 이유는 우리의 의식적인 사고로는 이해하거나 혹은 통제할 수도 없다. 혹은 그 반대의 경우도 가능하다. 바라던 대로 키스가 잘되지 않는다 해도 당신만을 기다리고 있는, 당신과 궁합이 맞는 누군가가 분명히 있을 것이라는 점을 잊지 마라.

8. 너무 들이대면 도망간다는 것을 잊지 마라

아무리 좋을 것 같았던 키스도 여러 가지 이유에 따라 기억하기 싫은 키스로 전락할 수 있다. 이런 불상사는 대부분 상식적으로 생각하면 피할 수 있지만 연관된 과학적 지식을 이해하는 것도 도움이 될 것이다.

예를 들어, 상대가 쳐 놓은 경계선을 과도하게 밀고 들어가서는 절대 안 된다. 이는 상대를 불안하게 하고 더 방어적으로 만들 뿐이다. 즉 당신은 엉뚱한 호르몬을 자극하고 있는 것이다. 대신 가능한 상대에게 보조를 맞춰라. 그리고 관계를 지배적으로 끌고 나가지 말고 파트너의 반응에 신경을 써라. 가장 중요한 것은 상황을 확대해석하지 말고 대신 몸이 원하는 대로 맡기는 것이다. 생각으로 머리가 너무나 복잡하면 그 순간을 온전히 즐길 수가 없다. 당신 자신, 즉 뇌와 몸이 키스를 즐길 수 있도록 마음껏 자유를 허락하라.

또한 술과 약물은 키스의 경험을 바꾸어놓을 수 있다는 사실을 기억하라. 이토록 중요한 첫 키스를 기억에 남는 키스로 만들고 싶다면 키스를 황홀하게 만드는 것이 이런 화학물질이 아니라 키스 그 자체여야 한다. 그렇지 않으면 특별한 관계에서 우러나오는 강렬한 감정은 약물이나 술의 효과가 떨어지면서 함께 사라지고 만다.

9. 당신의 파트너와 함께 즐길 수 있는 키스를 하라

두 사람이 키스에 익숙해지면 서로의 보디랭귀지와 욕구가 무엇인지 점점 더 잘 알게 된다. 즉 우리의 기억에 가장 강하게 남는 사람들은 키스의 테크닉을 예술의 경지로 승화시킨 사람들이라기보다는 우리를 특히 잘 이해할 줄 알았던 사람들이었고 그 주변 환경이 관계를 발전시키는 데 딱 알맞았던 것이다. '최고'로 키스를 잘하는 사람들이 상대를 만족시킬 수 있는 이유는 상대를 정서적이고도 육체적으로 수용할 줄 알며 상대가 사랑받고 있다는 느낌을 가질 수 있도록 하기 때문이다.

열정적인 키스의 반응을 극대화하기 위해서는 관계의 모든 측면에서 개방적으로 소통이 가능하도록 노력해야 한다. 서로 좋은 짝을 이루기 위해서는 단순히 키스가 잘 맞는다는 차원 이상의 것이 필요하다. 공통의 가치, 공유하는 경험, 민감한 타이밍, 함께 추구해 나갈 수 있는 목표 등이 잠시 스쳐 지나가는 인연과 평생을 함께 할 인연을 구분 짓는 차이점이다. 무엇보다 두 사람 사이의 신뢰와 정직이 존재해야만 상대가 원하는 것이 무엇인지를 제대로 알아낼 수 있다.

10. 매일 하는 모닝 키스는 비타민보다 몸에 좋다

당신에게 특별한 누군가를 찾았다면 그 관계를 굳건히 유지하는 데 키스를 활용할 수 있다. 호르몬과 신경전달물질의 전폭적인 지원을 받아 키스는 정열의 불꽃을 계속 피울 수 있게 한다. 키스를 많이 한다는 것은 관계가 건강함을 보여주는 뚜렷한 신호다. 건강한 관계는 동지애를 통해 안전감을 북돋우며 이는 또한 행복과 생리학적으로 연관되어 있다.

이 기나긴 여정의 막바지에 이르러서야 비로소 우리는 키스의 과학에 대해 굉장히 많은 것을 이해하기 시작했다. 하지만 대부분의 과학 연구가 그러하듯 우리 앞에는 더 많은 질문과 앞으로 추구해야 할 더 많은 분야가 기다리고 있다.

과학이 최첨단 도구와 수많은 새로운 아이디어를 통해 이제 막 탐험하고자 하는 이 영역은 몇 천 년에 걸쳐 시인과 예술가들이 그토록 이해하고자 노력했던 것과 다르지 않다. 키스라는 하나의 주제로 수많은 시와 명작이 탄생했다. 탐험가들 역시 전 세계를 돌아다니며 키스와 유사한 낯선 행동들에 대해 주목했다. '계몽적인'

유럽인으로서 이들 탐험가들은 유럽 스타일의 키스가 자신들을 더 우월한 존재로 만들어 준다고 생각했다. 한편 오늘날 우리는 키스와 같은 행동을 동물의 왕국에서도 흔히 볼 수 있으며 사실 키스는 사람들을 가르는 것이 아니라 한곳으로 묶어주는 것이라는 점을 알고 있다.

당신이 이 책에서 가장 중요한 메시지를 하나 뽑는다면 나는 그 메시지가 다음과 같기를 바란다.

로맨스를 포기하지 마라. 키스는 두 사람이 공유할 수 있는 가장 놀라운 경험 중의 하나이며, 키스 뒤에 숨겨진 과학을 이해하는 것은 이 순간의 1분 1초를 더 나은 것으로 만드는데 도움을 줄 수 있다.

| 글을 마치며 |

우리의 마음과 관련해 키스는 연대감, 로맨스, 친밀함의 감정, 즉 딱 맞는 상대를 만났을 경우 개인들 사이에 무한하게 증폭될 수 있는 감정들을 북돋우는 방향으로 진화했다. 키스를 모든 각도에서 과학적으로 조사, 연구, 심지어 해부하는 것이 가능할지는 모르겠다. 하지만 결국 우리는 하나의 실제적이고 확고한 결론에 다다르게 될 것이다. 키스는 일종의 보편적인 언어이며 이를 가장 잘 해석할 수 있는 사람은 바로 키스를 나누는 당사자들이다.

결론적으로 키스는 시대를 초월해 수 세대에 걸쳐 여러 민족들 사이에서, 지구 곳곳에서 계속 생명력을 유지해 나가고 있다. 키스는 계속해서 연인들, 배우들, 작가들, 우리 모두에게 동기를 부여해준다. 어디서 시작되었는지, 그 이유는 무엇인지, 어디서 나타나는지 모두 다를 수 있지만 결국 키스는 가장 위대한 감정이라 할 수 있는 것, 즉 사랑에 축배를 보낸다.

| 참고문헌 |

Abbey, A., P. McAuslan, T. Zawacki, A. Clinton, and P. Buck.(2001) Attitudinal, experiential, and situational predictors of sexual assault perpetration. *Journal of Interpersonal Violence* 16 : 784 –807.

Adams. J. M. (1994) Will loggers put Koko out of the mood? *Baltimore Sun*.

Aiello, L., and C. Dean. (1990) *An Introduction to Human Evolutionary Anatomy*. New York: Academic Press.

Alter, R., J. Flannagan, and J. Bohannon. (1998) The effects of arousal on memory for fi rst kisses. Paper presented at SEPA, Mobile, AL.

Altman, L. K. (1990, May 20) Henson death shows danger of pneumonia. *New York Times*.

Andrews, P. W., S. W. Gangestad, G. F. Miller, M. G. Haselton, R. Thornhill, and M. C. Neale (2008). Sex differences in detecting sexual infi delity: Results of a maximum likelihood method for analyzing the sensitivity of sex differences to underreporting. *Human Nature* 19 : 347–373.

Angier, N. (1991, January 22) A potent peptide promotes an urge to cuddle. *New York Times*.

Archer, C. I., J. R. Ferris, H. H. Herwig, and T. H. E. Travers. (2008) *World History of Warfare*. Lincoln: University of Nebraska Press.

Arnold, K. A., and J. Barling. (2003) Occupational stress in "dirty work." In M. F. Dollard, H. R. Winefi eld, and A. H. Winefi eld, eds., *Occupational Stress in the Service Professions*. London: Taylor and Francis.

Aron, A., and E. N. Aron. (1991) Love and sexuality. In K. McKinney and S. Sprecher, eds., *Sexuality in Close Relationships*. Hillsdale, NJ: Erlbaum.
Aron, A., H. Fisher, D. Mashek, G. Strong, L. Haifang, and L. Brown. (2005) Reward, motivation, and emotion systems associated with early-stage intense romantic love. *J Neurophysiol* 94 : 327–337.

Bailey, K. V. (1963) Premastication of infant food in the New Guinea Highlands. *South Pacifi c Comm Techn Inform Circ* 1 : 3.

Balcolmbe, J. (2006) *Pleasurable Kingdom: Animals and the Nature of Feeling Good*. London: Macmillan.

Barber, N. (1995) The evolutionary psychology of physical attractiveness: Sexual selection and human morphology. *Ethology and Sociobiology* 16 : 395–424.

Barrett, D., J. G. Greenwood, and J. F. McCullagh. (2006) Kissing laterality and handedness. *Laterality* 11 (6): 573–579.

BBC News. (2003, February 13). Kissing couples turn to the right. http://news.bbc.co.uk/ 2 /hi/health/ 2752949.stm.

Benton, D. (1982) The influence of androstenol–a putative human pheromone– on mood throughout the menstrual cycle. *Biological Psychology* 15, no. 3–4 : 249–256.

Berlin, B., and P. Kay. (1969) Basic Color Terms: *Their Universality and Evolution*. Berkeley: University of California Press.

Berscheid, E. (2003). The human's greatest strength: Other humans. In U.M. Staudinger, ed., *A Psychology of Human Strengths: Fundamental Questions and Future Directions for a Positive Psychology*, pp. 37–47. Washington, DC: American Psychological Association.

Biesbrock, A. R., M. S. Reddy, and M. J. Levine. (1991) Interaction of a salivary mucin–secretory immunoglobulin A complex with mucosal pathogens. *Infect Immun* 59 (10): 3492–3497.

Bloch, I. (1934) *Odoratus Sexualis*. New York: Panurge Press.

Blue, A. (1997) *On Kissing: Travels in an Intimate Landscape*. New York: Kodansha International.

Brand, G., and Millot, J.-L. (2001) Sex–differences in human olfaction: Between evidence and enigma. *Quarterly Journal of Experimental Psychology B*, 54 (3): 259–270.

Brewis, J., and S. Linstead. (2000) *Sex, Work and Sex Work: Eroticizing Organization*. New York: Routledge.

Brody, B. (1975) The sexual significance of the axillae. *Psychiatry* 38 : 278–289.

Brown, R. (1974) Sexual arousal, the Coolidge effect and dominance in the rat (Rattus norvegicus). *Animal Behaviour* 22 (3).

Bullivant, S. B., S. A. Sellergren, K. Stern, N. A. Spencer, S. Jacob, J. A. Mennella, and M. K. McClintock. (2004) Women's sexual experience during the menstrual cycle: Identifi – cation of the sexual phase by noninvasive measurement of luteinizing hormone. *J Sex Res* 41 : 82–93.

Buss, D. (2003) *The Evolution of Desire: Strategies of Human Mating.* New York: Basic Books.

Buss, D. M. (2006). Strategies of human mating. *Psychological Topics* 15 : 239–260.

Buss, D. M., R. Larsen, J. Semmelroth, and D. Westen. (1992) Sex differences in jealousy: Evolution, physiology, and psychology. *Psychological Science* 3 : 251–255.

Buss, D. M., and T. K. Shackelford (1997). From vigilance to violence: Mate retention tactics in married couples. *Journal of Personality and Social Psychology* 72 : 346–361.

Carpenter, J., J. Davis, N. Erwin-Stewart, T. Lee, J. Bransford, and N. Vye. (2009) Gender representation in humanoid robots for domestic use. *International Journal of Social Robotics* 1 (3).

Changizi, M. A., Q. Zhang, and S. Shimojo. (2006) Bare skin, blood, and the evolution of primate colour vision. *Biology Letters* 2 : 217–221.

Chayavichitsilp, P., J. V. Buckwalter, A. C. Krakowski, and F. Friedlander. (2009) Herpes simplex. *Pediatr Rev* 30 : 119–130.

Coan, J. A., H. S. Schaefer, and R. J. Davidson. (2006) Lending a hand: Social regulation of the neural response to threat. Psychological Science 17 (12): 1032–1039.

Cogan, G., K. Yoshida, S. Kirshenbaum, and D. Poeppel. Towards a taxonomy of kissing: MEG responses to complex visual scenes of osculatory behavior. In prep.
Corsini, R. (1999) *The Dictionary of Psychology.* New York: Routledge.

Coryell, J. F., and G. F. Michel. (1978) How supine postural preferences of infants can contribute toward the development of handedness. *Infant Behaviour and Development* 1 : 245-257.

Crawley. E. (1925) *Studies of Savages and Sex*. Edited by T. Besterman. Whitefish, MT: Kessinger Publishing 2006.

Cunningham, M. R., A. R. Roberts, A. P. Barbee, P. B. Druen, and C. Wu. (1995) Their ideas of beauty are, on the whole, the same as ours: Consistency and variability in the crosscultural perception of female physical attraction. *Journal of Personality and Social Psychology* 68 : 261-279.

Darwin, C. (1872) *The Expression of the Emotions in Man and Animals*. Chicago: University of Chicago Press.

De Waal, F. B. (1982) *Chimpanzee Politics: Power and Sex Among Apes*. New York: Harper and Row.

―――. (1990) *Peacemaking Among Primates*. Cambridge, MA: Harvard University Press.

―――. (1997) *Bonobo: The Forgotten Ape*. Berkeley: University of California Press.

―――. (2000) Primates: A natural heritage of confl ict resolution. *Science* 289 : 586-590.

Dirks, T. M (n.d.) Best and Most Memorable Film Kisses of All Time in Cinematic History. American Movie Classics Filmsite. http://www.fi lmsite.org/filmkisses.html.

Dixson, A. F. (1983) Observations on the evolution and behavioral signifi cance of "sexual skin" in female primates. *Advances in the Study of Behavior* 13 : 63-106.

Dixson, A. (1998) *Primate Sexuality: Comparative Studies of the Prosimians, Monkeys, Apes, and Human Beings*. New York: Oxford University Press.

Donaldson, Z. R., and L. J. Young. (2008) Oxytocin, vasopressin, and the neurogenetics of sociology. *Science* 322 : 900-904.

Doty, R. L. (1976) *Mammalian Olfaction, Reproductive Processes, and Behavior*. New York: Academic Press.

Doty, R. L., P. Shaman, S. L. Applebaum, R. Giberson, L. Siksorski, and L. Rosenberg. (1984) Smell identification ability: Changes with age. *Science* 226 : 1441–1443.

Doty, R. L., M. Ford, G. Preti, and G. R. Huggins. (1975) Changes in the intensity and pleasantness of human vaginal odors during the menstrual cycle. *Science* 190 : 1316–1317.

Dubuc, C., L. J. N. Brent, A. K. Accamando, M. S. Gerald, A. MacLarnon, S. Semple, M. Heistermann, and A. Engelhardt. (2009) Sexual skin color contains information about the timing of the fertile phase in free-ranging Macaca mulatta. *J Primatology* 30 : 777–789.

Durham, T. M. T. Mallot, and E. D. Hodges. (1993) Halitosis: Knowing when "bad breath" signals systemic disease. *Geriatrics* 48 : 55–59.

Dwyer, K. (2005) *Kiss and Tell: A Trivial Study of Smooching*. Philadelphia Quirk Books.

Eibl-Eibesfeldt, I. (1970) *Love and Hate: On the Natural History of Behavior Patterns*. London: Methuen.

———. (1977) Patterns of Greeting in New Guinea. In S. A. Wurm, ed., *New Guinea Area Languages and Language Study*, vol. 3, pp. 209–247. Canberra: Australian National University.

Eimer, M. (2000) Effects of face inversion on the structural encoding and recognition of faces: Evidence from eventrelated brain potentials. *Cognitive Brain Research* 10 (1–2): 145–158.

Ekman, P. (1993) Facial expression and Emotion. *American Psychologist* 48 : 384–392.

Elder, J. (2005) An 'Eskimo kiss' is a kunik, and maybe not what you think. *South Coast Today*. http://archive.southcoastto day.com/daily/ 02 – 05 / 02 – 16 – 05 /b06li596.htm.

Ellis, H. (1936) *Studies in the Psychology of Sex*. New York: Random House.

Enfeild, J. (2004) *Kiss and Tell: An Intimate History of Kissing*. New York: HarperCollins.

Engert, F. B., and T. Bonhoeffer. (1999) Dendritic spine changes associated with hippocampal long-term synaptic plasticity. *Nature* 399 : 66-70.

Etcoff, N. (1999) *Survival of the Prettiest: The Science of Beauty*. New York: Doubleday.

Ferrari, P. F., V. Gallese, G. Rizzolatti, and L. Fogassi. (2003) Mirror neurons responding to the observation of ingestive and communicative mouth actions in the monkey ventral premotor cortex. *European Journal of Neuroscience* 17 : 1703-1714.

Fisher, H. E., (1992) Anatomy of Love: *A Natural History of Monogamy, Adultery, and Divorce*. New York: Norton.

―――. (1994) *Anatomy of Love: A Natural History of Mating, Marriage, and Why We Stray*. New York: Ballantine.

―――. (1998) Lust, attraction, and attachment in mammalian reproduction. *Human Nature* 9 : 23-52.

Fisher, H. E., A. Aron, D. Mashek, G. Strong, H. Li, and L. L. Brown. (2002) Defining the brain systems of lust, romantic attraction and attachment. *Archives of Sexual Behavior* 31 : 413-419.

Foer, J. (2006, February 14) The kiss of life. *New York Times*.

Ford, C. S., and F. A. Beach. (1951) *Patterns of Sexual Behavior*. New York: Harper and Row.

Fouts, R., and S. T. Mills. (1998) *Next of Kin*. New York: Harper Paperbacks.

Freud, S. (1962) *Three Essays on the Theory of Sexuality*. Trans. James Strachey. New York: Basic Books.

Fullagar, R. (2003) Kiss me. *Nature Australia* 27 : 74-75.

Ganapati, P. (2009, August 26) Humanoid robots share their first kiss. Wired Gadget Lab. http://www.wired.com/gadgetlab/ 2009 / 08 /humanoid-robots-kiss/.

Gangestad, S. W., R. Thornhill, and C. Garver. (2002) Changes in women's sexual interests and their partners' mate retention tactics across the menstrual cycle: Evidence for shifting conflicts of interest. *Proc R Soc London B* 269 : 975-982.

———. (2005). Adaptations to ovulation. In D. M. Buss, ed., *The Handbook of Evolutionary Psychology*, pp. 344–371. Hoboken, NJ: Wiley.

Garcia-Velasc, J., and M. Mondragon. (1991) The incidence of the vomeronasal organ in 1000 human subjects and its possible clinical signifi cance. *Journal of Steroid Biochemistry and Molecular Biology* 39 (4).

Garver-Apgar, C. E., S. W. Gangestad, R. Thornhill, R. D. Miller, and J. J. Olp. (2006) Major histocompatibility complex alleles, sexual responsivity, and unfaithfulness in romantic couples. *Psychological Science* 17 (10): 830–835.

Geer, J., J. Heiman, and H. Leitenberg. (1984) *Human Sexuality*. Englewood Cliffs, NJ: Prentice Hall.

Giannini, A. J., G. Colapietro, A. E. Slaby, S. M. Melemis, and R. K. Bowman. (1998) Sexualization of the female foot as a response to sexually transmitted epidemics: A preliminary study. *Psychological Reports* 83 (2): 491–498.

Gilad, Y., V. Wiebe, M. Przeworski, D. Lancet, and S. Paabo. (2004) Loss of olfactory receptor genes coincides with the acquisition of full trichromatic vision in primates. *PLoS Biol* 2.

Goodall, J. (2000) *Through a Window: My Thirty Years with the Chimpanzees of Gombe*. New York: Mariner.

Goodchilds, J. D., and G. L. Zellman. (1984) Sexual signaling and sexual aggression in adolescent relationships. In N. Malamuth and E. Donnerstein, eds., *Pornography and Sexual Aggression*, pp. 233–243. Orlando, FL: Academic Press.

Gower, D. B., and B. A. Ruparelia. (1993) Olfaction in humans with special reference to odours 16 –androstenes: Their occurrence, perception and possible social, and sexual impact. *J Endocrinol* 137 : 167–187.

Grammer, K. (1993) 5-a-androst-16en-3-a-on: a male pheromone? A brief report. *Ethology and Sociobiology* 14 : 201–208.

Gray, J. (1993) *Men Are from Mars, Women Are from Venus: A Practical Guide for Improving Communication and Getting What You Want in Your Relationships*. New York: HarperCollins.

Griggs, B. (2010, February 1) Inventor unveils $ 7, 000 talking sex robot. CNN.

Gulledge, A.K., M. H. Gulledge, and R. F. Stahmann. (2003) Romantic physical affection types and relationship satisfaction. *American Journal of Family Therapy* 31 : 233-242.

Gunturkun, O. (2003) Human behaviour: Adult persistence of head-turning asymmetry. *Nature* 421 (6924).

Hallett, R., L. A. Haapanen, and S. S. Teuber. (2002) Food allergies and kissing. *New England Journal of Medicine* 346 : 1833-1834.

Hamann, S., R. Herman, C. Nolan, and K. Wallen. (2004) Men and women differ in amygdala response to visual sexual stimuli. *Nature Neuroscience* 7 : 411-416.

Hamer, D. (2002) Genetics of sexual behavior. In J. Benjamin, R. Ebstein, and R. Belmaker, eds., *Molecular Genetics and the Human Personality*, pp. 257-273. Washington DC: American Psychiatric Publishing.

Harmetz, A. (1985, October 31) A rule on kissing scenes and AIDS. *New York Times*.

Harvey, K. (2005) *The Kiss in History*. Manchester, UK: Manchester University Press.

Haselton, M. G., and S. W. Gangestad (2006) Conditional expression of women's desires and men's mate guarding across the ovulatory cycle. *Horm Behav* 49 : 509-518.

Haselton, M. G., M. Mortezaie, E. G. Pillsworth, A. E. Bleske-Recheck, and D. A. Frederick. (2007). Ovulation and human female ornamentation: Near ovulation, women dress to impress. *Hormones and Behavior* 51 : 40-45.

Hatfield, E., and S. Sprecher. (1986) Measuring passionate love in intimate relationships. *J Adolesc* 9 : 383-410.

Hawley, R. (2007) "Give me a thousand kisses": The kiss, identity, and power in Greek and Roman antiquity. *Leeds International Classical Studies* 6.

Hitsch, G. J., A. Hortacsu, and D. Ariely. (2006) What makes you click? Mate preferences and matching outcomes in online dating. MIT Sloan Research Paper.

Hold, B., and M. Schleidt. (1977) The importance of human odour in nonverbal communication. *Z. Tierpsychol* 43 : 225–238.

Hopkins, E. W. (1907) The sniff-kiss in ancient India. *Journal of the American Oriental Society* 28 : 120–134.

Hoshi, K., Y. Yamano, A. Mitsunaga, S. Shimizu, J. Kagawa, and H. Ogiuchi. (2002) Gastrointestinal diseases and halitosis: Association of gastric Helicobacter pylori infection. *International Dental Journal* 52 : 207–211.

House, J. S., K. R. Landis, and D. Umberson. (1988) Social relationships and health. *Science* 241 : 540–545.

Howard, C. J. (1995) *Dolphin Chronicles*. New York: Bantam.

Hughes, S. M., M. A. Harrison, and G. G. Gallup Jr. (2007) Sex differences in romantic kissing among college students: An evolutionary perspective. *Evolutionary Psychology* 5 (3): 612–631.

Jankowiak, W. R., and E. F. Fischer. (1992) A cross-cultural perspective on romantic love. *Ethnology* 31 : 149–155.

Johnston, V. S., and M. Franklin. (1993) Is beauty in the eye of the beholder? *Ethology and Sociobiology* 14 (3): 183–199.

Jones, D. (1996) *Physical Attractiveness and the Theory of Sexual Selection*. Ann Arbor: Museum of Anthropology, University of Michigan.

Jones, S., R. Martin, and D. Pilbeam. (1992) *The Cambridge Encyclopedia of Human Evolution*. New York: Cambridge University Press.

Kell, C. A., K. von Kriegstein, A. Rosler, A. Kleinschmidt, and H. Laufs. (2005) The sensory cortical representation of the human penis: Revisiting somatotopy in the male homunculus. *J Neurosci* 25 (25): 5984–5987.

Kiell, N. (1976) *Varieties of Sexual Experience*. New York: International Universities Press.

Kinsey, A. C., W. B. Pomeroy, and C. E. Martin. (1948) *Sexual Behavior in the Human Male*. Philadelphia: W. B. Saunders.

Kinsey, A. C., W. B. Pomeroy, C. E. Martin, and P. H. Gebhard. (1953) *Sexual Behavior in the Human Female*. Philadelphia: W. B. Saunders.

Kirk-Smith, M. D., and D. A. Booth. (1980) Effect of androstenone on choice of location in others' presence. In H. van der Starre, ed., *Olfaction and Taste* VII. London: IRL Press.

Kirshenbaum, S. (2009) K*I*S*S*I*N*G. *New Scientist*, Issue 2695.

Klein, S. (2006) *The Science of Happiness: How Our Brains Make Us Happy—And What We Can Do to Get Happier.* Translated by Stephen Lehmann. New York: Marlowe and Company.

Kluger, J. (2008, January 17) The science of romance: Why we love. Time.

Koelega, H. S. (1970) Extraversion, sex, arousal and olfactory sensitivity. *Acta Psychol* 34 : 51–66.

Koelega, H. S., and E. P. Koster. (1974) Some experiments on sex differences in odor perception. *Ann NY Acad Sci* 237 : 234–246.

Koss, M. (1988) Hidden rape: Sexual aggression and victimization in a national sample in higher education. In A. W. Burgess, ed., *Rape and Sexual Assault*, pp. 3–25. New York: Garland.

Lander, A. (2008, January 9) Will SA law steal teens' kisses? BBC News.

Laska, M., A. Seibt, and A. Weber. (2000) "Microsmatic" primates revisited: Olfactory sensitivity in the squirrel monkey. *Chem Senses* 25 : 47–53.

Lateiner, D. (1995) *Sardonic Smile: Nonverbal Behavior in Homeric Epic.* Ann Arbor: University of Michigan Press.

———. (2009) Greek and Roman kissing: Occasions, protocols, methods, and mistakes. *Amphora* 8 (1).

Laycock, T. (1840) *A Treatise on the Nervous Diseases of Women.* London: Longman.

Lazaridis, N. (2003) Sigmund Freud's oral cancer. *British Journal of Oral and Maxillofacial Surgery* 41 (2): 78–83.

Lieberman, P. (1993) *Uniquely Human.* Cambridge, MA: Harvard University Press.

Liggett, J. (1974) *The Human Face.* New York: Stein and Day.

Light K. C., K. M. Grewen, and J. A. Amico. (2005) More frequent partner hugs and higher oxytocin levels are linked to lower blood pressure and heart rate in premenopausal women. *Biological Psychology* 69 : 5–21.

Lorenz, K. (1966) *On aggression.* London: Methuen.

Lounasmaa, O. V., M. Hamalainen, R. Hari, and R. Salmelin. (1996) Information processing in the human brain: Magnetoencephalographic approach. *Proc Natl Acad Sci USA* 93 (17): 8809–8815.

Lowenstein, L. F. (2002) Fetishes and their associated behavior. *Sexuality and Disability* 20 (2).

McCabe, M. P., and J. K. Collins. (1984) Measurement of depth of desired and experienced sexual involvement at different stages of dating. *Journal of Sex Research* 20 : 337–390.

McCann, A., and L. Bonci. N (2001) Maintaining women's oral health. *Dental Clinical North America* 45 : 571–601.

McClintock, M. K.(1971) Menstrual synchrony and suppression. *Nature* 229 : 244–245.

———. (1984) Estrous synchrony: Modulation of ovarian cycle length by female pheromones. *Physiology and Behavior* 32 : 701–705.

Major, J. R. (1987) "Bastard feudalism" and the kiss: Changing social mores in late medieval and early modern France. *Journal of Interdisciplinary History* 17 (3): 509–535.

Malinowski, B. (1965) *Sex and Repression in Savage Society.* New York: World.

Marazziti, D., and D. Canale (2004) Hormonal changes when falling in love. *Psychoneuroendocrinology* 29 : 931–936.

Marazziti, D., H. S. Akiskal, A. Rossi, and G. B. Cassano. (1999) Alteration of the platelet serotonin transporter in romantic love. *Psychol Med* 29 : 741–745.

Marshall, D. (1971). Sexual behavior on Mangaia. In D. Marshall and R. Suggs, eds., *Human Sexual Behavior.* New York: Basic Books.

Meisenheimer, J. (1921) Geschlecht und Geschlechter im Tierreich. Vol. 1. *Die naturlichen Beziehungen.* Jena: Fisher.

Meredith, M. (2001) Human vermonasal organ function: A critical review of best and worst cases. *Chem Senses* 26 : 433-445.

Meston, C. M. (2000) Sympathetic nervous system activity and female sexual arousal. *American Journal of Cardiology* 86 : 30F-34F.

Meston, C. M., and B. B. Gorzalka. (1996) Differential effects of sympathetic activation on sexual arousal in sexually dysfunctional and functional women. *Journal of Abnormal Psychology* 105 : 582-591.

Meyer III, W. J., J. W. Finkelstein, C. A. Stuart, A. Webb, E. R. Smith, A. F. Payer, and P. A. Walker. (1981) Physical and hormonal evaluation of transsexual patients during hormonal therapy. *Archives of Sexual Behavior* 10 (4).

Michael, R. P., R. W. Bonsall, and M. Kutner. (1995) Volatile fatty acids, "copulines," in human vaginal secretions. *Psychoneuroendocrinology* 1 : 153-163.

Miller, G., J. M. Tybur, and B. D. Jordan. (2007) Ovulatory cycle effects on tip earnings by lap dancers: Economic evidence for human estrus? *Evolution and Human Behavior* 28 (6): 375-381.

Mitchell, M. (1936) *Gone with the Wind.* New York: Macmillan.

Mollon, J. D. (1989) "Tho she kneel'd in that place where they grew..." —the uses and origin of primate colour vision. *J Exp Biol* 146 : 21-38.

Montagna. W., and P. F. Parakkal. (1974) *The Structure and Function of Skin.* New York: Academic Press.

Monti-Bloch, L., and B. I. Grosser. (1991) Effect of putative pheromones on the electrical activity of the human vomeronasal organ and olfactory epithelium. *J Steroid Biochem Mol Biol* 39 (48): 573-582.

Morris, D. (1967) The Naked Ape: *A Zoologist's Study of the Human Animal.* New York: Bantam.

―――. (1997) *Intimate Behavior.* New York: Kodansha Globe.

———. (2005) *The Naked Woman*: A Study of the Female Body. New York: Thomas Dunne Books.

Morrow, L. (2005, June 21) Changing the signals of passion. *Time*.

Morse, D. (2006) The stressful kiss: A biopsychosocial evaluation of the origins, evolution, and societal signifi cance of vampirism. *Stress and Health* 9 (3): 181–199.

Münte, T. F., B.M. Wieringa, H. Weyerts, A. Szentkuti, M. Matzke, and S. Johannes. (2001) Differences in brain potentials to open and closed class words: Class and frequency effects. *Neuropsychologia* 39 (1): 91–102.

Nakamura, A., T. Yamada, A. Goto, T. Kato, K. Ito, Y. Abe, T. Kachi, and R. Kakigi. (1998) Somatosensory homunculus as drawn by MEG. *Neuroimage* 7 (4): 377–386.

Nguyen, B. T., T. D. Tran, M. Hoshiyama, K. Inui, and R. Kakigi. (2004) Face representation in the human primary somatosensory cortex. *Neurosci Res* 50 (2): 227–32.

Nicholson. B. (1984) Does kissing aid human bonding by semiochemical addiction? *British Journal of Dermatology* 111 (5): 623–627.

Nunn, C. (1999) The evolution of exaggerated sexual swellings in primates and the graded signal hypothesis. *Animal Behaviour* 58: 229–246.

Nyrop, C. *The Kiss and Its History* (1901) Translated by W. F. Harvey. Whitefi sh, MT: Kessinger Publishing. 2009.

Ocklenburg, S., and Gunturkun, O. (2009) Head-turning asymmetries during kissing and their association with lateral preference. *Laterality: Asymmetries of Body, Brain and Cognition* 14 (1): 79–85.

Osorio, D., and M. Vorobyev. (1996) Colour vision as an adaptation to frugivory in primates. *Proc R Soc Lond B Biol Sci* 263: 593–599.

Page, J. (2007, August 22) Father, 90, shows off new baby? and wants more. Times Online. http://www.timesonline.co.uk/tol/news/world/asia/article 2302545.ece.

Paget, L. (n.d.) Kiss Your Way to Better Sex. Village. http:// love.ivillage.com/

lnssex/sexkissing/ 0,,nvv 6 - 4, 00.html.

Pallingston, J. (1998) *Lipstick: A Celebration of the World's Favorite Cosmetic*. London: St. Martin's Press.

Panati, C. (1998) *Sexy Origins and Intimate Things: The Rites and Rituals of Straights, Gays, Bis, Drags, Trans, Virgins, and Others*. New York: Penguin.

Pause, B. M. (2004) Are androgen steroids acting as pheromones in humans? *Physiology and Behavior* 83 : 21-29.

Pause, B. M., B. Sojka, K. Krauel, G. Fehm-Wolfsdorf, and R. Ferstl. (1996) Olfactory information processing during the course of the menstrual cycle. *Biological Psychology* 44 : 31-54.

Pedersen, C. A., J. A. Ascher, Y. L. Monroe, and A.J. Prange Jr. (1982) Oxytocin induces maternal behaviour in virginal female rats. *Science* 216 : 648-650.

Perrett, D. I., K. A. May, and S. Yoshikawa. (1994) Facial shape and judgments of female attractiveness. *Nature* 368 : 239-242.

Pfaus, J. G., T. E. Kippin, and G. Coria-Avila. (2003) What can animal models tell us about human sexual response? *Annu Rev Sex Res* 14 : 1-63.

Pillsworth, E. G., M. G. Haselton, and D. M. Buss. (2004) Ovulatory shifts in female sexual desire. *Journal of Sex Research* 41 : 55-65.

Polyak, S. L. (1957) *The Vertebrate Visual System*. University of Chicago Press.

Porter, R. H. (1999) Olfaction and human kin recognition. *Genetica* 104 : 259-63.

Radbill, S. X. (1981) Infant feeding through the ages. *Clin Pediatr* 20 (10): 613-621.

Ramachandran, V. S., and W. Hirstein. (1998) The perception of phantom limbs: The D. O. Hebb lecture. *Brain* 121 : 1603-1630.

Reade, W. (1923) *The Martyrdom of Man*. Whitefi sh, MT. Kessinger Publishing.

Reed, J., J. Bohannon, G. Gooding, and A. Stehman. (2000) Kiss and tell: Affect and retellings of fi rst kisses and fi rst meetings. Paper presented at APS, Miami, FL.

Regan, B. C., C. Julliot, B. Simmen, F. Vienot, P. Charles–Dominique, and J. D. Mollon. (1998) Frugivory and colour vision in Alouatta seniculus, a trichromatic platyrrhine monkey. *Vision Res* 38 : 3321–3327.

Rikowski, A., and K. Grammer. (1999) Human body odour, symmetry and attractiveness. *Proc R Soc Lond B* 266 : 869–874.

Rizzolatti, G., L. Fogassi, and V. Gallese. (2000) Cortical mechanisms subserving object grasping and action recognition: a new view on the cortical motor function. In M. S. Gazzaniga, ed., *The New Cognitive Neurosciences*, 2 nd ed., pp. 539–552. Cambridge, MA: MIT Press.

Rouquier, S., A. Blancher, and D. Giorgi. (2003) The olfactory receptor gene repertoire in primates and mouse: Evidence for reduction of the functional fraction in primates. *Proc Natl Acad Sci* 97 : 2870–2874.

St. Johnston, A. (1883) *Camping Among Cannibals*. Macmillan.

Schaal, B, and R. H. Porter (1991) "Microsmatic humans" revisited: The generation and perception of chemical signals. *Adv Study Behav.* 20 : 135–199.

Service, R. (1998) Breathalyzer device sniffs for disease. *Science* 281 : 1431.

Setchell, J. M. (2005) Do females mandrills prefer brightly colored males? *Intl J Primatology* 26 : 715–735.

Setchell, J. M., and A. F. Dixson. (2001) Changes in the secondary sexual adornments of male mandrills (Mandrillus sphinx) are associated with gain and loss of alpha status. *Hormones and Behavior* 39 : 177–184

Shepherd, G. M. (2004) The human sense of smell: Are we better than we think? *PLoS Biol* 2 (5).

Singh, D., and P. M. Bronstad. (2001) Female body odour is a potential cue to ovulation. *Proc R Soc Lond B* 268 : 797–801.

Skipper, J., S. Goldin–Meadow, H. Nusbaum, and S. Small. (2009) Small gestures orchestrate brain networks for language understanding. *Current Biology* 19 (8): 661–667.

Stein, M. L. (1974) *Lovers, Friends, Slaves... : The Nine Male Sexual Types, Their Psycho–Sexual Transactions with Call Girls*. New York: Berkley.

Stephen, I. D., M. J. L. Smith, M. R. Stirrat, and D. I. Perrett. (2009) Facial coloration affects perceived health of human faces. *Int J of Primatology* 30 : 845-857.

Stephens, T. C. (1917) The feeding of nestling birds. *Journal of Animal Behavior* 7, Number 4.

Stoddart, D. M. (1998) The human axillary organ: an evolutionary puzzle. *Human Evolution* 13 (2).

――――. (1990) *The Scented Ape: The Biology and Culture of Human Odour.* Cambridge, UK: Cambridge University Press.

Strovny, D. (n.d.) The orgasmic French kiss. *Men's Health.* http://www.askmen.com/dating/lovetip/ 35b_love_tip .html.

Swift, J., and T. Scott. (2009) The Prose Works of Jonathan Swift. vol. 11. *Literary Essays,* 1907. Whitefi sh, MT: Kessinger Publishing.

Symons, D. (1979) *The Evolution of Human Sexuality.* New York: Oxford University Press.

Tanikawa, M. (1995, May 28) Japan's young couples discover the kiss. *New York Times.*

Tennov, D. (1979) *Love and Limerence: The Experience of Being in Love in New York.* New York: Stein and Day.

Thornhill, R., and K. Grammer. (1999) The body and face of woman: One ornament that signals quality? *Evolution and Human Behavior* 20 (2): 105-120

Thornhill, R., S. W. Gangestad, R. Miller, G. Scheyd, J. K. McCollough, and M. Franklin. (2003) Major histocompatibility complex genes, symmetry, and body scent attractiveness in men and women. *Behav Ecol* 14 : 668-678.

Tierno, P. M., Jr. (2004) *The Secret Life of Germs: What They Are, Why We Need Them, and How We Can Protect Ourselves Against Them.* New York: Atria.

Tinbergen N. (1953) *The Herring Gull's World.* London: Collins.

――――. (1963) On aims and methods of ethology. *Z Tierpsychol* 20 : 410-433.

Tonzetich, J., G. Preti, and G. Huggins. (1978) Changes in concentration of volatile sulfur compounds of mouth air during the menstrual cycle. *Journal of International Medical Research* 6 : 245–256.

Tournier, M. (1998) *The Mirror of Ideas*. Translated by J. Krell. Lincoln: University of Nebraska Press.

Trivers, R. (1972) Paternal investment and sexual selection. In B. Campbell, ed., *Sexual Selection and the Descent of Man,* pp. 136–179. New York: Aldine de Gruyter.

Tucker, R. K., M. G. Marvin, and B. Vivian. (1991) What constitutes a romantic act? An empirical study. *Psychological Reports* 69 : 651–654.

Tully, J., R. M. Viner, P. G. Coen, J. M. Stuart, M. Zambon, C. Peckham, C. Booth, N. Klein, E. Kaczmarski, and R. Booy. (2006) Risk and protective factors for meningococcal disease in adolescents: Matched cohort study. *British Medical Journal* 332 (7539): 445.

Turnbull, O. H., L. Stein, and M. D. Lucas. (1995) Lateral preferences in adult embracing: A test of the "hemispheric asymmetry" theory of infant cradling. *Journal of Genetic Psychology* 156 (1): 17–21.

Van Petten, C., and M. Kutas. (1990) Interactions between sentence context and word frequency in event-related brain potentials. *Memory and Cognition* 18 (4): 380–393.

Van Toller, S., and G. H. Dodd. (1993) *Fragrance: The psychology and biology of perfume.* Springer.

Ververs, I. A. P., J. I. P. de Vries, H. P. van Geijn, and B. Hopkins. (1994) Prenatal head position from 12–38 weeks. I. Developmental aspects. *Early Human Development* 39 : 83–91.

Vuilleumier, P., and G. Pourtois. (2007) Distributed and interactive brain mechanisms during emotion face perception: Evidence from functional neuroimaging. *Neuropsychologia* 45 (1): 174–194.

Wagatsuma, E., and C.L. Kleinke. (1979) Ratings of facial beauty by Asian-American and Caucasian females. *Journal of Social Psychology* 109 : 299–300.

Walter, C. (2008, February) Affairs of the lips: Why we kiss. *Scientific American.*

Wedekind, C., T. Seebeck, F. Bettens, and A. Paepke. (1995) MHC-dependent mate preferences in humans. *Proc R Soc Lond B* 260 : 245-249.

William, C. (2009) Kissing. *New Scientist*, Issue 2720.

Woods, V. (2010) *Bonobo Handshake*. New York: Gotham.

Wrangham, R., and N. Conklin-Brittain. (2003) Cooking as a biological trait. *Comp Biochem Physiol A Mol Integr Physiol* 136 : 35-46.

Yanoviak, S. P., M. Kaspari, R. Dudley, and G. Poinar Jr. (2008) Parasite-induced fruit mimicry in a tropical canopy ant. *American Naturalist* 171 : 536-544.

Zahavi, A., and A. Zahavi. (1997) *The Handicap Principle: A Missing Piece of Darwin's Puzzle*. New York: Oxford University Press.

KI신서 3477

키스의 과학

1판 1쇄 인쇄 2011년 8월 12일
1판 1쇄 발행 2011년 8월 19일

지은이 셰릴 커센바움　**옮긴이** 서지원
펴낸이 김영곤　**펴낸곳** (주)북이십일 21세기북스
출판콘텐츠사업부문장 정성진　**출판개발본부장** 김성수　**인문실용팀장** 심지혜
책임편집 최혜령　**해외기획** 김준수 조민정　**표지디자인** 박선향　**본문디자인** 박현정
마케팅영업본부장 최창규　**영업** 이경희 박민형　**마케팅** 김보미 김현유 강서영
출판등록 2000년 5월 6일 제10-1965호
주소 (우 413-756) 경기도 파주시 교하읍 문발리 파주출판단지 518-3
대표전화 031-955-2100　**팩스** 031-955-2151　**이메일** book21@book21.co.kr
홈페이지 www.book21.com　**트위터** @21cbook　**블로그** b.book21.com

ISBN 978-89-509-3233-6 03300
책값은 뒤표지에 있습니다.

이 책 내용의 일부 또는 전부를 재사용하려면 반드시 (주)북이십일의 동의를 얻어야 합니다.
잘못 만들어진 책은 구입하신 서점에서 교환해 드립니다.